文春文庫

幸運な男

渋沢栄一人生録

中村彰彦

目次

単行本　二〇二一年一月　文藝春秋刊
（『むさぼらなかった男　渋沢栄一「士魂商才」の人生秘録』を増補改題）
DTP組版　LUSH

幸運な男

渋沢栄一人生録

第1話　迷信を信じなかった少年

江戸時代の武士の家に生まれた者は、

「男女七歳にして席をおなじうせず」

の教えに従い、少年少女がまったく別の勉強をはじめた。

少年は「子《し》、曰《のたまわ》く」と漢籍の素読《そどく》から出発し、習字も漢字の書き方を学ぶ。対して少女は平仮名の読み書きから手習いをはじめ、『百人一首』『古今和歌集』などによって歌道を身につけることを求められた。

農工商の家の子は、いわゆる「寺子屋教育」によって読み書き算盤《そろばん》を学ぶケースが多かったが、これは義務教育ではないから幕末に至っても文盲の者は存在した。

以上のことを念頭において、渋沢栄一の身につけた学問がどのようなものであったか、という点から眺めてゆこう。

渋沢栄一は幼名を市三郎《いちさぶろう》（または栄治郎《えいじろう》）といい、天保十一年（一八四〇）二月十三日、岡部藩二万二五〇石安部家《こくあべけ》の領地である武蔵国榛沢郡《むさしのくにはんざわごおり》の血洗島村《ちあらいじまむら》に生まれた（現・埼玉県深谷市）。父は渋沢市郎右衛門《いちろうえもん》、母はお栄《えい》。市三郎こと栄一は三男であったが、兄ふたりが早世したため事実上の長男として育てられた。

当時、渋沢一族は十余戸にわかれており、一番の財産家は渋沢宗助《そうすけ》、母お栄の渋沢家は「中の家《なかんち》」と呼ばれていたから「末の家」もあったのかもしれない。「中の家」の当主は、市郎右衛門を通り名とする伝統があった。お栄の父の市郎右衛門は渋沢宗助から三男の元助《もとすけ》を婿としてもらい受け、この通り名を元助にゆずると隠居して敬林《けいりん》と号した。

さて、「中の家」は農業に従事するかたわら藍《あい》を製し、養蚕業もおこなっていた。しかし、製藍、養蚕は商業だから、大きな利益を生ずることもあれば、大損するケースもある。お栄の父の時代にはこれらの商売はうまくゆかず、「中の家」は衰運にむかっていた。だからお栄に婿入りした元助あらため市郎右衛門には、何よりも「中の家」の立て直しが求められた。

その、栄一の父の大奮闘ぶりは次のようなものであった。

「当時の必要染料たる藍の製造は、其《その》材料たる生藍《きあい》の品質を鑑別し得て、能《よ》く中《あた》ると中らざるとに、其結果の利不利が岐《わか》れるのである。ところが市郎右衛門は其鑑別が甚だ精詳で、近郷皆及ぶべからずと讃称したほどであつた。敬林が因《よ》つて以《もつ》て失つたところを、市郎右衛門は因つて以て得たのである。そして更に余力を以て荒物商をはじめた。荒物商といふのは、云ふまでも無く質朴なる村落の百貨店であつた」（幸田露伴『渋沢栄一伝』）

この新たな事業にも成功したのだから、栄一の父はよほど商才に長けた人物だったのだろう。おかげで「中の家」は、市郎右衛門の実の父・渋沢宗助家に次ぐ富裕な家柄となった。

岡部藩安部家も渋沢市郎右衛門の才覚に注目していたらしく、御用達《ごようたし》に指名した。藩に出入りすることを許され、御用達とされた者は、藩の都合によって米や金銀の献上を命じられることがある。しかし、その一方で名字帯刀を許され、行政に関与することもできるから、これは社会的に認められた人物となったことを意味する指名でもあった。

初めは村役人、次に組頭、そして名主見習いに登用された市郎右衛門の任は、

「郷内の治安を図り、農工商業を督視し、貢税を徴収し、小物成《こものなり》（雑税＝筆者注）を運上し、用水・堤防・橋梁・井堰《いせき》等の事に至るまで、凡《すべ》て公事《くじ》を管掌して、上下の間に立ち、能く民情を通じ里政を斉《ととの》ふるに在《あ》つた」（同）

後述するように渋沢栄一は大変運の良い人であるが、最初の幸運はこのように財力と見識を併せ持つ父とおもいやりの心深い母の間に生まれたことであった。

当然、父の見識は子の教育方針に反映される。渋沢栄一晩年の回想録『雨夜譚《あまよがたり》』によると、父・市郎右衛門は「四書（大学・中庸・論語・孟子）や五経（易経・書経・詩経・礼《らい》記《き》・春秋）ぐらいの事は、充分に読めて、傍《かたわ》ら詩を作り俳諧をするという風流気」も持ちあわせていた。思うに渋沢宗助家も岡部藩安部家の御用達として名字帯刀を許されて

いたため、宗助はせがれにも武家のように漢籍を学ばせることにしたのだろう。

当然このような教育方針は栄一にも適用された。かれは六歳の時から『大学』『中庸』『論語』を父について学び、七、八歳になってからは七、八町離れた手計村《てばかむら》の十歳年上の従兄・尾高《おだか》新五郎（惇忠《あつただ》）に入門。『小学』『蒙求《もうぎゅう》』『文選』『左伝』『史記』『漢書』『十八史略』『元明《げんみん》史略』『国史略』『日本外史』などを読み、十一、二歳の頃からは『通俗三国志』『里見八犬伝』『俊寛島物語』のような娯楽的読物にも親しんだ。

十二歳の正月、年始廻りに出掛けたときには、本を読みながら歩いてドブに落ち、晴着の衣装を汚してしまって母に叱られたほど。栄一が後年『論語』の説く人生哲学をおのれのモラルとする一方、多彩な語彙力と表現力によって『論語と算盤』その他の著述をおこなうことができたのは、以上のような若き日の修練の結果であろう。

『雨夜譚』は右の回想を受けて、「それから十四、五の歳までは、読書・撃剣・習字等の稽古で日を送りましたが」とつづいてゆく。なぜ名主見習いの家の子が剣術修業をしたのかといえば、名字帯刀を許された家柄だから、という理由のほかに時代背景が関係していたと考えられる。

栄一の誕生に先立つこと四年、天保七年（一八三六）は「天保の大飢饉《ききん》」がピークを迎えた年であり、全国で米価が高騰して餓死者が続出。一揆や打ちこわしが発生し、天保八年二月には大坂で「大塩平八郎の乱」が起こって三三〇〇戸もの家屋敷が焼失した。

幕府の威光は形なしとなり、関八州には無頼《ぶらい》の輩が多く流れこんできたので、農民階級にも自衛策として武芸を学ぶ者がふえたのである。

天保五年生まれ、武州多摩郡上石原村《たまごおりかみいしはらむら》（現・東京都調布市）の名主宮川久次郎《みやがわきゅうじろう》の三男・勝太《かつた》がいずれ天然理心流《てんねんりしんりゅう》宗家近藤周助《こんどうしゅうすけ》の養子となり、近藤勇《いさみ》と名乗ること、おなじく石田村の豪農土方《ひじかた》家に生まれた歳三《としぞう》が勇に入門して師範代になること、近藤勇より三歳年上、上州甘楽郡磐戸《かんらごおりいわと》村《むら》の庄屋の次男・大井田《おおいた》吉五郎が天野八郎《あまのはちろう》と改名して彰義隊《しょうぎたい》の頭並《かしらなみ》となることなどは、すべてこのような傾向から派生した現象といってよい。

渋沢栄一もいずれ不思議な縁によって士分となるのだが、「十四、五の歳」の時点でいうとまだ栄一の中に武士への憧れは生まれていない。もう今までのように昼夜読書三昧では困るとの父の注文を受けて農業と商売に励みはじめ、特に藍の買い入れに才能を見せた。

藍は自分の家で作るほか、他の家で作ったものを買い入れ、藍玉に製造して信州、上州などの紺屋《こうや》に売って商売する。初め、祖父の敬林の供をして買い出しと紺屋廻りをした栄一は、そのうちに藍の選定がうまくなり、都合二一軒の藍を全部買ってしまう、という大胆な決定をして父にその手際を褒められたりした。これが十六、七歳のときのことだから、栄一は才気を父から受け継いだと見ていいようだ。

ただし、栄一はあまりの大胆さから、父に厳しく叱られたこともあった。安政元年

（一八五四）に叔父と江戸へ出た栄一は、代金一両二分を支払って桐製の書籍箱と硯箱を買い求めて帰宅した。

だが父はこの二品が華美であったことから、やがては今の居宅も書斎も気に入らぬ、というように増長し、百姓の家を堅固に保つことができなくなるのではないか、と案じたのである。叱られた栄一としては、どうも父は慈愛の情が薄い、と感じたと『雨夜譚』にあるが、結果として栄一は農民としておわる人間ではなかったのだから、父・市郎右衛門の直感は正しかったということもできる。

もうひとつ、栄一の特徴として物事を理詰めで考える点を指摘しておきたい。以下は安政二年、栄一の姉が病んで上州の室田《むろた》へ転地療養中にお祓いのため修験者《しゆげんじや》三人を招いたときの逸話である。

修験者たちが飯炊き女を中坐《なかざ》（神のお告げを伝える役）として呪文を唱えはじめると、中坐はこの家には無縁仏が崇《たた》っている、と宣言した。崇りを清めるには祠《ほこら》を建立して祀《まつ》りをするがよい、と話が進むのを胡散《うさん》臭く思った栄一は、中坐と次のように問答した。

問　無縁仏の出たのは何年ほど前のことか。
答　およそ五、六十年以前である。
問　すると、何という年号の頃か。
答　天保三年の頃である。

問　天保三年は二十三年前だ。無縁仏の有無を知ることのできる神が年号も知らないとは、信仰も何もできるものではない。

一座の者たちが興醒めして修験者を見詰めると、間の悪くなった修験者は、「これは何でも野狐《のぎつね》が来たためであろう」と言い抜けようとした。しかし、野狐ということなら祠を建てたり祀りをしたりする必要はない。そこで何もしないことに決まると、修験者は栄一の顔をにらみつけたという（『論語と算盤』）。

これは栄一が迷信を信じなかった、という文脈で語られた話だが、『論語』には、「子《し》は怪力乱神《かいりょくらんしん》を語らず」との名句がある。君子たる者は、怪異怪力悖乱《はいらん》（道理に逆らうこと）鬼神について語るべきではない、というのである。栄一が十六歳にして早くも孔子の教えを身につけ、邪悪な見解を排除するのに成功した話、として読み直せる点が興味深い。これを伝え聞いた血洗島村の人々は、

「以来修験者の類を村には入れまい、迷信は打破すべきものぞという覚悟を有《も》つようになった」（『論語と算盤』）

と、栄一は楽しそうに回想している。

第2話　武士への憧れ

渋沢栄一が十七歳のときというから、安政三年（一八五六）のことである。栄一は岡部藩安部家の代官の高飛車な態度から幕政の行き詰まりを感じ取り、政治に目覚めるに至った。

今回はその過程をたどることからはじめるが、この時代の大名家は若君の元服、姫君の嫁入りといった物入りの際には領内の富商たちに御用金（献金）を命じるならいだった、ということをまず頭に入れておいていただきたい。

岡部藩から血洗島村の素封家に御用金が課される場合、最高額を用立てるのは渋沢宗助、額面は一〇〇〇両。二番手が栄一の父・渋沢市郎右衛門で、額面は五〇〇両と相場は決まっていた。栄一の回想録『雨夜譚』によると、市郎右衛門は栄一が「十六、七歳の時までに、たびたび調達した金が二千両余りになって居た」という。

ところが安政三年、岡部藩はまたしても御用金の上納を命じ、渋沢宗助には一〇〇〇両、市郎右衛門には五〇〇両の額面を指定してきた。このような依頼は初め内々に耳打ちされた場合でも、形式上、公の場で藩の役人が正式に上納命令を発し、御用達たちは慎んでこれをお受けする、という段取りを踏む必要がある。

しかし、若森《わかもり》という名の代官から岡部藩陣屋への出頭を命じられたとき、市郎右衛門は差支《さしつか》えがあるとして栄一を自分の名代《みょうだい》に指名した。『雨夜譚』は、市郎右衛門の差支えの内容については触れていない。恐らく市郎右衛門は岡部藩安部家の度重なる御用金納入依頼に腹ふくれる思いをしており、自分が出頭するとその場で返答しなければならなくなる、だが名代だけを出頭させれば先方の用向きをうかがうのみで帰参でき、時間稼ぎになると発想したのだろう。

栄一と同行して岡部藩陣屋へ出頭したほかのふたりは、いずれも一家の当主であったから、若森代官に御用金について切り出されると、その場で承知しましたと答えざるを得なくなった。つづいて栄一が五〇〇両の額を提示されたときの代官とのやりとりは、次のように展開していった。

栄一 御用金の高は畏《かしこま》りましたが、一応父に申し聞《き》けて、さらに御受《おうけ》に罷《まか》り出ます。
代官 貴様は幾歳《いくつ》になるか。
栄一 へイ私は十七歳でございます。
代官 十七にもなって居るなら、モウ女郎でも買うであろう。シテ見れば、三百両や五百両は何でもないこと、殊《こと》に御用を達せば、追々身柄《おいおいみがら》も好くなり、世間に対して名目《みょうもく》にもなることだ、父に申し聞けるなどと、ソンナわからぬことはない、

栄一　その方の身代《しんだい》で五百両ぐらいはなんでもないはずだ、一旦帰ってまた来るというような、緩慢《てぬる》な事は承知せぬ、万一、父が不承だというなら、何とでもこの方（自分＝筆者注）から分疏《いいわけ》をするから、直《ただち》に承知したという挨拶をしろ。

栄一　自分は、父からただ御用を伺って来いと申し付けられたばかりだから、はなはだ恐れ入る儀であるが、今ここで直に御請《おうけ》をすることは出来ませぬ、委細承って帰った上、その趣を父に申し聞けて、御請をいたすということならば、さらに出て申し上げましょう。

代官　イヤそんな訳の分からぬことはない、貴様はつまらぬ男だ。

栄一　是非ともそう願います。

以上のやりとりは、『雨夜譚』からの抜粋である。栄一は代官を「なかなか如才ない人で、そのうえ人を軽蔑するような風の人」であり、その口調は居丈高で「嘲弄半分《ちようろう》」のものだった、と批判的に回想している。栄一はまだ十七歳――満年齢なら十六歳の少年だったというのに、代官の「上から目線」の横柄な口調に動揺することなく、おのれの主張をどこまでも貫いているのは大したものだ。

しかも栄一には右のやりとりをその場限りのものとせず、これをバネとして当時の「徳川政治」の限界を悟るだけの知性がそなわっていた。栄一が岡部藩陣屋からの帰途考えたところは、これも『雨夜譚』に詳しく記されているので頭に入れておこう。

「人はその財産を銘々自身で守るべきは勿論《もちろん》の事、また人の世に交際する上には、智愚《ちぐ》賢不肖《けんふしょう》によりて、尊卑の差別も生ずべきはずである。ゆえに賢者は人に尊敬せられ、不肖者は卑下せらるるのは必然のことで、いやしくもやや智能を有する限りは、誰にも会得の出来る極めて睹《み》やすい道理である。しかるに今岡部の領主は、当然の年貢を取りながら返済もせぬ金員を、用金とか何とか名を付けて取り立てて、その上、人を軽蔑嘲弄して、貸したものでも取返すように、命示《めいじ》するという道理は、そもそもどこから生じたものであろうか、察するに彼《か》の代官は、言語といい動作といい、決して知識のある人とは思われぬ。かような人物が人を軽蔑するというのは、一体すべて官を世々《よよ》する（役職を代々つぐ）という、徳川政治から左様なったので、もはや弊政（弊害多い政治）の極度に陥ったのである」

しかし、このような幕藩体制に対する批評眼を身につけた者は、次の瞬間、その「弊政」に満ちた幕藩体制のもとに生きつつある自分は何者か、と自問しなければならない。右の引用につづく部分は栄一の自我のめざめを語った重要な一節なので、これも引いておこう。

「深く考えて見ると、自分もこの先《さ》き今日のように百姓をして居ると、彼らのような、いわば虫螻《むしけら》蛄同様の、智恵分別もないものに軽蔑されねばならぬ、さてさて残念千万なことである。これは何でも百姓は罷《や》めたい、余りといえば馬鹿馬鹿しい話だ、というこ

とが心に浮んだのは、すなわちこの代官所（陣屋）から帰りがけに、自問自答した話で、
今も能《よ》く覚えて居ります」

十代半ばにして四書五経を深く学んだ教養人となっていた栄一は、のちには、

「日本資本主義の父」

ともいわれた立志伝中の人物である。右のくだりは、栄一が十七歳にして立てた最初の志は「農民という身分からの脱出」であったことを語っている点で、まことに興味深い。

だが、栄一が新たな行動に及ぶのは、まだ先の話である。帰宅した栄一から代官とのやりとりを伝えられると、市郎右衛門は答えた。

――泣く児と地頭には勝てぬ。仕方ないから受けて来るがよろしい。

止むなく栄一は、翌日、五〇〇両を持って陣屋へいったようだが、栄一は「金を持っていったように覚えて居る」とだけ書いて、代官との再度のやりとりには一切触れていない。

代官の無理が通って道理がひっこむ事態となったことを無念に思い、とても書く気になれなかったのであろう。

それにしても栄一は、首尾よく農民という被支配階級から脱出できた暁《あかつき》には、どういう人間になりたかったのか。その答えは、昭和二年（一九二七）に刊行された栄一の訓

話集『論語と算盤』の「立志と学問」の章に語られている。

「『余は十七歳の時、武士になりたいとの志を立てた』、と言うのは、その頃の事業家は一途《いちず》に百姓町人と卑下されて、世の中からはほとんど人間以下の取り扱いを受け、いわゆる歯牙にも掛けられぬという有様であった。しかして、家柄というものが無闇《むやみ》に重んぜられ、武門に生まれさえすれば智能のない人間でも、社会の上位を占めて恣《ほしいまま》に権勢を張ることができたのであるが、余はそもそも、これが甚だ癪《しゃく》に障り、同じく人間と生まれ出た甲斐には、何が何でも武士にならなくては駄目であると考えた。その頃、余は少しく漢学を修めていたのであったが、『日本外史』など読むにつけ、政権が朝廷から武門に移った経路を審《つまび》らかにするようになってからは、そこに慷慨《こうがい》の気というような分子も生じて、百姓町人として終わるのが如何《いか》にも情なく感ぜられ、いよいよ武士になろうという念を一層強めた。しかしてその目的も、武士になってみたいというくらいの単純のものではなかった。武士となると同時に、当時の政体をどうにか動かすことはできないものであろうか」

最後の一文を栄一は、次のくだりでは「今日の言葉を借りていえば、政治家として国政に参与してみたいという大望を抱いた」のである、と言い直している。『論語』や『孟子』は王道政治を理想とする立場から編纂された書物だから、これらを深く学んだものが実際の政治に関与したくなるのは自然な発想である。

ただし栄一は幕府や岡部藩のおこなっている「弊政」を批判的に眺めていたのだから、これまでの政道とはまったく違う政治思潮をもって良しとするようになっていった。その政治思潮とは、どのようなものだったのか。だれがそれを栄一に教えたのか。それを考えるには、栄一の従兄《いとこ》であり学問の師でもあった尾高新五郎のプロフィールから見てゆかねばならない。

第3話　疫病大流行に揺れる日本

渋沢栄一の学問の師・尾高新五郎惇忠について、もう少しそのプロフィールを深掘りすると、新五郎の父・尾高勝五郎《かつごろう》は手計村の名主《なぬし》、その妻・おやへは渋沢宗助の長女であったから、尾高勝五郎・おやへ夫婦の間に生まれた新五郎と栄一とは従兄弟同士となったのである。

新五郎の人となりについては幸田露伴『渋沢栄一伝』に詳しいので、次にその一部を引いておこう。

「新五郎は身心共に優秀な児であつたから、自然と村の群児《ぐんじ》の雄《ゆう》として育つた。四書の素読は村夫子《そんふうし》に、習字は叔父に受けた後、やゝ進んでは村へ游歴して来た菊池菊城といふ人に漢学を授かり、剣道は夙《はや》く十歳から川越侯の師範役大川平兵衛に就《つ》いて学んだ。（略）野史雑書等は新五郎の読耽るところのものであり、当時の権力分有者たる人々の身分や禄高を列記した武鑑《ぶかん》は新五郎の常々の玩物であり、又如何《いか》なる人物からも其《その》談話中より知識を吸収するのであり、感情を開発するのであつた」（傍点筆者）

第1話では、渋沢栄一少年が十一、二歳の頃から『通俗三国志』『里見八犬伝』『俊寛島物語』といった通俗読物も読んだことを紹介しておいた。右の傍点部から、このような読書傾向も新五郎が栄一に与えた影響のひとつであったことがうかがえる。

では、新五郎の思想はどのようなものだったのか。露伴はいう。

「天明以来外国の船が我邦《わがくに》に来始めて、文政・天保と露西亜《ロシア》・英吉利《イギリス》のもの等が我が安眠を驚かすに及び、水戸の景山公《けいざんこう》（藩主徳川斉昭《なりあき》）が、天保十二年水戸城外の千波《せんば》が原で追鳥狩《おいとりがり》の名を以《もつ》て擬戦演武の挙を行ふに際して、祖父に伴はれて見物した時は僅《わずか》に十二歳の童稚《どうち》であつたにかゝはらず、大《おおい》に感激して、一生之《これ》を銘記して忘れなかつたといふほどの新五郎は、十四十五といふ頃には既に凡《ぼん》ならぬものとなつて居た」

異国船が国境未画定地域や日本領にあらわれ、日本人を驚かせた例としては、次のような事件を挙げることができる。

文化三年（一八〇六）九月、ロシア宮廷侍従長兼ロシア領アメリカ会社総支配人レザーノフ配下の海軍士官フウォストフとダヴィドフ、唐太島《からふとじま》（現・サハリン）の久春古丹《クシュンコタン》（のちの大泊《おおどまり》）にあった松前藩の会所を襲撃し、物資を略奪。

文政七年（一八二四）五月、イギリス捕鯨船員、薪水を求めて水戸藩領の常陸《ひたち》大津浜に上陸し、水戸藩に捕らえられる。八月、イギリス捕鯨船員、薩摩藩領の宝島に上陸して略奪を働く。

天保七年（一八三六）七月、ロシア船、日本人漂流民を護送してエトロフ島に来航。

天保の大飢饉や幕権の弱体化を「内憂」とすれば、これら異国船の出没は、長く鎖国策を採ってきた日本にとっては「外患」にほかならない。

「追鳥狩」とは全藩挙げての模擬戦のことで、これを初めておこなったのは会津藩。時に寛政四年（一七九二）三月十六日のことであったが、実戦さながらのこの野外操練が「外患」に悩む諸藩の注目するところとなった結果、水戸藩も追鳥狩をおこなうようになったのだ。

ちなみに、水戸藩主徳川斉昭は天保十二年（一八四一）八月、水戸城三の丸に藩校弘《こう》道館《どうかん》を開設したが、その設立の趣意を述べた藤田《ふじた》東湖《とうこ》『弘道館記述義』には「国体、これを以て尊厳」「尊王攘夷」「神州」といった後世の国粋主義者の喜びそうな表現が頻出し、いわゆる「水戸学」の主張する尊王攘夷論がきわめて排他的な思想であることが知れる。水戸藩の追鳥狩を見物して「大に感激」した尾高新五郎は、十四、五歳の頃には尊王攘夷論に傾倒していたのである。

ただし、その尊王攘夷論はまだ心情的なものにすぎない。栄一十九歳と新五郎二十九歳が安政五年（一八五八）、そろって信州へ藍の葉を買いに行ったときの出立ちは書生風の旅姿。新五郎は藍香《らんこう》、栄一は青淵《せいえん》という号を持っており、旅の途中に詩文を作っては互いに批評し合う親しさであった。

新五郎の藍香という号が藍に由来することは一目でわかるが、青淵とはどういう意味か。栄一の渋沢家の裏の方に沼があり、そのあたりの地名は淵上《ふちがみ》といった。栄一はその淵から青淵という号を考えたのだが、栄一が成功し名を遂げてからもこの号を用い、『青淵百話』『青淵実業講話』など、著作のタイトルにも使用しているところを見ると、よほどこの号が気に入っていたのだろう。

さて、この安政五年とは六月十九日に「日米修好通商条約」が調印され、ついでオランダ、ロシア、イギリス、フランスとも同様の条約――いわゆる「安政五ヵ国条約」が結ばれた年である。藍香、青淵と呼び合ったふたりがまだ時代の荒波を感じることなく旅に題材を得た詩文などを作っているうちに、渋沢市郎右衛門と尾高勝五郎の間ではある相談がまとまりつつあった。

その相談とは、栄一と勝五郎の三女で十八歳になった千代《ちよ》を結婚させてはどうか、というもの。戦国時代から江戸時代まで日本は早婚の風習をもって良しとしており、女は十三歳で初潮を迎えれば嫁にゆける、男は十三歳で精通を見れば妻を迎えられる、とされていた。この感覚からすれば、栄一と千代の組み合わせには何の問題もない。この時代には従兄と従妹の結婚は「重縁」といって喜ばれたものでもあるから話はすんなりまとまり、栄一と新五郎が信州から十月末に帰ってくると、十二月初めにはもう千代が渋沢家へ嫁いできた。

尾高家が衰運におもむきつつあるのに対し、渋沢家は市郎右衛門・栄一父子の商才によって大いに栄えていたから、栄一はいずれは裕福な名主となって一生を終えてもよかった。しかし栄一には、すでに見たように何としても武士になり、時代の流れに棹さしてみたいという夢があった。栄一が実際、その夢の実現に向けて動き出すのは文久元年（一八六一）二十二歳のときのことなので、ここで安政五ヵ国条約が締結されて以降の日本の政情を押さえておこう。

嘉永七年（一八五四）三月三日に「日米和親条約」が結ばれ、下田、箱館の二港が開港されて鎖国がおわってからしばらくの間、攘夷論もまだ素朴なしろもので、ある瓦版は次のように説いていた。

——異人たちが踵《かかと》に台のある靴をはいているのは、両足に踵がなくて足首から下がアシカのヒレのようになっているからだ。だから攘夷などは簡単なことだ。異人に体当りして突き倒し、靴を脱がせてしまえばその辺をはいまわることしかできない。

しかし、日米修好通商条約締結直前の安政五年五月以降、こんな落語のような話はしていられなくなった。五月に長崎の出島でコレラが発生すると、六月下旬には東海道を伝って江戸に到達。七月末には芝の海辺、鉄砲洲、佃島《つくだじま》、霊巌島《れいがんじま》と汚染地がひろがり、九月末までの二ヵ月間の死者は二万八〇〇〇余人に達したのだ（斎藤月岑《げっしん》『武江《ぶこう》年表』）。

右の通商条約は孝明天皇の勅許を得ることなく調印されたものであったから、天皇は激怒。全国の尊王攘夷派も幕府を批判的に見つめていたが、このコレラの大流行は尊王攘夷派の一部を過激化させ、いわゆる尊攘激派を生み出すに至った。コレラを異人たちの持ちこんだ疫病と見抜いた尊攘激派は、まだその流行のおさまらなかった翌安政六年（一八五九）七月二十七日、あらたに開港地とされたばかりの横浜で買物をしていたロシア海軍見習士官モヘトと水兵を襲撃し、両人を即死させた（オールコック『大君の都』）。これが尊王攘夷を名目とする異人斬りのはじまりであり、ここから「暗殺」という日本語の生まれる原因となった凶行の相次ぐ時代が幕を開けた。

同年十月十一日、フランス領事館雇いの洋装の清国人、斬殺される。安政七年（一八六〇）一月七日、イギリス総領事雇いの小林伝吉《こばやしでんきち》、刺殺される。二月五日、オランダ人船長フォスとデッケル、滅多斬りにされる。

同年三月三日には水戸と薩摩の尊攘激派が桜田門外の変を起こし、大老井伊直弼《たいろういいなおすけ》の襲殺に成功。十八日には万延《まんえん》と改元されたが、同年十二月五日夜にはアメリカ公使館の通弁官ヒュースケンが庄内藩郷士清河八郎《きよかわはちろう》、薩摩藩士伊牟田尚平《いむたしょうへい》らの尊攘激派に斬殺された。

そこで栄一と尊王攘夷思想とのかかわりを見ると、かれは尾高新五郎が水戸の学風を良しとし、藤田東湖、会沢正志斎《あいざわせいしさい》ら水戸の大物思想家の著作に親しんでいたことに影響されて尊王攘夷論にすっかりかぶれていた。

その新五郎につづいて栄一に影響を与えたのは、栄一より二歳年上、新五郎を兄として生まれた尾高長七郎《ちょうしちろう》であった。長七郎は堂々たる体軀の持ち主で少年の頃から抜群の剣の技量を見せたため、兄・新五郎に勧められて江戸に出、伊庭軍兵衛《いばぐんべえ》に入門して心形刀流《しんぎょうとうりゅう》の剣を修める一方、ひろく尊王攘夷派の志士たちと交わっていた。

その長七郎は時に帰国すると血洗島村と手計村との間、鹿島神社のかたわらの道場で人々に剣を教えた。栄一の伯父の渋沢長兵衛《ちょうべえ》、渋沢宗助の息子でいずれ別家を立てる成一郎《せいいちろう》（のち、喜作《きさく》と改名）などは長七郎に入門したほどだから、栄一もこれには相当刺激を受けたようだ。するとそのうち成一郎が長七郎を真似て江戸へ文武修業に出掛けたので、栄一は先を越された形になった。

第4話　調和型から破滅型へ

ここで一度話題を変えて明治から昭和に至る日本文壇史を眺めると、特に私小説作家たちははっきりと二派にわかれていた。ひとつは「破滅型」といわれたグループで、これは葛西善蔵、嘉村礒多《かむらいそた》など今日はほとんど読まれなくなった作家たちや、今も人気のある太宰治や石川啄木など、破れかぶれの人生を送って道半ばにして斃《たお》れた者たちのこと。もうひとつは「調和型」といわれたグループで、こちらを代表する志賀直哉や尾崎一雄らは、実生活上の苦悩に耐え、心身の危機を克服するべく創作活動に精進した。

この破滅型か調和型かという分類法を、幕末の思潮に当てはめるとどうなるか。

平和裡に鎖国政策を捨てて欧米列強との開国通商に転じた幕府は、もちろん調和型。「異人斬り」を働いてまでして再鎖国を主張し、ついには大老井伊直弼を襲ってみずからも死んでいった者たちを代表とする尊攘激派は、破滅型に見立てられる。

一族の渋沢成一郎が一足早く江戸をめざしたと知り、栄一が負けじと江戸へ走って尊攘激派と交わったならば、その行手には滅亡の淵が大きく顎《あぎと》をひらいていたことであろう。それを念頭に置いて『雨夜譚』を読んでゆくと、栄一は文久元年（一八六一）に江戸へ出た前後のことを下のように回想している。
「自分もついに二十二の年（文久元年＝原注）に、内心ではこのまま田舎に百姓をして居ることは成し得られぬ、という覚悟をしました。その頃、（尾高）長七郎が下谷練塀《したやねりべい》小路《こうじ》の海保《かいほ》という儒者の塾に居て、ソウシテ剣術遣いの所へ通って居たから、それを便り（頼り）に、ドウカ自分も江戸へ出たいと（父に）いった。ところがその時には父がよほどやかましく小言《こごと》をいって、今この商売を打捨てて、書物を読むために家の事を粗略にしては困る、ソウいう量見《りょうけん》（了見）ではまだ安神（安心）が出来ぬという意味で、大いに教誡しられたけれども、自分においては、永く江戸に居るつもりはない、ただ春先キ農業の閑暇に少しは本も読みたいという考えであるといって（略）とうとう父の許しを受けたから、二タ月《ふ》（二ヵ月）余りも江戸に出て、海保章之助《しょうのすけ》という儒者の塾に這入《はい》って居った」

一般に尊攘激派は、主君、上役、父親などの意見は一切無視し、脱藩ないし脱走という手法によって江戸や横浜に潜入しては異人斬りの機会をうかがった。

長州藩の高杉晋作《たかすぎしんさく》、土佐藩郷士《ごうし》坂本龍馬《さかもとりょうま》らがこのようなタイプに属したのに対し、渋沢栄一の場合は、父親と決裂することなく許可を取りつけて江戸へ出府した、という点がユニークである。栄一はもともと調和型の人間なので、尊攘激派たらんとしても、父に後足で砂をかけるようなことはできないのだ。

それでも二十二歳の栄一の志は、調和型から破滅型へ大きく振れようとしていた。それをよく示すのは、儒学とともに剣術も修めようとした栄一が、尾高長七郎の師の伊庭軍兵衛の道場ではなく、渋沢成一郎のいる神田お玉が池の北辰一刀流《ほくしんいっとうりゅう》の玄武館《げんぶかん》に入門した事実である。

下谷御徒町《おかちまち》にある心形刀流伊庭道場の当主は伊庭軍兵衛秀俊という幕臣であり、安政三年（一八五六）三月以降は講武所《こうぶしょ》の剣術教授をつとめていた。

同年に幕府が開設した講武所は、いうなれば国立の総合武道場だから、その剣術教授に指名されたとは幕府から一流の剣士と認められたことを意味する。同時に、思想傾向としては尊王攘夷派ではなく佐幕派であったということも示している。

対して千葉周作《ちばしゅうさく》が創出した北辰一刀流の剣術は、その子孫と弟が道統を継いでお玉が池と桶町《おけちょう》に道場を経営。北辰一刀流四天王のひとりといわれた森要蔵《もりようぞう》は麻布永坂《ながさか》に、同流の伊東大蔵《いとうおおくら》はやはり深川佐賀町《さがちょう》に道場を構えて栄えていた。

そしてこの流派の特徴は、西国筋の諸藩から文武修業のために江戸へ国内留学してきた若者たちにひろく門戸を開いている点にあった。これは別の角度から見ると、北辰一刀流は道場主たちが商売上手なため繁栄していた、ともいえる。

江戸へ出府してきた若者たちは、藩庁から留学期間を二年と限定されているケースが多かった。それを見越して北辰一刀流の道場は、その修業期間が切れるころまでには免許皆伝の免状を発行してやる。

そのため同流は留学生たちに人気があったのだが、その原因は千葉周作が水戸藩主徳川斉昭に気に入られ、天保十四年（一八四三）から安政二年（一八五五）に逝去するまで水戸藩士となっていたことにある。その間、西国筋の雄藩——薩摩藩、熊本藩、長州藩、土佐藩などにも尊攘激派は育ちつつあった。おのずと北辰一刀流の道場に尊攘派の門人が増加したことは、坂本龍馬が桶町の千葉定吉《さだきち》（周作の弟）の道場に、やはり土佐藩出身で戊辰戦争に活躍する川久保文二が森要蔵道場に学んだこと、のち甲子太郎《かしたろう》と名を改めて門人七人とともに新選組に加わる伊東大蔵がその新選組を尊攘派に改変しようとしてしくじり、返り討ちに遭ったことなどから充分に察せられよう。

すなわち渋沢栄一と成一郎が心形刀流伊庭道場ではなく北辰一刀流玄武館に入門したこと自体が、ふたりの尊攘激派への親近感をよく示した選択なのである。

栄一は、「読書・撃剣などを修行する人の中には、自然とよい人物があるものだから、抜群の人々を撰んでついに己《おの》れの友達にして、ソウシテ何か事ある時に、その用に充《あて》るために今日から用意して置かんければならぬ」（『雨夜譚』）と考えて将来を見据えていた。

異人斬りといった単独犯行に走るのではなく「抜群の人々」を集めてさらに大きく動く、と発想したところに、われわれはのちの大起業家の芽を感じ取るべきなのかもしれない。

ところが文久元年（一八六一）五月二十八日深夜、水戸脱藩一四人の尊攘激派が高輪《たかなわ》東禅寺《とうぜんじ》に置かれていたイギリス公使館に侵入。幕府派遣の警備兵三人を殺害し、一七人を負傷させるという大事件を起こした。いわゆる「第一次東禅寺事件」。

すると次には、今度狙われるのは一年前に「桜田門外の変」で殺害された井伊直弼同様の強権政治をおこなっている老中首座安藤信正《あんどうのぶまさ》（磐城平《いわきたいら》藩主）だ、との噂が流れた。

これを受けて、負けじと一騒動企んだのは尾高長七郎。長七郎は長州藩の多賀谷勇《たがやいさむ》という尊攘激派と語らい、上野寛永寺の「上野の宮様」こと輪王寺宮公現法親王《りんのうじのみやこうげんほっしんのう》を奉じて日光山に挙兵し、幕府の国策を開国通商から尊王攘夷に導くことを夢見たのである。

しかし、攘夷戦をおこなうべく挙兵するには同志多数をかき集めねばならない。関東の尊攘激派の総本山は水戸藩だから、水戸に同志を募ろう。そう考えて長七郎と多賀谷勇は水戸へ走り、明敏さをもって知られた藩士原市之進《はらいちのしん》に協力を求めたものの断られてしまった。そこでふたりは下野《しもつけ》の宇都宮城下に尊王攘夷論者として名のある大橋訥庵《おおはしとつあん》を訪ねることにし、十一月八日夜、首尾よく訥庵と会見することができた。

ところがその夜、訥庵邸には安藤信正襲撃を考えている水戸や宇都宮の尊攘激派が集まって来て、話はもっぱらこの襲撃計画のことになってしまう。これでは日光山挙兵など夢のまた夢だ、と悟ったふたりは江戸を経て手計村に帰郷し、やはり江戸から帰ってきていた尾高新五郎と渋沢栄一に安藤信正襲撃計画が進行中であることを打ちあけた。

このことを幸田露伴『渋沢栄一伝』が「相談した」と表現しているのは、長七郎と多賀谷勇は栄一と新五郎が賛成するなら襲撃グループに参加しても構わないと考えていた、というニュアンスである。だが、栄一は尊攘激派寄りの志を育みつつあるとはいえ、根っからの破滅型ではない。新五郎とともに襲撃参加を否としたため、訥庵の家での密議に参加した長七郎は念のため上州佐位郡《さいごおり》の国領村《こくりようむら》に身を隠すことにした。

問題の人物、老中首座の安藤信正は、あけて文久二年（一八六二）一月十五日の朝五ツ時（午前八時）、江戸城西の丸下の役宅を出、登城するため桔梗門《ききようもん》外から坂下門へむかった。すると、どこからか銃声一発。供侍《ともざむらい》のひとり松本錬次郎が倒れ、二発目はむなしく斎藤勇之助の胸許をかすめた。坂下門外の変の発生であった。

長七郎たちと訥庵邸で顔を合わせた尊攘激派七人のうち六人が、烈士として歴史に名を残すべく斬りこんだのである。しかし、信正の乗物を守る供侍は、磐城平藩の家中《かちゆう》から選抜された剣の達人ばかり。六人の刺客はことごとく血の海に沈み、襲撃は大失敗におわった。その三日前の一月十二日には大橋訥庵も幕吏《ばくり》に捕らわれていたのだが、栄一はそうとはとんと知らずに坂下門外の変発生の報に接したのである。

それにしても、事ここに至っては幕吏が長七郎の行動をも把握し、その行方を追いはじめていることもあり得ぬではない。栄一は長七郎の身を案じるあまり、国領村へ出向いた。

ところがこのとき、何も知らない長七郎は江戸の同志たちと次の行動を考えるため出府しようとして四里（約一六キロメートル）先の熊谷《くまがや》まで移動していた。その熊谷で追いついた栄一は、次のように助言した。

「江戸へ出るというは余りに無謀な話で、自《みず》から死地に就《つ》くも同様だによって、ここから方向を換えて、一刻も早く信州路から京都を志してしばらく嫌疑を避けるのが上分別《じょうふんべつ》であろう」（『雨夜譚』）

長七郎はこの助言を受け入れ、信州佐久郡《さくごおり》に二ヵ月潜伏したあと京へおもむいた。

栄一が長七郎に上京してはどうかと提案したのは、自分が尊攘激派の集まりつつある京の情勢を知りたかったためでもある。そして、いよいよ栄一は、みずからも尾高新五郎や渋沢成一郎とともに攘夷のための挙兵に踏み切ろうと考えはじめたのであった。

第5話　生涯最大の危機

文久二年（一八六二）四月十一日、安藤信正は坂下門外の変の際に背に負傷したことを士道不覚悟とみなされ、罷免されてしまった。

しかし、信正は見識のある老中であり、攘夷派ぞろいの朝廷とすでに開国に踏み切っている幕府とを融和させるべく「公武合体論」を主張していた。「公」とは孝明天皇を代表とする公家のこと、「武」とは一四代将軍徳川家茂《いえもち》をトップとする武家政権のこと。信正は皇女和宮《かずのみや》を将軍家茂に嫁がせることにより公武合体の実を挙げようと考えていた。以降、これをよしとして佐幕的な主張を唱える者は「公武合体派」と呼ばれ尊攘激派と激しく対立するに至る。

そんな時代の雰囲気のなかで、文久二年は次第に物情騒然となった。年表風に書くと、この年には次のような事件が連続して起こったのである。

四月十六日、薩摩藩で「国父《こくふ》」といわれている藩主島津《しまづ》茂久《もちひさ》（のちの忠義《ただよし》）の父・久光《ひさみつ》、兵一〇〇〇を率いて上京し、公武合体派の立場から朝廷に意見を述べる（いわゆる国事《こくじ》周旋《しゅうせん》）。

四月二十三日、この行動を「攘夷のための挙兵」と信じた薩摩藩尊攘激派の有馬《ありま》新七《しんしち》ら、伏見の船宿寺田屋に集結して挙兵しようとしていたところを久光の命令によって上意討ちされる（伏見寺田屋騒動）。

五月二十九日、イギリス公使館警備の松本藩士、イギリス水兵を殺傷（第二次東禅寺事件）。

七月から八月にかけて、幕府は幕権強化のためあらたに「三職」を設け、一橋慶喜《ひとつばしよしのぶ》を将軍後見職に、福井藩主松平慶永《まつだいらよしなが》を政事総裁職に、会津藩主松平容保《かたもり》を京都守護職に任命。

八月二十一日、江戸へ下って幕府に幕政改革を提議した島津久光一行、ふたたび上京する途中に行列の供先《ともさき》を割ったイギリス人商人リチャードソンを無礼討ちし、攘夷を実践した形となる（生麦《なまむぎ》事件）。

十一月二日、幕府、公武合体の一環として攘夷の勅旨に従うと決定。二十七日、尊攘激派の公卿三条実美《さんじょうさねとみ》、勅使として将軍家茂に攘夷督促の沙汰書を与える。

十二月十二日、長州藩尊攘激派の高杉晋作、久坂玄瑞《くさかげんずい》ら、品川御殿山に建設中のイギリス公使館を焼き打ち。

これら一連の出来事のうちでもっとも注目すべきは、かねてから攘夷を願って止まなかった孝明天皇が、欧米列強と攘夷戦をおこない再鎖国をするよう幕府に勅旨を伝達したことである。これは、島津久光と入れ違いに上京した長州藩主毛利《もうり》慶親《よしちか》（敬親《たかちか》）が

「破約攘夷」すなわち欧米列強との通商条約をなかったことにして異人たちを日本から追い出し、再鎖国へもってゆく方針を国是《こくぜ》とするよう上奏《じょうそう》したことが大きかった。

翌年の春、二十四歳にしてふたたび江戸に出て四ヵ月間文武修業に励んだ渋沢栄一は、このような政情の変化に敏感に反応した。もともと幕藩体制に批判的だった栄一は、

「朝廷からは始終かわらずに攘夷鎖港の勅諚《ちょくじょう》があるにもかかわらず、幕府においてはいつまでも因循《いんじゅん》して居て、今に朝旨を遵奉《じゅんぽう》せぬというのは、（略）征夷将軍の職分を蔑如《べつじょ》するものである」（『雨夜譚』）

と、水戸学の説く尊王論の影響を受けて考えた。

そして、「幕政の腐敗を洗濯した上で」「国力を挽回する」（同）と尾高新五郎、渋沢成一郎と論じ合い、ついには「生麦事件」以上の「暴挙」を起こして日本を覚醒させるための捨石になろう、と話は決まった。

栄一は本来、調和型の人間である。にもかかわらず、より血の気の多い新五郎、成一郎との長い交わりと文久二年の政情から身は破滅するも止むなしと思い切り、尊攘激派として武装蜂起することを決意したのであった。

そこで三人は、次のような密議を凝らした。

一、まず高崎城を乗っ取って兵備を整える。

二、高崎城から兵を繰り出し、鎌倉街道を経て横浜にむかう。

三、一挙に横浜を焼き打ちし、外国人と見たら片っ端から斬り殺してしまう。

この計画に基づいて同志を募ると、北辰一刀流の剣術仲間から真田範之助《さなだはんのすけ》、佐藤継助《さとうつぎすけ》、竹内練太郎《たけうちれんたろう》、横川勇太郎《よこかわゆうたろう》、海保塾《かいほじゅく》からは中村三平《なかむらさんぺい》が手を挙げ、渋沢家の親戚や郎党からも加わるものがあって総勢六九人となった。

栄一はのちに多くの企業体の創立に関与するが、ここでも一匹狼として異人斬りに走るのではなく、渋沢一族関係者、剣友、学友らを組織して事にあたろうとしているのはまことに興味深い。

しかも、事を起こすには軍資金が必要になる。栄一はこの点もよく承知しており、藍の売買で稼いで父には隠していた金「およそ百五、六十両」によって、太刀、槍《やり》、竹槍、着こみ（鎖かたびら）、高張提灯《たかはりちょうちん》などを買い集めた。

尊攘激派には金銭感覚の鈍い者が珍しくなく、高杉晋作などは藩庁から受け取った公金一〇〇〇両を一晩の芸者遊びで使い果たしたこともある。対して渋沢栄一は謀主でありながら活動のスポンサーでもあろうとしたわけで、こういったところにものちの起業家の萌芽が感じられる。

さて、文久三年（一八六三）八月になると、いつ計画を実行するかという話になり、十一月二十三日の冬至の日を期して、と決定した。これは、空気の乾いている季節の方が焼き打ちした火がひろがりやすい、という発想であった。

そこでもともと調和型の栄一は、さりげなく父に暇乞《いとまご》いをしておくことにした。「こやつ、何か危いことを考えているな」と父が気づいて自分を勘当してくれれば迷惑をかけなくて済む、と考えてのことである。

そこで九月十三日の観月の祝いの日、栄一は尾高新五郎と渋沢成一郎を血洗島村の実家に招いた上で、自分を自由に行動させてほしい、と父・市郎右衛門に持ちかけた。農民として生きてゆく覚悟の父と栄一のやりとりは翌朝までつづいたが、最後に父は、親子がおのおのその好むところに従って行動しよう、といってくれた。これで栄一は親に不義理をすることを気にかけずに行動できるようになったわけである。

翌日早速、栄一は同志のひとり武沢市五郎《たけざわいちごろう》に尾高長七郎宛の手紙をあずけ、京へ旅立たせた。むろん長七郎を挙兵に参加させようとしてのことで、飛脚問屋に書状を託さなかったのは、反幕的な計画を記した内容をだれかに知られる危険を考慮したのであった。

これに応じて長七郎は、十月中に帰郷。勇んだ栄一は同二十九日、成一郎、中村三平とともに手計村の尾高邸に集まり、新五郎もまじえて長七郎の意見を聞くことにした。

ちなみに『雨夜譚』では言及されていないものの、文久三年は前年よりさらに物情騒然とした年であり、長州、薩摩の二藩に至っては本当に攘夷戦に踏み切りさえした。

四月二十日、幕府は天皇に五月十日をもって攘夷期限とすると上奏（五月十日から攘夷を開始するという意味）。

五月十日、長州藩、下関（馬関《ばかん》）でアメリカ商船を砲撃。二十三日にはフランス軍艦、二十六日にはオランダ軍艦をも無差別砲撃し、「馬関攘夷戦」と自讃する。

六月一日、アメリカ軍艦、長州藩砲台を報復攻撃。五日、フランス軍艦も報復攻撃に加わり、上陸した陸戦隊が下関の砲台を占拠、破壊。

七月二日、イギリス艦隊、生麦事件の賠償金を要求して薩摩藩領の鹿児島湾に侵入、「薩英戦争」はじまる（四日まで）。

八月十七日、大和五条で「天誅組《てんちゅうぐみ》の変」発生（九月二十七日壊滅）。

八月十八日、公武合体派の薩摩藩、会津藩が「薩会《さつかい》同盟」を結んで宮廷クーデタ「八月十八日の政変」を起こし、在京の長州藩およびそれと結託していた三条実美ら七人の尊攘激派公卿を京から追放（七卿落ち）。

これら一連の出来事のうち、渋沢栄一の挙兵計画を先取りした形になったのが「天誅組の変」である。

これは、堂上《とうしよう》公卿中山忠能《なかやまただやす》（明治天皇の外祖父）の七男忠光《ただみつ》を主将、岡山脱藩・藤本鉄石《ふじもとてっせき》や土佐脱藩・吉村虎太郎《よしむらとらたろう》らを領袖格とする尊攘激派の七、八〇人が、攘夷親政の軍をまず大和にお迎えするとして五条の代官所に乱入し、代官ら六人を殺害した事件のこと。「天誅組」と称したかれらはその後、大和十津川郷で兵力一〇〇〇をかき集めはしたが、公武合体派諸藩の追討を受けるやもろくも敗走し、藤本鉄石や吉村虎太郎は討死《うちじに》、中山忠光は長州へ亡命した。

　幕末の日本と現代との大きな違いのひとつは、ニュースの伝わるスピードにある。その日、長七郎が語った天誅組の変の顚末は、栄一たちにとっては初耳の事実であった。

　おそらく愕然とした表情になっていたであろう栄一たちの前で、

「横浜まで押出《おしだ》して居留の外国人を攘斥《じょうせき》しようとするには、十分訓練した兵でなければ出来る訳のものじゃない」（『雨夜譚』）

　と長七郎は結論づけた。もちろん長七郎に栄一らの計画に賛同する気などはまったくなかった。そこから激論がはじまり、長七郎が栄一を殺してでも挙兵を止めるといえば、栄一は長七郎を刺してでも挙兵を決行する、と言い返す。あげくの果ては「殺すなら殺せ」「刺し違えて死ぬ」というところまで行きはしたが、そこで一歩退いて考えた栄一は、長七郎のいうところはもっともである、とついに考え直した。

　京に集まった尊攘激派の様子を知るべく長七郎を京に上らせた栄一は、その長七郎の伝えた天誅組の変の顚末からおのれの考えの甘さに気づいたのである。

　もしも栄一たちが横浜焼き打ちを決行したならば、破滅型の人間として刑場の露と消える運命をたどったことであろう。すなわちこのとき栄一は気づかずして生涯最大の危機にあったわけだが、精神のバランスの良さによって一夜にして迷妄から覚め、ふたたび調和型の性格を取りもどすことができたのであった。

第６話　農民から武士へ

渋沢栄一は名主の父・市郎右衛門とは別々の人生を歩むことにしたため、農民なのか浪人なのかはっきりしない存在と化してしまった。しかも挙兵計画を立てて武器を買い集めていたことは、すでに関八州取締など幕吏の耳に入っているかもしれない。そう考えてしばらく身を隠すことにした栄一は、渋沢成一郎とともに文久三年（一八六三）十一月八日に血洗島を出立。江戸へ出府してから、十四日には東海道に道を取って京をめざした。

なぜ栄一たちが京にゆく気になったかというと、「将軍後見職」として京に赴任中の一橋慶喜が幕臣出身の平岡円四郎《ひらおかえんしろう》を一橋家用人に登用しており、栄一たちはその平岡と交流があったためである。互いに知り合ったのは栄一や成一郎が江戸に留学して文武修業に励んでいた頃で、平岡はふたりにこう提案したこともあった。

「(足下《そつか》らには) 実に国家のために力を尽すという精神が見えるが、残念な事には身分が農民では仕方がない、幸《さいわい》に一橋家には仕官の途《みち》もあろうと思うし、また拙者も心配してやろうから直《ただち》に仕官してはどうだ」(『雨夜譚』)

その頃の栄一たちはいずれ尊攘激派の志士として立つつもりでいたので、この話には飛びつかなかった。しかし、今回、浪人として京にむかうとすると、旅の途中で幕吏に行動を怪しまれる恐れがある。そこでふたりはまだ江戸にいるうちに平岡の留守宅を訪ね、妻女にこれまでの事情を伝えてから申し入れた。

「京都へゆくために当家の御家来のつもりにして先触《さきぶれ》を出すからこの事を許可して下さい」（同）

ここにいう「先触」とは、大名旗本の家臣などが旅に出る時、先々の宿場へ人馬の継ぎ立てや宿の手配を依頼しておく文書のこと。ふたりはちゃっかりと、平岡家の家臣を装えば無事に旅をつづけられると踏んだのである。すると妻女は、僥倖《ぎょうこう》にもこう応じてくれた。

「かねて円四郎の申付《もうしつけ》には乃公《おれ》が留守に両人（栄一と成一郎）が来て家来にしてもらいたいといったら許してもよいということであったから、その儀ならば差支《さしつか》えない、承知した」（同）

このやりとりによってふたりは「平岡家家臣」と称することを許され、十一月二十五日に無事着京することができた。平岡円四郎を訪ね、挨拶したのはいうまでもない。以後ふたりは、栄一が父からもらった一〇〇両を小出しにしながら名所旧蹟を見物してまわった。

ところが、あけて文久四年（一八六四）が「元治《げんじ》」と改元される直前の二月初旬のこと。故郷で剣を教えているはずの尾高長七郎から届いた手紙を見ると、なんとそれは江戸の伝馬町《てんまちょう》の牢獄から出されていた。どのような事情かはわからなかったが、長七郎は中村三平ほかと江戸へ出る途中に捕縛され、栄一が着京後に出した手紙も取り上げられてしまったのだという。

栄一はその長七郎宛の手紙で、

「かねて見込んだ通り幕府は攘夷鎖港の談判のために潰《つぶ》れるに違いない、我々が国家のために力を尽すのはこの秋《とき》であるから、それには京都へ来て居る方が好かろう」（同）

と、まだ尊攘激派の尻尾を引きずったことを申し入れていた。獄吏《ごくり》にそのことを知られたということは、いつ幕吏に踏みこまれるか知れたものではない、ということでもある。

渋沢栄一と成一郎が眠れぬ夜を明かすと、平岡円四郎が手紙ですぐに来いと伝えてきた。これは幕府から一橋家にふたりの来歴について問い合わせがあり、平岡が尋問役に指名されたのである。栄一は平岡に恩義を感じていたためだろう、会うと正直に挙兵計画を立てたことを告白し、

「足下らはマサカに人を殺して人の財物を取ったことなどはあるまいが、もしあったならあったといってくれ」（同）

「イヤそれは決してござりませぬ。なるほど殺そうと思ったことはたびたびござりました」(同)

などというやりとりをした。

幕末は、幕府の権威の失墜とともに「士農工商」という身分の枠が次第に崩れてきた時代であった。すでに名前の出た尊攘激派でいえば、清河八郎は庄内《しょうない》藩の酒造業者(郷士)のせがれ、吉村虎太郎は土佐の庄屋である。

また、水戸藩士藤田東湖の父・幽谷《ゆうこく》は農民の出で、水戸に出て古着屋を営んでいた。東湖は早熟の秀才だったので十五歳にして士分に採り立てられたものの、父の職業をさげすまれ、「古着屋のせがれ」と悪口をいわれたこともあった。

さらにいえば、やはり庄屋のせがれである近藤勇や土方歳三はすでに上京して会津藩お預かりの新選組に属していたが、その初代局長芹沢鴨《せりざわかも》も本名は木村継次《きむらけいじ》といい、常陸《ひたちの》国行方郡《くになめかたごおり》の豪農のせがれ。江戸の市中見廻りを担当する庄内藩お預かりの新徴組《しんちょうぐみ》には、甲州の元やくざ祐天仙之助《ゆうてんせんのすけ》とその子分たちまで採用されていた。

そういう大状況があったことを考えあわせれば、平岡円四郎が渋沢栄一と成一郎に一橋家への出仕を勧めたのもさほど奇怪な発想ではなかったことになる。

ふたりは実際に「第二の天誅組の変」を起こしたわけではないから、これにて尋問終了である。とはいえ、一度は生死をともにしようとした長七郎らが捕縛されては今さら帰郷もできないし、進退きわまるとはこのことである。その思いを伝えると、平岡は驚くべき提案をした。

「なるほどそうであろう、察し入る。ついてはこのさい足下らは志を変じ節を屈して、一橋の家来になってはどうだ。（略）かくいう拙者も小身《しょうしん》ながら幕府の人、近頃一橋家へ付けられたような訳であるから、人を抱えるの、浪士を雇うということはずいぶんむつかしい話だけれども、もし足下らが当家へ仕官しようと思うならば、平生の志が面白いから拙者は十分に心配して見ようと思うがどうだ」（同）

農民出の浪人として明日をも知れない身の上のふたりに、にわかに一橋家家臣という「十分」に登用される途が提示されたのである。……と解説するだけでは、

「武士ってそんなに簡単になれるものなんですか？」

という声が聞こえてきそうなので、もう少し詳しく述べよう。

いったん宿へもどってこの誘いを受けるかどうかを検討する段になると、渋沢栄一よりも剛情な成一郎は江戸へ帰って尾高長七郎たちを助け出さねば、と主張した。対して栄一は、そんなことができるはずはないし、我々が一橋家へ仕官すれば一時挙兵を計画していたことへの嫌疑も消え、長七郎たちを救い出す方便も生まれるという一挙両得の策になるかもしれない、と説いて成一郎に仕官を承諾させることに成功した。

こうして栄一と成一郎は尊攘激派から完全に離脱し、公武合体派のリーダーのひとり

として大政に関与している一橋慶喜の家士《かし》として生きることになったのであった。

なお、尾高長七郎が投獄されたのは旅の途中で精神を病み、人を斬ってしまったことによる。長七郎はのちに兄・新五郎の努力で出獄できたが、病癒えぬまま三十二歳で生涯を閉じた。

栄一に挙兵の無謀さを説いて目を醒まさせた者が、志を果たすことなく夭折してしまう。まことに「吉凶はあざなえる縄のごとし」である。

第7話　一橋家の人事採用と栄一の初任給

一般にある組織体があらたに人材を採用する場合は、組織体側が一定の判断基準によって人材の器量を計る。ところがそれとは反対に、渋沢栄一の場合は一橋家に出仕するに際し、平岡円四郎に対して条件をふたつ提示した。
ひとつは、自分の差し出す「意見書」を一読してから採用してほしい、ということ。もうひとつは、君公（一橋慶喜）に拝謁《はいえつ》してから召し抱えてほしい、ということ。平岡に差し出された意見書は、下のような内容だったと栄一自身がのちに回想している。
「国家有事の時に方《あた》り、御三卿《ごさんきょう》の御身《おんみ》を以て京都の守衛総督に任ぜられ給いしは実に古今未曾有の御盛事ながら、（略）この御大任を全《まっと》うせらるるにはまた非常の御英断なくては相成らざる事、而《しこう》してその英断を希望するの第一着は人才（人材）登用の道を開いて天下の人物を幕下に網羅し、各々《おのおの》その才に任ずるを急務とする、云々」（『雨夜譚』）
栄一は「居所がありませぬから御《お》召抱《めしかか》えを願いますというのは残念だから、一卜《ひと》理窟を付けて志願しようじゃないか」（同）と渋沢成一郎と相談してこの文面を書いたのだという。平岡がこの文面を見て「よろしい」といったので、こちらはこれでOKとなった。

栄一たちはその二日後には遠出する慶喜の乗馬を追いかけて内々の御目見《おめみえ》を許されたため、持論の人材登用論を述べたところ、慶喜が注意深く聞いてくれたように感じたので、ようやく一橋家に仕官することに踏ん切りがついた。

初め東本願寺の内に置かれた一橋家の京都屋敷は、元治元年（一八六四）春には三条の若狭《わかさ》藩（小浜《おばま》藩）京都藩邸に移ったので、栄一と成一郎も三条小橋の宿からこちらへ通う暮らしに入った。

最初に与えられた役目は「奥口番《おくぐちばん》」といい、御用談所《ごようだんしょ》（諸藩にいう「留守居役所」）の奥口の番人であった。俸給は四石《こくに》二人扶持《にんぶち》で、京都滞在中は月々、四両一分《ぶ》の手当がついた。奥口番には同役の者がふたりいると教えられてその詰所《つめしょ》へ挨拶にゆくと、不潔な部屋に老人二名が詰めている。座って挨拶しようとするとひとりが栄一を咎《とが》め、そこは畳の目が筆頭の者より上座になるから座ってはならぬ、などという。馬鹿馬鹿しくはあったが、失礼しましたと詫びを入れ、その場で奥口に詰める役から「御用談所下役《したやく》」への出役《しゅつやく》（兼務）を命じられて御用談所の脇の一室へ成一郎とともに詰めることになった。

栄一たちは口やかましい老人ふたりと違う詰所を与えられてほっとしたようだが、ここでふたりの「四石二人扶持」とはどの程度の収入だったかを見ておこう。

一人《いちにん》扶持とは一日に五合、一年に一石八斗《と》の玄米を受けるという意味だから、俸給四石二人扶持とは年に四石プラス三石六斗、すなわち七石六斗の米を受け取る身分ということ。

　ちなみに一人扶持とは大人ひとりが一年間なんとか食いつなぐことができて身の回りの品もそろえられる収入であり、最下級の士分の者の年収は三両一分とされていた（四分＝一両）。これが「三一侍《さんぴんざむらい》」という蔑称の由来だが、七石六斗を当時の米価から換算すると約一八両（「近世米価一覧」）。これに月々四両一分、一年に五一両の手当がつけば、合わせて年収六九両だから、これまで無収入だった栄一・成一郎コンビはそこそこの収入を確保したといってよい。

　このふたりは、栄一の父・市郎右衛門からわたされた一〇〇両を持って上京してきたと前述したが、すでにこの一〇〇両は使い果たしたばかりか、ふたりで二五両の借金ができていた。そこでまずこの借財を返済しようということになり、ふたりは宿屋から八畳二間にお勝手つきの長屋に転居。飯は自分たちで炊き、味噌汁の具やたくあんも自分たちで買い出しにゆく、という節約をして月々四両一分の手当ての出費を惜しみ、とうとう四、五ヵ月後には借金をすべて返済することに成功した。

　幕末は大インフレの時代であり、借金に首まで浸って夜逃げしたケースなどは珍しくなかった。諸藩も幕府も赤字財政に苦しんでおり、特に幕府は皇女和宮と将軍家茂の婚礼費用、生麦事件のイギリスへの賠償金三〇万両の支払い、家茂の上京費用などの大口出費が相ついで、歳入の四〇〇万石は二〇〇万石近くまで落ちこんでしまっていた。

そういう時代にようやく一定収入を確保した栄一が、まずおこなったのが借金の清算だったというのも、経済感覚の鋭さを示した逸話ではある。

ところで一橋家は「摂海防禦指揮《せっかいぼうぎょ》」という慶喜のあらたな職務においては、築城学に詳しいという薩摩藩士折田要蔵《おりたようぞう》に幕府から百人扶持を支給させて「砲台築城御用掛《ごようがかり》」とし、大坂湾の安治川口《あじがわぐち》、天保山、木津川口などに砲台を築かせようとしていた。

しかし渋沢栄一は、近々何か事を起こす藩があるとすれば、それは長州藩か薩摩藩であろうと考えていた。長州藩はすでに無謀きわまる「馬関攘夷戦」に踏み切ったあげくに京から追放されたのだから、色眼鏡で見られるのは当然のこと。薩摩藩も国父島津久光は公武合体派だが、家中には西郷吉之助《さいごうきちのすけ》（のちの隆盛《たかもり》）、大久保一蔵《おおくぼいちぞう》（のちの利通《としみち》）らを領袖格とする尊攘激派「誠忠組《せいちゅうぐみ》」が育っている分だけ、一橋家としては用心を怠ってはならない存在と思われた。

栄一がその点を平岡円四郎に忠告すると、平岡も折田要蔵を深く信頼してはいなかったらしく、栄一が折田に申し入れて築城修業の内弟子となり、薩摩藩の内情を探ることになった。そのため栄一は折田とともに大坂へ下り、四月初めからおよそ一ヵ月間、土佐堀に下宿して砲台の絵図や書類を書かされる羽目になった。

栄一がさりげなく折田の言動をうかがっていると、この人物は姿形を気づかい自分を大きく見せようとするが、さしたる人物ではない。時々西郷吉之助に意見書を出したりはするものの、西郷がかれを十分に信じているというものでもないようであった。ただし、下宿先に来る薩摩藩士は少なくなく、栄一はこの前後に以下のような面々と知己になった（肩書は『雨夜譚』の成るころのもの）。

三島通庸《みしまみちつね》（警視総監）、川村純義《かわむらすみよし》（前海軍卿）、奈良原繁《ならはらしげる》（日本鉄道会社社長）、中原直助《なかはらなおすけ》（戊辰戦争中に戦死）、海江田信義《かえだのぶよし》（貴族院議員）、内田政風《うちだまさかぜ》（石川県令）、高崎五六《たかさきごろく》（東京府知事）。

これらの人々との交流には、栄一が実業界に羽ばたいてから人脈として役立ったものもあるだろう。しかし栄一の回想はそこまでは及んでいないので、次に栄一が折田の実力に見切りをつけ、五月初旬に京の一橋家へ帰参してからの動きを見る。

栄一が仕官するにあたって一橋慶喜に更なる人材登用を申し入れたことは前述の通りだが、京へもどると平岡円四郎が、天下に志ある者をひろく召し抱えたいから江戸へ下って人選をしてくるように、と栄一と成一郎に依頼した。ふたりは江戸の伝馬町の獄舎に投じられている尾高長七郎を救い出す工夫をするには絶好の機会と思い、自信たっぷりに請け合った。

「まず撃剣家あるいは漢学書生などの中で、共に事を談ずるに足るという、いわゆる慷《こう》慨《がい》の志気に富みていやしくも貪《むさぼ》る心のないもの、または義のある所は死を視《み》ること鴻毛《こうもう》

の如しという敢為《かんい》の気魄《きはく》あるものを、合《あわ》せて三十人や四十人ぐらいは連れて来る考えであります」（同）

かつて挙兵の同志を募ったときは秘密裡に動くしかなかったが、今回は公然と人選をおこなうことができる。ふたりはかつての同志たちを再結集させて登用することもできると、平岡から別宴を張ってもらって勇躍江戸をめざした。

これが五月下旬から六月のことで、無事に江戸に到着したふたりは、一橋家の目付榎本亨造《えのもとこうぞう》の浅草堀田原《ほったわら》の家を宿とし、まずは関東における一橋家領地を巡回して人材を得ようとした。同家の関東における領地は武州埼玉郡、下野《しもつけ》の芳賀《はが》、塩谷《しおや》二郡あわせて二万三〇〇〇石。あとの領地は関西に散在している。

並行して一橋家の威光によって入牢《じゆろう》中の尾高長七郎を救出しようとしたが、長七郎は刃傷沙汰に走った現場で召し捕らえられた者なのでこの工作はうまくゆくわけもなかった。

ふたりにとって誤算はさらにつづいた。そのもととなったのは、「天狗党《てんぐとう》」と呼ばれるようになっていた水戸の尊攘激派が三月中に筑波山に挙兵し、下野の太平山《おおひらさん》、日光山にも兵を派遣して幕府と対決する構えを見せるという大騒動が起こっていたことである。

水戸藩家老武田耕雲斎《たけだこううんさい》、おなじく水戸町奉行田丸稲之衛門《たまるいなのえもん》、藤田東湖のせがれ小四郎《こしろう》らを領袖格とする天狗党は、かつて栄一たちが夢見た攘夷戦決行を悲願として蜂起した者たちにほかならない。かれらが四方に檄《げき》を飛ばして同志を募ったため栄一のかつての同志たちにもこれに応じた者が多く、栄一は思ったように人材を集めることができなかった。それでも江戸で撃剣家を八、九人、漢学書生を二人、一橋家の領地で農民四〇人あまりを集めることができたので、何とか形だけはさまになった。

ただし、ここでふたたび思わぬ事態が起こった。そのひとつは、栄一が江戸に呼ぼうとしていた尾高新五郎が岡部藩の牢に投じられてしまったことである。新五郎は天狗党に参加を求められていたので、岡部藩はかれを天狗党の一味と早合点して捕縛に走ったらしかった。

そしてもうひとつは、六月十六日に平岡円四郎が京で水戸の激派に殺害された、との飛報にやや遅れて接したことであった。天狗党に好意を寄せる在京の水戸藩尊攘激派にとっては、水戸徳川家の出身で、禁裏御守衛総督兼摂海防禦指揮という特別職にある一橋慶喜こそが、再鎖港のため攘夷戦の先頭に立ってほしい存在にほかならなかった。しかし慶喜に、攘夷戦に討って出ようという動きは見られない。それはなぜかといえば、平岡が開国主義を慶喜に吹きこんで判断を狂わせているからだ。そう信じこんだ在京の水戸の激派が平岡を暗殺してしまったのである。

栄一としては、自分を士分に採り立ててくれ、かつ人を集めて組織を作る才能を認めてくれた恩人を失ってしまったわけだから、心細さに嘆息するしかなかった。

それでも平岡に命じられたことだけは果たさねばと気強く思い返し、妻・千代と再会してから募集に応じた者たちとともに中山道《なかせんどう》から上京することにした。これが九月初めのことだが、六月以降の京は狂乱の時代に突入していた。

ちなみに栄一の『雨夜譚』は幕末に生まれた男の回想録によくあることながら、妻子に関する記述がきわめて少ない。男の含羞《がんしゅう》がそうさせるのであろうが、このとき栄一は深谷宿に一泊する前に手前の宿根宿《しゅくねじゅく》まで千代を呼び出し、千代が抱いてきた二歳の歌子《うたこ》とも対面を果たしている。

『雨夜譚』岩波文庫版には革製のソファに腰掛けた和服姿の千代の写真が掲載されているが、島田髷《しまだまげ》を結った秀でた額の下に目鼻立ちの整った色白の瓜実顔《うりざねがお》が品よくおさまり、大変な器量好しである。夫妻の長女・歌子も後に東京帝国大学法学部教授穂積陳重《ほづみのぶしげ》に嫁いだことから見て、出来の良くない子だったとは思えない。

第8話　上司・一橋慶喜の苦悩

文久三年（一八六三）八月十八日の政変の結果、京から追放された長州尊攘激派がもっとも憎んだのは、京都守護職として激派を摘発しつづける会津藩主松平容保であった。

ひそかに京へ潜伏して容保を追討すべしと考えたその一部は、元治元年（一八六四）六月五日、三条小橋の西の橋詰めの池田屋に集まって策を練っていたところを新選組に踏みこまれ、死者一四、捕縛一〇の被害を出してしまった。

同十四日、その凶報が届いた長州藩は、すでに上京許可を得たため京へむかうことになっていた家老国司信濃《くにししなの》、おなじく福原越後《ふくはらえちご》のほか第三の家老益田右衛門介《ますだうえもんのすけ》の部隊も派遣して薩会同盟に挑戦すると決定。七月十九日早朝、長州からの遠征軍一六〇〇は御所に押し寄せ、御所の諸門を守る公武合体派の兵力相手に兵端をひらいた。「禁門の変」ないし「蛤御門《はまぐりごもん》の変」として、日本史の教科書にゴシック体で表記される戦いがこれである。

長州兵は諸門のひとつとして奪うことができず、敗走して領袖格ひとり久坂玄瑞は負傷、自刃。烏丸《からすま》辺と河原町の長州藩邸から出た火は下京《しもぎょう》を中心に燃えひろがり、約二万八〇〇〇戸を焼き尽くした。

長州軍にまじっていた久留米藩の尊攘激派真木和泉《まきいずみ》は、決死隊一七人を率いて山崎の天王山にあえて残留し、二十一日に追討軍が迫るや火薬で自爆。「禁門の変」は、公武合体派勢力の大勝利におわった。

渋沢栄一たちが人材募集の旅から帰京したのは九月十八日のことだから、京は公武合体派の天下である。一橋慶喜も禁裏御守衛総督の名に違《たが》わず御所を守り切るのに成功したわけだからおのずと威勢をまし、御用談所詰めの者たちも諸藩の公用方（外交官）から宴会に招かれたりするようになっていた。

その九月に栄一の身分は一級進み、「御徒士《おかち》」になった。禄高は八石二人扶持、京都滞在中にはこれに月々六両が上乗せされる。

そのころ、殺害された平岡円四郎に代わる一橋家の用人として政務を執るようになっていたのは、元幕府の御小人目付《おこびとめつけ》だった黒川嘉兵衛《かへえ》である。その黒川が、

「及ばずながら拙者もここに職を奉ずる以上は、足下らの志も立つように、使えるだけ使って遣《や》るから必ず力を落さずに勉強したがよい」（『雨夜譚』）

と親切にいってくれたこともあって、栄一たちは気を取り直すことができた。

この頃の幕府は二つの問題を抱えていた。ひとつは、御所へ大砲まで撃ちこんで天下の賊徒となった長州藩をいかにして追討するか、という問題（いわゆる「第一次長州追討」）。

すると長州藩内部では、尊攘激派から「俗論派」と呼ばれた対幕府恭順を主張する派閥が抬頭《たいとう》。十一月十一日から翌日にかけて国司信濃二十三歳、益田右衛門介三十二歳、福原越後五十歳の三家老を切腹させ、投獄してあった四人の参謀も斬に処してそれらの首を幕府側に差し出してみせた。これによって「第一次長州追討」は戦端をひらくことなくおわったわけだが、右の交渉がつづく間に関東では筑波山に挙兵した「天狗党」が大きく動き出していた。

一橋慶喜を頼って京まで行軍し、慶喜から天皇に自分たちの攘夷の素志を伝えてもらおうとして、十月中に西上と決定。武田耕雲斎を主将として信濃路、美濃路を行軍し、近隣諸藩と交戦しながらついに越前の敦賀《つるが》に至ったのである。

しかし、幕府の許可なく兵を動かした行為は「謀反《むほん》」とみなされても止むを得ない。水戸藩徳川家出身の慶喜としては「悪女の深情け」ではないが、幕府の特別職にありながら謀反人に頼られるという困った立場に置かれてしまった。栄一は、このときの慶喜の動きについて次のように回想している。

「幕府は既にこれ（天狗党）を賊として田沼玄蕃頭《げんばのかみ》（意尊《おきたか》。相良《さがら》藩主）の手で追撃の軍兵《ぐんぴょう》を差向けたから、沿道の諸藩においても皆兵隊を繰り出してこれを防止するという現状になった。それゆえ一橋公も傍観することは出来ぬ、やむをえず朝廷へ御願いの上、自《みず》から軍兵を総督して御出馬になったので、その先鋒の大将には、その頃京都に滞在中の水戸の民部《みんぶ》公子《こうし》（徳川昭武《あきたけ》。斉昭の第一八子、慶喜の弟、官職は民部大輔《たいふ》）が向われた。全体この御出馬は、浪士の来路を偵察して置いて途中でこれを鎮圧してしまって決して禁闕《けつ》の下を騒擾《そうじょう》させないという神算《しんさん》であった。ところが公が海津まで進まれた日に浪士どもは越前の今庄《いまじょう》で加賀の隊長永原甚七郎という人の手へ降服の事を申し入れた。永原は早速その処置を一橋公へ伺い出たによって、公はその降人《こうにん》の兵器を取上げ加賀藩においてこれを警固して、不日さらに田沼玄蕃頭の手へ引渡すべき旨を命ぜられてまずその一段落が付いたから、十二月の末に京都へ御帰陣になりました」（『雨夜譚』）

慶喜が十二月三日に出馬したとき、栄一は黒川嘉兵衛の手に属して同行した。そのため、慶喜・昭武兄弟の動きがよく頭に入っているのである。

ところが元治二年（一八六五）二月、天狗党の八〇〇余名をそれまで厠《かわや》もない鰊蔵《にしんぐら》に幽閉しておいた田沼意尊は、彼らを酷刑に処した。耕雲斎、藤田小四郎ら三五二人は斬罪か死罪。西上せず降伏した一〇〇〇人からも四三人が切腹か斬首になったほか、数百人が獄死し、安政の大獄以来の水戸藩の死者数はなんと一五〇〇人以上に達する始末（『水戸藩死事録・義烈伝纂稿』）。栄一は田沼意尊のこの一連の行動を「酸鼻な話」と批判しているが、これはまったくその通り。意尊はかつて賄賂政治をおこなって失脚した老中田沼意次《おきつぐ》、そのせがれで不品行の末に江戸城内で番士に斬られた若年寄田沼意知《おきとも》の血筋だから、田沼家の悪名を雪《そそ》ごうとして過激な判断に及んだ可能性が高い。

ただし、当時このような見解は生まれず、慶喜は同郷の天狗党に救いの手を差しのべようとしなかった不人情な男だ、とする非難ばかりがひろく世におこなわれた。西郷吉之助や大久保一蔵が慶喜の非情を「幕府の非情」とみなして幕府を見限り、倒幕を決意したのもこの天狗党の処分を知ってのことだといえば、死せる天狗党が幕末史の流れに与えた影響の強さが知れよう。

ここで明治時代後半にさかんになる幕末史編纂事業と渋沢栄一とのかかわりに触れるならば、栄一が『徳川慶喜公伝』を編集出版したという事実を第一等に挙げるべきであろう（最終話参照）。

栄一が同書中で当時の慶喜の立場を釈明しているのは注目に値するが、考えてみれば栄一が横浜焼き打ちなど実行したら天狗党とおなじ最期となったわけだから、一連の処刑は栄一にとっても重い衝撃だったに違いない。

幸田露伴が、

「これより後は著《いちじる》しく道理詰めに事を運ばうとし、苟《いやしく》も権道、険危の路を取るを避くる栄一一個の風格を現し出すに至つたのである」（『渋沢栄一伝』）

と結論づけているのは、天狗党の破滅を間近に見て以来、栄一がより慎重な人間になったことを指摘しているのである。

たとえば、元治元年十二月に京へもどってまもなく正月を迎えた栄一は、黒川嘉兵衛の下役として諸藩の士との酒宴につらなる機会がいやに多くなった。しかし古来、酒と女で身を滅ぼした例は珍しくない。それを思ってのことであろう、五十歳近い黒川と二十六歳の栄一は一切酒は飲まず、芸者も近づけない、と互いに約束したものであった。

ところが元治二年の正月の間に黒川と「鴨東《こうとう》のある家（料亭兼宿屋のことか）」にゆき、酒宴もおわって泊まることになると、いつもとは違う部屋に案内された。しかもすでに布団が敷かれていて、婦人がひとりいる。どういうわけかと仲居に尋ねてみると、その仲居は黒川のことを「大夫《たゆう》さん」と呼んで答えた。

「大夫さんがあなたに御気の毒だから、女を一人とりもつとの事であります」

怒った栄一が三条小橋の長屋へ帰ってゆくと、黒川が追いかけてきて、

「今夜は誠に失礼した」

と真面目にいった。対して栄一は、おれを女で試す気か、と居直ったりはせず、黒川を傷つけない答え方をした。

「せっかくの御厚意を空しくして誠に相すみませぬ」

この返事に感心して、黒川はいった。

「イヤはなはだ恥入った次第であった、ドウカ人はそうありたいもの、実にそれでこそ大事が頼める」

以上のやりとりは『雨夜譚』からの引用だが、この一件で栄一は黒川をトップとする

「一橋家用人」という名の重役たちの信用を得、役に立つ男とみなされるに至った。翌二月に早くも御徒士から「小十人《こじゅうにん》」の身分に進んだのは、そのあらわれである。

　御目見以上の小十人の禄高は、一七石五人扶持に月俸として一三両二分。仕官当初は四石二人扶持と月々四両一分だったのだから、わずか一年で禄高は四倍以上、月俸は三倍以上になった計算である。職務も「御用談所下役」から「出役《しゅつやく》」に進んだから、栄一は用人として一橋家の外交にも関与するに至ったと考えてよい。

　しかし、諸藩の京都詰めの者たちは、遊泳術に長じた者ばかり。こんな連中とつき合っていても仕方ない、と思った栄一は、「何か微《すこ》しく世の中に効能のあるような仕事をせんければ奉公した甲斐はない」（同）と考え直すうちに、ある趣向を思いついた。

第9話　農兵募集と人事掌握術

御徒士に進んで以来、故平岡円四郎の意向で「渋沢篤太夫《とくだゆう》」と武家風に改名していた栄一が、一橋家に馴染むにつれて奇妙に思ったのは、同家に兵力が欠けていることであった。一橋慶喜は弓馬刀槍《きゆうばとうそう》の達人およそ一〇〇人に身辺を守られており、これを御床几《おしようぎ》廻り（旗本）と称していた。だが、これはあるじの護衛であって敵とわたり合える兵力ではなかった。

ほかに御持小筒組《おもちこづつぐみ》という小銃配備の歩兵が二小隊あったが、これは幕府が付けてくれた部隊なので、慶喜の身に危険が迫った場合、どこまで身を挺して戦ってくれるかは甚だ心許ない。

ちなみに幕末に洋式化されはじめた諸藩の兵力は、「中隊」に編制されることが多かった。一小隊の兵力は、二、三〇人から五〇人。二個小隊ないし三個小隊を合わせて「中隊」とし、その兵力は一〇〇人前後。二個中隊か三個中隊を合わせると「大隊」となる。要するに一橋家の兵力は、禁裏《きんり》御守衛総督兼摂海防禦指揮という肩書の仰々しさに比して、やけに寒々としたものでしかなかったのだ。

そうなってしまっていた理由としては、一橋家をふくむ「御三卿《ごさんきょう》」は徳川御三家をプロ野球やプロサッカーチームの一軍とすれば、二軍に似た存在にすぎなかったこと、「徳川の平和《パックス・トクガワーナ》」の進行する時代に立てられた家のこととて初めから軍事力を期待されてはいなかったことなどが挙げられよう。

これらのことを訝《いぶか》しく思った栄一は、あるとき黒川嘉兵衛にむかって、禁裏御守衛というからには兵力がなくては有名無実ではありませんか、といってみた。御持小筒組にしても幕府の都合で勝手に兵員を差し替えられてしまい、日々の操練によって戦闘能力の向上を期すことなどは不可能なのだ。

しかし、黒川がいうには、幕府にはこれまで兵隊の借用料として月々一万五〇〇〇両を差し出し、その兵隊たちには年に五〇〇〇石をあてがってきた。これ以上兵を借用することはできないし、金のやりくりができたとしても兵には優劣があるから、ほかから優秀な兵を集めるのはむずかしい、とのこと。

「しからば私に一工夫があります」

と栄一は答えた。

「御領内の農民を集めて歩兵を組立てたらずいぶん千人ぐらいは出来ましょう、御話のように金の工夫が付くものなら、二大隊の兵はたちまち備える事が出来ます」(『雨夜譚』)

戦国の世は兵農分離以前の時代だったので、農閑期に農民が鎧《よろい》をまとって戦場におもむくことは当然とみなされていた。その兵農分離を推進した太閤秀吉以降も、農兵の伝統は各地に残り、土佐藩では「一領具足《いちりようぐそく》」、薩摩藩では「一日兵児《ひしてへこ》」と呼ばれていた。「一領具足」とは田の畔《あぜ》に具足と武器を置いておいて農事に励み、命令を受けるとすぐその具足をまとって出動する者たち、という意味。「一日兵児」とは一日武者として働くと次の日は農事にいそしむ男たち、という意味合いである。

幕末が近づいて各地の農村にも不穏な空気がひろがるにつれ、伊豆の韮山《にらやま》代官所の江川太郎左衛門（坦庵《たんあん》）がひろく農兵制度を起こしたことはよく知られている。長州藩領でも俗論党政権を打倒した高杉晋作が「奇兵隊」その他のいわゆる「長州諸隊」を編成し、「防長市民一同」として農民をこれに加えつつある。

栄一がこれら農兵の歴史をどこまで承知していたかは不明だが、かれは自身が農民ながら庄屋のせがれで農民たちをまとめる職務に通じていたため、農兵を募ればよい、と発想したのであろう。

黒川嘉兵衛に頼んですでに三、四回拝謁したことのある一橋慶喜に会見させてもらった渋沢栄一は、兵備を設けるには歩兵隊の編制が第一、それには領内から農民を集めるのが最善、しかしそれには適任の者を領地へ派遣して募集の趣意をよく領民たちに会得させ、進んで応募するようにしなければなりません、その御用は是非私に、と理論的に陣弁して「歩兵取立御用掛《とりたてごようがかり》」を申しつけられた。これが元治二年（一八六五）二月二十八日のことで、この掛は黒川が用人と兼務する「軍制御用掛」に付属していた。

一橋家は、一〇万石の家格と前述した。その領地は関東の二万三〇〇〇石のほか、摂《せっ》津国《つのくに》に一万五〇〇〇石、和泉国《いずみのくに》に七、八〇〇〇石、播磨国《はりまのくに》に二万石、備中国《びっちゅうのくに》に三万二、三〇〇〇石、と散らばっていた。前三者は大坂の川口の代官所が担当し、後者は備中後《し》月郡井原村《つきごおりいばら》のそれが統括する。

まず川口の代官所へおもむき、備中で募兵できればこちらは容易にできますといわれて井原村に出かけたのが三月八日頃。須永という姓の者を下役として従えた栄一は、槍持ち、合羽籠《かっぱかご》持ちなどに供をさせて長棒引戸の乗物に乗っての旅だったと回想しているから、旗本並の格式であった。衣装はぶっさき羽織にたっつけ袴《ばかま》、陣笠か流行の韮山笠をかむっていたであろう。

井原村の代官と各村の庄屋たちに面談して村民の次男、三男のうち志ある者を召し出すように、と説諭すると、その者たちを呼び出して直接申しわたした方がよいのでは、という返事。それでは、と庄屋に付き添われてやってきた者たちに農兵募集の趣意を言い聞かせると、思いがけない反応が返ってきた。

「付添の荘屋（庄屋）がいずれ篤《とく》と申し諭《さと》しまして御奉公いたしますなら直《ただち》に御請《おうけ》に出ます、といってガラガラと戸を明《あ》けて出てゆくという有様で、毎日毎日この通りで多人

数出ては来るけれども、一人として募《つの》りに応じて兵隊に出ようという者がない」（同）

という事態となったのだ。

なぜそうなるのか栄一は理解に苦しんだようだが、すでに武家社会に馴染みはじめていたかれは、農民とは領主層に対する面従腹背をためらわない者たちだ、という点を失念してしまっていたと見える。栄一は、長棒引戸の乗物で旅する自分の姿をにわか武士には不似合いと感じていた。しかし井原村の人々には領主の命令を一方的に伝えにきた〈お偉いさん〉にすぎず、敬して遠ざけるにしかず、と思われていたのである。

そこで栄一は手法を改め、領内の撃剣家と学者にどういう者がいるかと尋ねて、関根《せきね》某《なにがし》という剣士と興譲館《こうじょうかん》という学校で教授をしている漢学者阪谷希八郎《さかたにきはちろう》の名を知った。こう書けばもうおわかりだろう、栄一はかつて北辰一刀流玄武館の剣術仲間や海保塾の塾生から多くの同志を募り得たことを思い出し、上下ではなく横並びの気安く物を言いあえる人間関係を築いてから兵を募り直そうとしたのだ。

その線に沿って阪谷とその弟子たちと時事を談じたり宴会をひらいたりして、おもに開国論と再鎖国論の是非を論じると、阪谷は開国を主張して痛飲。関根某とは手合わせすると栄一が勝ってしまい、

「この頃来て居る御役人は通常の俗吏《ぞくり》ではない、学問といい剣術といいなかなかあっぱれの手際である」（同）

と噂が立って、近在の村から文武に心得のある少年たちが毎日訪ねてくるようになった。

その少年たちや興譲館の書生たちと漁師が網で鯛を獲る「鯛網《たいあみ》」を見物しにゆき、その鯛を料理してもらって酒を飲み、詩を吟じるうちに、井原村から二人、他の村から数人の奉公希望者があらわれた。それでもほかの数十ヵ村からは反応がないので、これは庄屋たちを背後から掣肘《せいちゅう》している者がいるな、と読んだ栄一は、庄屋たちを集めて決めつけるように告げた。

「乃公《おれ》はこれまでの一橋の家来のように普通一般の食禄を貪《むさぼ》って無事に安んじて居る役人と思うと大きな間違《まちがい》であるぞ、事と品によっては荘屋の十人や十五人を斬り殺すぐらいの事は何とも思わぬから、各方《おのおのがた》においても余りグズグズするとそのままには決して差《さし》置《お》かれぬ、（略）察する処《ところ》陣屋（代官所）の役人がかれこれ面倒を厭《いと》うて掣肘して居るのであろうが（略）果してそういうことがあるとすれば、代官であろうが荘屋であろうが毛頭容赦はしない、（略）今この通り自分の赤心を打明けて話したから、各にも包み隠さずにこれまでの機密を陳述したがよい」（同）

と談じると、とても包み隠しはできないと見て庄屋たちが事情を打ち明けた。

お代官がかねがね我々におっしゃるには、黒川嘉兵衛さまには山師根性があり、村々へ種々面倒な事を申しつけることがある。それに服従していると難儀なことになるから、なるたけ敬して遠ざけるのがよい、とのことでした。そのため今度の歩兵取り立てについてもひとりも志願する者はいないといえばそれで済むと思い、希望者は実は沢山ありましたがひとりも願い出ないと申したのです。しかるに旦那様（栄一）が書生や撃剣家を敬愛なされるので、旦那様に直《じか》に農兵になりたいと内願する者もあらわれ、もはや我々に内願者を押さえることはできません。でも今申し上げたことは、お代官には何卒内分に願います。

——ではその方たちの迷惑にならぬよう代官に談じることにしよう。

そう応じた栄一は、代官と談判。志願者がないのは人選の仕方が悪いか代官の平生の薫陶が悪いからだ、自分がかかる重大な御用で出張してきたのに農兵が募れなかった時はその理由を明らかにせねばならず、その時は貴殿にいかなる迷惑を及ぼすかわからない、というと、代官は委細承知しました、と態度を改めた。

すると続々と志願者が集まりはじめ、二〇〇人以上に到達。播州、摂州、泉州でも応募者が相つぎ、全体で四五六、七人となったので、一橋家は七月に大隊編制の洋式部隊（二大隊か）を発足させることができた。

渋沢栄一には白銀五枚と時服一領が褒美として与えられたが、この行動は栄一が功を立てた初例であると同時に、よく人間関係を理解した上で人材を集め、組織化する能力があることを充分に示したケースでもあった。現代風にいえば、栄一はリーダーシップをよく発揮してみせたのである。
「それのみではなく、此行《このこう》の道すがら、栄一は人情風俗の視察に力《つと》めて、芸能ある者、農商の道に功のあつた者、孝子・節婦・義僕等を調査し、之を具申して褒賞を請ひ、遂に允《ゆる》されて栄典の沙汰が行はれたといふ」（幸田露伴『渋沢栄一伝』）
親孝行な者や忠義な者を評価するのは、儒学の教えである。二十六歳になった栄一は、かねて学んだ儒学の精神を行動によって表現できるふところの深さを身につけるようになっていたのであった。

第10話　幕末のニュービジネス開拓

こうして備中、播州、摂州、泉州を巡るうちに、栄一は一橋家と同家の領民たちをより富ませる工夫ができるのではないか、それが自分の本領を発揮できる行動だ、と考えはじめた。たとえば、播州は上米《じようまい》（質の良い米）がたくさん収穫できる土地だが、ここの領地から上納される年貢米は兵庫の「蔵宿《くらやど》」という名の商人たちに売却がゆだねられていた。しかし、代官の目は米価にまでは届かないので、米の売り値ははなはだ安かった。もしこれを灘《なだ》や西宮の酒造家に売れば、より高値がつくというのに。

また播州は白木綿の産出量の多いところだというのに、かつて大坂でその白木綿が売り出されたことはなかった。さらに備中は古い家の床の下から硝石が多く採れるところで、これは火薬の原料になるから軍制の洋式化を急ぎつつある一橋家にとっては必需品であり、商品価値も高い。これらのことを念頭において、栄一は黒川嘉兵衛をトップとする用人たちに三ヵ条の建言をこころみた。

一に廻米の方法を改めること。二に播州の白木綿を「物産」として大坂で売り出し、運上《うんじよう》（税）を取ることにしたいこと。三に備中に硝石の製造場をひらくこと。

黒川たちはこの献策を喜び、栄一を「勘定組頭並《かんじょうくみがしらなみ》」に抜擢してくれた。時に慶応元年（一八六五）八月十九日のこと。禄高二五石七人扶持、滞京中の月々の手当は二一両と、小十人の身分より禄高は八石二人扶持、月俸は七両二分も上がった。

江戸幕府は「寺社奉行」「町奉行」「勘定奉行」の三奉行を置く制度を採用しており、勘定奉行は天領（幕府直轄地）の代官・郡代を監督しつつ収税、金銭出納など幕府の財政と領内農民の行政、訴訟を受け持った。諸藩や御三卿にも勘定奉行は置かれていたが、勘定所全体の要務はその配下の「勘定組頭」に任されることが多い。特に栄一は用人たちに指名されて勘定組頭並に昇ったため、勘定所の役人たちの間でも重要人物として扱われ、一橋家の財政を好転させることが期待されていた。

結論からいうと、栄一は総じてこの期待に沿うことができた。まず、年貢米の売りさばきについていうと、これを灘や西宮の酒造業者に酒米として売る手法に切り換えたところ、相場よりも一石につき五〇銭も高く売れた。栄一は旧来よりも良い流通ルートを開発することに成功したのである。

つづいて備中の硝石については、歩兵募集の際に知り合った撃剣家の関根某が硝石製造を心得ていたのでこれを使うことにし、土地の庄屋たちにも協力を求めて資金を用意してやった。完全な硝薬ができたらある定価で買い上げる、という約束で四ヵ所に製造所を開設させてみたのである。

「然《しか》し此《これ》は当時猶是《なおかく》の如き新事業に就《つ》きての知識経験が乏しく、硝石需要も未だ能《よ》く開けてゐなかつたので、苦心は十分に酬いらるゝに及ばずして止んだ」（幸田露伴『渋沢栄一伝』）

対して播州の白木綿の販売ルートと取り引きの手法の確定は栄一の商才をよく示すに足る成果を挙げた事業なので、やや詳しく見ておこう。

これまで一橋家の播州における二万石の領地で生産される木綿は、村民たちが思い思いに大坂へ持っていって売ってくる、というだけのしろものであった。ところが姫路藩領で生産される「白木綿」は「藩法」によって姫路に集められ、晒《さらし》にして大坂と江戸で売り出される仕組になっていて、一反あたりの値段も非常に高い。その隣村であっても一橋家の領地で生産されるそれは値段も安く、姫路産に比して量も少ない。要するに姫路藩領の木綿は「物産」だが、播州の一橋家の領民たちの作るそれはまだ物産とはいえなかった。

ただし、木綿は増産しようと思えば増産できる余地がある。そこで栄一は領内の今市《いまいち》村《むら》に「物産会所」を開設して領内に産した木綿をここへ集め、大坂にひらいた問屋へ送って売りさばかせる、その売り上げ代金はやはり大坂に開設した会所へ納めさせる、という流通ルートを構築した上で、決算は一橋家の発行する「藩札《はんさつ》」でおこなうことにした。

このシステムについては、栄一自身の解説がある。

「播州の木綿反物についてはは藩札を発行して、それで木綿を買上げ、大阪に立てた問屋へ向けて送る、問屋はこれを売捌《うりさば》き、その売上代金は大阪の会所へ納めるという仕法であった。而してその会所の元方《もとかた》は播州の今市という処に立て、そこで印南郡《いんなみごおり》を始めとして多可《たか》、加東《かとう》、加西《かさい》などいう郡中から出る沢山な木綿をば、今市から四里ほど隔った所に設けた物産会所に集収して、そこから大阪へ送って金にする。またその買入元金《かいいれがんきん》は、今市の会所において人々の望《のぞみ》に応じて藩札を渡し、その藩札は村民の申出《もうしで》に任せて正金《しょうきん》に引換《ひきかえ》る仕《し》組《くみ》であるから、大阪の出張所には常に相当の正金が残る。それを確実なる所へ預けて置けば、一方には金も殖《ふ》え、一方には品が運転（回転）して、したがって余計に出来るようになる、という趣向でありました」（『雨夜譚』）

この一文中の「会所の元方」は会社の本社、「物産会所」は流通倉庫、「大阪の問屋」は販売所、「大阪の出張所」は経理部門を指している。十代にして藍の買い付けと藍玉の販売に通じた栄一は、物資を移動させることによって利益を得るという資本主義の原則をいつしか身につけていたのである。

なお、この木綿の物産化に関する栄一の手法のうちもっとも注目すべきは、「藩札を発行・使用した」ことであろう。長州藩、熊本藩、佐賀藩などはすでに藩札を発行し、よく通用させていたが、たとえば姫路藩の藩札は他領では通用しなかった。いや、通用するにしても一束の藩札で豆腐一丁しか買えない、というほど信用がなく、たとえば一〇匁《もんめ》の額面のものは正金三匁にしか相当しないとされていた。

栄一は備中へ往復する際に、岡山藩の領内で正金の代わりに藩札を受け取ったことがあった。ただしその藩札は国境《くにざかい》を越えると通用しなかったので領内で使ってしまわざるを得ず、余計な買物をする羽目になった。

近現代にあっては常識だが、ある国の紙幣がその額面通りに通用するのは、「兌換紙幣《だかんしへい》」といって、いつでも金か銀の本位貨幣に引き換えられるからである。ところが幕末に諸藩が発行した藩札には、兌換紙幣の性格の確立されていないケースが珍しくなかった。

この時代に「正金」といわれていた本位貨幣は京・大坂が銀、江戸が金。しかし諸藩の藩札と正金の引換所は時々勝手に店を閉める、引き換えを中止する、といった行為に及び、会計役人にも藩札は他領で使ってもらった方が自藩の得になる、などと思っている輩《やから》が多かった。そんなことだから藩札の信用が地に落ち、額面の三割程度の通貨としてしか通用しなくなるのである。

これらの状況をつらつら眺めた栄一は、使用するには金銀よりも紙幣の方が便利だから、引き換え準備金として正金を充分に用意し、実直に流通させれば一橋家でも藩札を発行できる、と判断。諸外国の紙幣取り扱い法を知らないというのに、木綿販売に藩札を使用してみごとに成功をおさめたのであった。

まず栄一は播州印南郡の今市村の財産家から土蔵を借りて、「藩札引換の会所（会所の元方）」を設立し、藩札は次のように使用した。

「木綿買入《かいいれ》について資本を望む商人へはその木綿荷物と引換に適宜に札（藩札）を渡し、取《と》も直さず荷為替貸金《にがわせかしきん》の手続をする。もしこの木綿を本人の手で大阪へ売却しようとする時には、初め資本に借受けた藩札の金高を正金にして大阪において払い込めば、それと引換に木綿を請取ることが出来る、また会所の手で売却を望むものがある時には、会所においては売捌手続を立ててこれを取扱い、その売上代金の内から貸付けてある所の藩札代を受取り、差引決算を立てる、その間に些少の手数料を取る都合であった。

また藩札の引換は今市村の会所と定めて、その準備金は今市と大阪とに置くものとし、大阪へ置く金は大阪の豪家に預けて利足《りそく》を取るという仕組で、（略）その金主（出資者）というのは今堀、外村、津田その他二軒ばかりであったが、二十二軒の御為替組《おかわせぐみ》の中でも重立った金持五軒の用達《ようたし》（一橋家出入りの者）であった」（同）

つまり、大坂で自力で木綿を販売したい人は、今市村（兵庫）で木綿を藩札に換えてから大坂へ行き、現地の会所で藩札と同等額の現金を支払えば、再度木綿に引き換えて売ることができる。また、木綿を納品して会所に売ってもらいたい場合は、売買後の売上総額から藩札代と少しの手数料を支払い、残りの金額を手にする、いわゆる委託販売ができる、というシステムである。さらに、栄一は藩札作製資金ほか一切の費用をこれら五軒に調達させ、一橋家勘定所からは一文《もん》も出金しなかったというから大変な交渉能力である。

藩札の発行高は、最初まず三万両、事情によっては二、三〇万両発行してもよいとの見込みを立てて慶応元年十二月から二年初めに使用をはじめさせたところ、事務が円滑に行って三、四ヵ月の間にちょうど三万両が発行されたばかりか、正金への引き換えは至って少なかった。しかも、これによって木綿の売買が便利になり、領民たちも大いに喜んでくれた。栄一は播州における木綿を一橋家の「物産」として育成し、その大坂への販路を開設すると同時に藩札を通用させるシステム作りにも成功したのである。

このような事務の手順が定まれば、あとは後任の者にまかせてもよい。一橋家勘定奉行が栄一に帰京を命じたので、慶応二年（一八六六）春、かれはふたたび勘定所へ出勤する暮らしにもどった。その間に幕末史は、最後のコーナーめがけて暴走を開始していた。

第11話　一橋家の家臣から将軍家の幕臣へ

ここで少し時計の針をもどし、元治二年（一八六五）が四月七日に「慶応」と改元された頃からの政情を頭に入れておこう。

長州藩にあっては高杉晋作率いる急進派諸隊が主流派となり、藩主毛利慶親改め敬親と諸隊とは、尊王攘夷を大義とするものの当面は軍制改革をおこなって富国強兵に努めること、幕府に対しては武備恭順《ぶびきょうじゅん》（開戦を覚悟しつつ和解も試みる）の策を採ること、などを方針とした。軍制改革の担当者は、桂小五郎《かつらこごろう》（のちの木戸孝允《きどたかよし》）。その洋式化を推進したのは、蘭学、特に兵学に強い村田蔵六《むらたぞうろく》（のちの大村益次郎《おおむらますじろう》）であった。

対して幕府は、前年冬、長州藩が禁門の変を起こした責任者として三家老の首を差し出したことから自信過剰となり、その後は長州藩に一〇万石の削封、藩主父子の蟄居《ちっきょ》、孫の興丸《おきまる》への家督譲渡を通達していた。しかし、長州側がこの幕命に従おうとしなかったことから、幕府はふたたび長州追討にむかって動きはじめる（第二次長州追討）。

将軍として三度上京した家茂が、孝明天皇のもとへ参内《さんだい》したのは閏《うるう》五月二十二日のこと。この頃すでに、薩摩藩の西郷吉之助や大久保一蔵が幕府を見限っていたのは前述の通りだが、長州藩は幕軍相手に戦う覚悟を固めていたため火縄銃ではなく高性能の洋銃が大量にほしかった。

長州人はこれまでの攘夷の感覚が災いして、開港地に店びらきしている異国の商人たちに伝手《つて》がない。そこで井上聞多《いのうえもんた》（のちの馨《かおる》）と伊藤俊輔《いとうしゅんすけ》（のちの博文《ひろぶみ》）が長崎で亀山社中（のちの海援隊）という一種の商社を興していた坂本龍馬に仲介を頼み、西郷に薩摩藩名儀で武器を買いたいのだが、と持ちかけて反応を見ることにした。西郷は幕府を倒し、雄藩連合による新国家をつくらねば、と考えてその雄藩のひとつを長州藩と想定していた。しかも、この一八六五年（慶応元年）という年は四月にアメリカの南北戦争がおわった年でもあり、不要となった武器弾薬類が開港地に大量に持ちこまれつつあった。

龍馬の亀山社中は薩摩藩の保護を受けてもいたから、その紹介によって井上と伊藤は長崎の薩摩藩邸に潜伏。イギリス人商人トーマス・グラバーと交渉した結果、八月下旬、先ごめ滑腔銃《かっこうじゅう》のゲベール銃を三〇〇〇挺、先ごめライフル銃のミニエー銃を四〇〇〇挺、九万二四〇〇両で買い上げると決定し、薩摩藩は持ち船「胡蝶丸」にこれらを積んで長州藩領の三田尻《みたじり》港まで運んでやった。これによって薩長提携の機運は決定的となり、朝廷工作を担当していた大久保は会津藩との「薩会《さっかい》同盟」の解消に踏み切った。

さらに慶応二年（一八六六）一月七日、桂小五郎は上京して二本松の薩摩藩邸を訪問。西郷と大久保、そしてその上司の家老小松帯刀《こまつたてわき》らと対談し、同月二十一日にはまたも龍馬の仲介により、薩長同盟を密約するに至った。これは、薩長両藩がどんな戦況になっても協力して幕府に対抗することを明文化した攻守同盟である。

この同盟の成立に自信を深めたのか長州藩はその後も幕命を無視しつづけたため、第二次長州追討はついに「追討戦」となった。なお、長州側がこれを「四境《しきょう》戦争」と呼んだのは、周防国《すおうのくに》と長門国《ながとのくに》――いわゆる「防長二州」から成る長州藩領の東西南北でほぼ一斉に戦端がひらかれたことによる。「大島口」こと瀬戸内海の周防大島での戦闘は、六月七日開戦。長州藩海軍総督高杉晋作の奮戦により、十日間で同藩が圧勝した。芸州藩（広島藩）のある「芸州口」では関ケ原とおなじ武器と陣形で戦った彦根藩井伊家の兵力が洋式軍服姿の長州兵のゲベール銃で次々に倒され、幕軍側から見ても、

「戦争といわんよりほとんど遊猟の感なきにあらず」（戸川残花『幕末小史』）

と記録される大惨敗となった。

日本海側の「石州《せきしゅう》（石見《いわみ》）口」は大村益次郎直率《じきそつ》軍が浜田藩六万一一〇石の兵を敗走させ、藩主松平武聡《たけあきら》（徳川斉昭の第一一子）は城を焼いて逃れる始末。藩士たちは着の身着のまま美作《みまさか》の八〇〇〇石の分領に移って「鶴田《たづた》藩《はん》」と称し、長く赤貧の暮らしを送る羽目になった。

九州の「小倉口」では小倉藩一五万石の兵力が高杉晋作指揮の艦隊にしてやられ、小倉城を焼き内陸の香《か》春《わら》へ藩庁を移して「香春藩」と改称せざるを得なくなった。

このように第二次長州追討戦は、ことごとく幕軍および追討諸藩側の敗北におわった。その最大の敗因は、七月二十日、将軍家茂が二十一歳の若さで大坂城中に死亡したことかもしれない。甘い物が大好きで三一本の歯のうち三〇本までがひどい虫歯になっていた家茂は、歯根から大量に体内へ取り込まれた毒素によって脚気衝心《かっけしょうしん》を起こしたのだ。その死は八月二十日まで秘されたものの、将軍薨去《こうきょ》の噂は七月中に小倉まで伝わってきており、幕軍と小倉藩の兵力はこれによって戦意を喪失していた。

家茂とその正室和宮の間に子供はなく、御三家にも次の将軍たり得る男子は存在しなかったので、御三卿から一橋慶喜が指名されて一五代将軍と決定。新将軍は家茂の死が秘匿されていたためその名代として追討戦に出陣し、幕軍の士気を振起することになった（七月二十九日、勅許）。

八月八日、天皇から節刀《せっとう》（主将の印である太刀）を受けて本陣（大本営）の大坂城に移った徳川慶喜は、旗本一同を召して一席ぶった。

「毛利大膳《だいぜん》（敬親）父子は君父の讐《かたき》なり、此度《このたび》己《おのれ》出馬するからは、仮令《たとい》千騎が一騎になるとも、山口城まで進入して戦《いくさ》を決する覚悟なり、其《その》方ども、余と同じ決心ならば随従すべし、其覚悟なきに於《おい》ては随従に及ばず」（渋沢栄一『徳川慶喜公伝』三）

当時の渋沢栄一の立場の変化については、栄一自身の回想を引こう。

「この時に自分も長州征伐の御供《おとも》を命ぜられて、勘定組頭から御使番格《おつかいばんかく》に栄転した。

（略）自分は勘定組頭の職を命ぜられてからは一図（途）に一橋家の会計整理に力を尽して種々勘定所の改良を勉めて居たが、右の如く君公御出馬という場合になっては、腰抜け武士となって人後に落ちることは好まぬ気質だから、強いて従軍を願って御馬前で一命を棄てる覚悟でありました」（『雨夜譚』）

もちろん栄一は、従軍することを郷里の実家にいる妻・千代にも書面で伝えた。その書面の内容については、のちに娘の歌子が『はゝその落葉』の中であきらかにしている。

「其時《その》の御手紙に、郷里に居た頃から、尊王攘夷の志が同じなのを聞いて、はるかに敬慕して居た長州人を敵として向ふのは、誠に本意にもとる事であるが、公（一橋慶喜）の命令故《ゆえ》どうも反《そむ》くわけに行かぬ。武士として戦場に向ふからには生還は期し難い。私の身の上が今少し落附《おちつ》いたなら、御前《おまえ》（千代）と歌（歌子）は私の手許へ迎へとらうと予期して居た甲斐もなくなつたのが残念だ。もし討死《うちじに》でもする様な事になつたならば、御両親への孝養は勿論《もちろん》、歌のこともくれぐれ頼みますと云ふ事を、細々《こまごま》と云つてよこされ、一振《ひとふり》の懐剣を添へて送られて、御手紙の返す書（添え書き）に、此れは武士の妻になつた御前の守刀《まもりがたな》にと買つて置いたから、今度の序《ついで》に送るのであるが、かならず私が死んだなら御前もと云ふ謎と思ひ違へてはならぬと書かれて居る」

懐剣はあきらかに形見の品だから、栄一が戦死する覚悟であったことは確かである。

慶喜の出陣予定日は、八月十二日とされていた。ところがその十二日、小倉落城とこの方面の幕軍指揮官小笠原長行《ながみち》（老中、唐津藩世子《せいし》）の逃亡が伝えられるや、慶喜は前言をひるがえして出陣を中止。今後は諸藩の会議で長州処分を決める、と言い出した。その後の慶応二年の主な出来事は次の通り。

八月十六日、徳川慶喜参内し、征長軍の解兵を請い勅許を得る。

同二十日、慶喜の徳川家家督相続が布告される。

同二十一日、将軍家茂死去のため、征長中止の沙汰書が出される。

九月二日、幕長休戦の協定なる。

十二月五日、慶喜、参内して征夷大将軍、正二位、氏長者《うじのちょうじゃ》の宣下《せんげ》を受け、正式に徳川一五代将軍となる。

一橋慶喜を次の将軍に、という説がおこなわれはじめた当初、栄一はこれを不可として新たに筆頭用人となった原市之進（水戸藩出身、藩校弘道館訓導などを歴任）に談じこんだこともあった。今の徳川家は土台も柱も腐って屋根も二階も朽ちた大きな屋敷のようなものだから、大黒柱一本を取り換えればもつというものではない、と。

そして、栄一は、新将軍には別人を選んで慶喜は今後も禁裏御守衛総督の職務をつづけ、より充分に職責を果たすために幕府から五〇万石か一〇〇万石を一橋家に加増してもらうのがよいと、原市之進に献策。原もその気になってその旨を言上せよ、というところまでいった。ところがその翌日、慶喜が京から大坂へ下ってしまったため栄一のプランは空振りにおわったのであった。

こうして栄一は一種なしくずしに「一橋家の家臣」という身分から「幕臣」になったのであり、「陸軍奉行支配調役《しらべやく》」という御目見以下の者の命じられる役向きとなった。これは栄一としては面白くも何ともない役職でしかない。

「回想すれば一橋家へ仕官してより既に二カ年半の歳月を経、言も行われ説も用いられ、辛苦計営（経営）していささか整理に立至った兵制、会計等の事も、皆水泡に帰したのは実に遺憾の事であった」（『雨夜譚』）

栄一は思った。あと一、二年の間に幕府は倒れるに違いないから、このまま幕臣でいるとついには亡国の臣になってしまう。ならば今の役向きから去るしかないが、この後の身の振り方をどうするべきか。これまで用人筆頭だった黒川嘉兵衛はよく自分の意見を採用してくれたし、慶喜とじかに拝謁して物申すこともできた。しかし、慶喜は将軍になると御目見以下とされた身では拝謁を許されないし、新たに用人筆頭となった原市之進にも垣根越しに物をいうようなよそよそしさがある。

そんなことから栄一は、以前のように浪人しよう、と覚悟を決めた。それが慶応二年十一月ごろのことであったが、天は栄一が浪人暮らしにもどることを許さなかった。栄一がそうと気づいたきっかけは、十一月二十九日、原市之進が急に相談したいことができたから来てくれ、と使いをよこしたことにあった。

第12話　いざ、フランスへ

渋沢栄一が原市之進に会いにゆくと、原はこう切り出した。

――来たる慶応三年（一八六七）、フランスの首都パリで「万国博覧会」という大きな催しがひらかれることになっており、各国の王もパリへ集まるそうだ。フランス公使レオン・ロッシュがいうには「日本からも大君《たいくん》（将軍）の親戚を派遣した方がよい」とのことなので、種々評議した結果、水戸の民部公子（徳川昭武）が派遣されることになった。

万国博覧会は、一八五一年（嘉永四）、イギリスのヴィクトリア女王の夫アルバート公が主唱してロンドンでひらかれたのが最初である。フランスがパリ万博に幕府の代表を参加させたいと考えた背景としては、ロッシュが薩長同盟に接近しつつあるイギリスに対抗すべく幕府への梃入《てこい》れを決断。その結果、日仏貿易が著しく発展したばかりか、フランス経済使節として来日したクーレが、慶応二年（一八六六）八月、幕府勘定奉行小《お》栗忠順《ぐりただまさ》との間に六〇〇万ドルもの借款契約を結んでいたことなどが挙げられる。ナポレオン三世が帝政をおこないつつあるフランスと幕府は、一種の「蜜月関係」にあったのだ。原市之進はつづけた。

――民部公子には外国奉行も同行するが、お上（慶喜）は、万博の公式行事が済んだならば公子を五年か七年フランスに留学させて学問させよう、と思し召しておいでだ。ところが公子側近の水戸藩士たちが公子を単独で外国へ派遣するには大反対なので、止むなく七人だけ随従を許すことにした。だが、この七人は今なお異人を「夷狄禽獣《いてききんじゅう》」の類と思いこんでいる頑固な者どもだから、このような者だけが供をするのでは何かと心許ない。そこで、ほかに山高石見守《やまたかいわみのかみ》（信離《のぶあきら》）という幕臣が御傅役《おもりやく》として同行することになってはいるが、それでも水戸の七人を伴ったまま公子に学問をさせるのは難しいと思われる。ところがお上には、渋沢篤太夫《そつか》（栄一）こそ供の任に適当であろう、と仰せられた。拙者もお上の人選に感服し、足下に御内意を伝えます、とお答えしたところだから、この御内意を速やかにお受けいたせ。

まことに、天から降ってきたような話であった。だが前話で見たように、栄一は幕臣となった自分の将来に期待できず元の浪人にもどろうとしていた矢先である。栄一はぱっと将来がひらけたように感じたらしく、この直後の原とのやりとりを左のように回想している。

「自分が《(の)》その時の嬉しさは実に何とも譬《たと》うるに物がなかった。自分が心で思ったには、人というものは不意に僥倖《ぎょうこう》が来るものだと、速やかに御受けをいたしますから是非御遣《おつかわ》しを願います、ドノような艱苦《かんく》も決して厭《いと》いませぬと、原市之進に答えまして（以下略)」(『雨夜譚』)

下級幕臣として職務に怏々《おうおう》として楽しまない気分でいた栄一がまた浪人となっていたら、破滅型の人生を送ったかもしれない。対してフランスへの長期出張依頼は、どうなるかわからずとも大飛躍のチャンスに違いない、と感じられたのである。

あらためて原に出立日時や同行者の姓名をたずねると、左のようなことがわかった。

出立は年内のことだろうから、一ヵ月以内に支度をすべきこと。外国奉行は向山栄五《むこうやまえいご》郎《ろう》(のち隼人正《はやとのしょう》、号は黄村《こうそん》)。水戸の七人とは菊地平八郎《きくちへいはちろう》、井坂泉太郎《いさかせんたろう》、加治権三郎《かじごんざぶろう》、三《み》輪端蔵《わたんぞう》、大井六郎左衛門《おおいろくろうざえもん》、皆川源吾《みながわげんご》、服部潤次郎《はっとりじゅんじろう》のこと。

故郷の父にも洋行すると伝えたものの、気になるのは生死をともにする約束の渋沢成一郎のことであった。栄一とともに一橋家家臣から幕臣となった成一郎は、薩長に通じた疑いのある禁裏御守衛の大沢源次郎という者を捕らえて江戸へ護送してゆき、まだ帰京していない。律儀で友情に篤い栄一は、成一郎宛の書状で降って湧いたような洋行計画を伝え、

「あるいは行違って逢わぬかも知れぬ」(同)

と断ってから洋行の支度にとりかかった。

次に引く文で、栄一は妻子の存在を無視して自分を「独身書生」と称しているが、これは長く妻子を実家に置いて京に単身赴任していたことをいいたかったのであろう。

「しかし独身書生の手軽さというものは、黒羽二重の小袖羽織と、緞子《どんす》の義経袴《よしつねばかま》一着と、今日見るとドンナ貧乏ナ馭者《ぎよしや》でも穿《は》かないようナ靴を買って、それからかつて大久保源蔵（不明＝筆者注）が横浜で買って来たホテルの給仕などが着たと思う燕尾服の古手（古着）一枚、もっとも股引《ももひき》（ズボン）もチョッキもないのを譲り受けた」（同）

今日の借家を始末して衣類や道具などの整理もおわったころ、成一郎が江戸からもどったので、栄一はその身の行く末を案じ、あらまし次のように助言した。

――お互い、最初は幕府を滅ぼす覚悟で故郷を離れたからだだが、今日幕臣となった以上はふたたび浪人するわけにもゆかぬから、いずれ亡国の臣となることに甘んじて生きてゆくほかあるまい。自分は幸い海外にゆくことになり、貴兄は国内に残るから居所は隔絶することになったが、貴兄は運を天にまかせて慶喜公のお側近くに仕える地位を得られるよう努めなさい。そしてお互いに、死ぬべきときには死恥《しにはじ》を残さぬようにしよう（同）。

これが、栄一の成一郎への訣別のことばとなった。栄一がお互いの死を意識して語っているのは「禁門の変」を起こした当時の長州藩が松平容保打倒だけを目的としていたのに対し、今や明確に武力討幕をねらっていることに気づいていたためであろう。

それでなくても開国してまもない時代の海外出張とは、途中で客死することも覚悟し、家族や友人と水盃を交わして臨むべき大事であった。栄一も万一の場合を考え、尾高新五郎・長七郎兄弟の弟・平九郎《へいくろう》を養子とすることにした。

　さて、京都滞在中だった徳川昭武十四歳と水戸藩士七名、山高信離、渋沢栄一らが京を出発したのは慶応二年十二月二十九日のこと。大坂から幕府所有の「長鯨丸《ちょうげいまる》」に乗りこみ、船中で慶応三年（一八六七）の元旦を祝って一月四日に横浜へ着いた。

　横浜滞在の五、六日の間には、諸般の支度をしたばかりか幕府勘定奉行小栗忠順、おなじく外国奉行川勝《かわかつ》広道など開明的な徳川官僚たちに面会し、フランス人語学教師として来日していたビランという人物には昼食に招かれ、栄一は初めて洋食を口にした。

　ここまでの部分で、栄一の回想に欠けている何点かを補足しておく。慶喜が栄一を弟・昭武の供に推挙した理由は、三つあった。ひとつは、昭武が水戸の七人に取りまかれていると考え方が偏屈になる怖れがあるが、栄一ならうまく折り合いをつけられるであろうという点。第二は、栄一は有為の人材だから昭武の留学仲間としてもふさわしい、と思われたこと。第三は、栄一なら庶務・会計の任に当たれる、という点であった（幸田露伴『渋沢栄一伝』）。

　この時代であっても幕命によって海外に出張した者は帰国したら前借りした旅費からいくら使用したかを申告し、精算をおこなわねばならない。万延元年（一八六〇）遣米使節団の一員として渡米した小栗忠順、のちの明治七年（一八七四）、ロシア公使としてシベリア横断をおこなう榎本武揚《えのもとたけあき》のふたりはそろって算勘者《さんかんじゃ》（計算の達人）であり、金銭に綺麗な性格でもあったから、帰国後まだ手許にあった残金と出費一覧表から計算によって出されたその額面との間には数十円程度の相違しかなかった（小栗の場合は数セント、榎本は数コペイカの違算）。ただし、一般論でいうと武士には通貨を汚らわしいものとみなす感覚があり、特に尊王攘夷論者には金銭感覚にだらしのない者は多かった。慶喜は水戸徳川家の出身だけに、特に水戸人にそのような傾向が強いことを承知している。慶それゆえにやはり算勘者であり、播州木綿の流通ルートを作り上げて一橋家の台所事情を好転させた栄一を会計責任者として昭武に同行させれば間違いは起こるまい、と考えたのであったろう。

この「第三の点」に注目するならば、栄一が昭武の供のひとりに選ばれたのはただの「僥倖」などではなく、栄一が一橋家勘定組頭として発揮した才覚と進取の気性とを慶喜から高く評価された結果であった、とすべきである。

また、洋食に対する反応にしても、栄一が『航西日記』に記録しているところはまことに興味深い。

これものちの話だが、明治四年（一八七一）に海路アメリカへ留学した旧会津藩の白虎隊士で十八歳になっていた山川健次郎《やまかわけんじろう》は、「ジャパン号」の船中で出された洋食は肉が臭くてとても食べられなかった。ライスカレーにしてもカレーの部分がダメで、皿に添えられた「杏子《あんず》の砂糖漬」のみを副食にして米の飯だけを食べるという二三日間に耐えてサンフランシスコへ渡っていった（「六十年前外遊の思出」、『男爵山川先生遺稿』所収）。会津藩は内陸の藩だったため、肉食や生の魚を食する習慣がなかった。そのため健次郎は調理された肉の匂いが受けつけられなかったのだ。

それに較べると、栄一は一橋家に出仕したばかりで成一郎と長屋で同居していた時代には、竹の皮に包んだ牛肉を買ってきて食べることを最上の食事としていた。

慶応三年一月十一日、フランスの郵船「アルへー号」に乗って横浜を出発した栄一が船内で供される洋食を美味と感じたのは、この肉食体験があったためのようだ。

第13話　上海での「ヨーロッパ体験」

渋沢栄一が乗船した「アルヘー号」には、帰国途中のイギリス公使館通弁官でドイツ人のアレクサンドル・フォン・シーボルト（日本近代医学の父といわれるシーボルトの息子）も乗っており、日仏両語に通じていて、いつも通訳してくれるのがありがたかった。栄一が「餐盤《さんばん》」と訳している食堂の「ターブル（テーブル）」に着席しての食事の内容は、『航西日記』活字本の二ページにわたって詳述されている。句読点のない文章で耳慣れない訳語も混じるので、メニュー一覧めいた形にして眺めてみよう。

【朝の紅茶　朝七時】「雪糖《さとう》」入りの紅茶、「ブール（バター）」を塗ったパン菓子、「豚の塩漬（ハム）」。「味《あじわい》甚《はなはだ》美なり」

【朝食　午前十時】陶皿、「銀匙（銀製スプーン）」、「銀鉾（おなじくフォーク）」、「庖丁（ナイフ）」を添え、テーブル上に並べた菓子、蜜柑《みかん》、葡萄、梨子《なし》、枇杷《びわ》その他を自由に裁制（カット）させる。葡萄酒は水で割って飲ませる。魚、鳥、豚、牛、牝羊などの肉は、煮たり焼いたりして出される。焼いたパン（トースト）は、一食に二、三片を自由に。食後、「カッフヘエー（コーヒー）」という豆を煎じた湯に砂糖、牛乳を混ぜて飲む。「頗《すこぶ》る胸中を爽《すこやか》にす」

【午後の紅茶　午後一時】紅茶、「菓類（菓子）」、塩肉、「漬物（ピクルス）」を出す。「フイヨン（ブイヨン）」という獣肉、鶏肉などの煮汁を飲ませる。パンはなし。熱帯に至れば氷水を飲ませる。

【夕食　午後五時か六時】朝食に比してすこぶる丁重。「肉汁（スープ）」、魚と肉を煮たり焼いたりした各種の料理とさまざまな果物、カステラ、砂糖で作った「氷漿《ひょうしょう》グラスヲクリーム」とはアイスクリームのことか。

【夜の紅茶　午後八時か九時】これで一日に二食、茶は三度となる。

以下は、これらのメニューのあとに記された栄一の感想である。

「其《その》食する極めて寛裕（寛大）を旨とし、尤《もっとも》烟草《たばこ》など吸ふを禁ず。総《すべ》て食事及び茶には鐘を鳴らして其期を報ず。鳴鐘凡《およそ》二度、初度は旅客を頓整し（集合させ）、再度は食盤（テーブル）に就《つ》かしむるを常とす。若《もし》くは不食（食欲不振）か疾病あれば医（船医）をして胗《み》（診）せしめ、其症（症状）に随《したがい》て薬餌《やくじ》を加ふ。（略）微密丁寧（配慮がよくゆき届いており）人生を養ふ厚き感ずるに堪《たえ》たり」（句読点筆者）

渋沢栄一は肉をまったく受けつけなかった山川健次郎とは正反対に、洋食を美味と感じ、特にコーヒーを気に入った。山川健次郎はのちに東京帝大、九州帝大、京都帝大の総長を歴任して「白虎隊総長」と呼ばれる明治人の知性を代表する人物で、頑迷な気性の者ではまったくない。とはいえ洋行に出発した時点に関していえば、栄一の方が異文化にすんなりと溶けこんでゆけるセンスをそなえていたようだ。

しかも渋沢栄一は単に洋食にすぐ馴染んだだけでなく、食事とティータイムとをゆったりと楽しむ食文化の美点と、食によって健康に気づかい、もってそれぞれの人生をよりよくしようという発想法を感じ取り、すっかり感心している。漫然と食事するのではなく、栄一がこのような観察眼を持つ人間としてフランスをめざした、という事実は、筆者にはまことに興味深い。

みたび欧米人と日本人の当時の食文化の違いについていうと、明治の初めに来日したイギリス人女性イザベラ・バードは、東京―日光―福島県とゆく山越えの旅に人力俥夫を雇ったところ、体力を大いに使うその俥夫の昼食が握り飯二つとたくあん三切れというあまりにつましいものだと知って仰天している（バード『日本奥地紀行』）。

栄一は諸藩の公用方（外交官）から京のお茶屋に招かれたこともあったから、その食生活が右に見た俥夫とおなじ程度であったわけはない。しかし栄一は、一橋家に仕える以前は横浜で攘夷戦をおこなうことを夢見た尊攘激派だったのである。攘夷派は「坊主憎けりゃ袈裟《けさ》まで――」のたとえ通り肉食の習慣をも憎み、中には洋食用の仔豚の飼育場に乗りこんで殺戮をおこなった者すらあった。

だが、すでに攘夷熱から醒めて幕府の余命が短いことも読んでいた栄一は、フランス風の食文化と食と医療とを連関させて捉える発想を知ったことにより、「彼《か》の文明の度の我に勝つてゐることを認めた」(幸田露伴『渋沢栄一伝』)のであった。

その先入観を捨てたまなざしで観察すると、フランスへの旅は西洋文明発見の旅にほかならなかった。それを一目でわかる記述を『航西日記』から拾ってみよう。

なお、「アルヘー号」が横浜を出港した慶応三年一月十一日は西暦一八六七年二月十五日であり、航海四日目の十九日、船は清国の揚子江をさかのぼって上海《シャンハイ》に着いた。上海港に上陸した一行がイギリス人経営のホテルに入ると、この開港地に駐在するイギリス、フランスの役人たちがやってきて無事到着を喜んでから、川辺の道を散歩する案内をしてくれた。栄一たちは、初めて修好通商条約で結ばれた国家同士の外交儀礼を知ったのである。

岸辺には外国人の官舎がつらなり、一等地に建つ公使館にはその国の国旗がひるがえっていて、日本では「運上所」と呼ばれている税関もあった。税関の門は海に面した浮き波止場に通じており、そこには「鉄軌《てつき》(レール)」が敷かれて荷物の陸揚げに使われていた。その税関の役人として近年西洋人を採用するようになってから「旧来の弊」が改まり、歳入も倍増して年に五〇〇万ドル(わが国の五〇〇万両余)に至った、とは従来の清国人の役人は袖の下を受け取ったり税額をごまかしたりしていた、ということであろう。

岸辺につらなるガス灯と電柱、電線は特に栄一の知的好奇心を刺激したらしく、ガス灯には「地中に石炭を焚《た》き。樋《とい》を掛《かけ》。其《その》火光を。所々へ取るもの」、電線には「鉄線を張り施し越列機篤児《エレキテル》の気力を以て遠方に音信を伝ふるものをいふなり」との割注がある。

美しい街路樹が植えられていて、道路が平坦である点も、馬車を発明できなかった日本人には印象的だったようだ。

ところが、一里ほど行って城門の内にひろがる清国人街に入ると、二階建てではあるが間口が狭く軒《のき》も低い店が並んでいて、その店先で牛、豚、鶏、鵞鳥などの煮られる臭いがものすごく混じり合い、道の両側のドブの汚水は乾く間もない。行商人や駕籠かき、物乞いなどが何か叫びながら群衆の中を行き通うさまには嫌悪感をもよおした。

ヨーロッパ人は「土人（清国人）」を使役すること牛馬を追うごとくであり、のろのろしていると棍棒で殴りつける。われわれも市中を遊歩するうち清国人が集ってきて道をふさがれ、わあわあいわれてやかましくて仕方なかった。そこへ英仏の兵が来て追い払うと潮が引くように去り、しばらくするとまた集まってくる。

清国は東洋に名高い古い国で、人民の多さ、土地の豊かさ、産物に富む点などはヨーロッパやアジアの諸国の及ぶところではない。しかるに「喬木《きようぼく》（丈の高い木）風に折らる」の成句を地で行って世界の開化の時期に遅れ、なおも自分たちの国を一番とみなす尊大の風に染まったままでいるから、開国してより国家の体裁を保つことができず、ヨーロッパ諸国の兵力に対抗できないことを恐れてばかりいる。これでは旧政にこだわって日に日に貧弱に陥るばかりであろうと思うと、惜しい気もしないではない。

高校の日本史で教えられるように、清国が衰亡におもむいた最大の原因は、一八四〇年（天保十一）六月から四二年（同十三）にわたる「アヘン戦争」でイギリスに大敗を喫し、香港を割譲したほかに上海などをあらたに開港せざるを得なくなったことにある。ここから清国はヨーロッパ列強に良港を蚕食される姿となってゆき、渋沢栄一が見た上海の租界（外国の租借地域）の繁栄と清国人街の貧困も、清国がイギリスと結んだ不平等条約に由来していた。

このときの栄一が、清国の悲劇をどこまで理解していたかははっきりしない。だが、清国人街の不潔さに辟易としながらも清という国家に同情を寄せている点に注目すると、このとき初めて栄一は、日本人を清国人のようにしないためにも自分たちがもっとヨーロッパ人の文明に学ばねば、と考えたのではあるまいか。そう思うことが許されるならば、このときようやく栄一は、農民、一橋家家臣、幕臣といった殻を破り、「未来を見つめる日本人」として現代史の激流に対峙しはじめた、といってよい。

前話で見たように、渋沢栄一が徳川昭武に同行することになった理由のひとつは、昭武に仕える水戸藩士七人が頑固すぎるので、何かあった場合はこの七人をチェックすることにあった。船中でこの攘夷派七人がどうしていたのかが『航西日記』にはまったく書かれていないのは、栄一が寄港地ごとの〈ヨーロッパ体験〉を記述するのに忙しく、七人の存在などいつか眼中から消えてしまったためであろう。

「アルヘー号」は上海に二泊し、西暦二月二十一日に出港。二十四日の午前十時に香港《ホンコン》に着いた。

第14話　スエズ運河に「公益」を悟る

『航西日記』は、渋沢篤太夫こと栄一が外国奉行支配調役の杉浦靄山《すぎうらあいざん》（通称・愛蔵《あいぞう》、諱《いみな》は譲《ゆずる》）との共著としてまとめたものである。靄山も漢籍を深く学んでいたらしく、この日記には多彩な漢語がちりばめられている。

しかし、現代人にはすでに耳遠くなった表現も少なくないので、西暦二月二十四日に上陸した香港についての記事は原文の雄渾《ゆうこん》な筆致を尊びながらも若干表記を改め、新仮名遣いにして引用してみよう。

「この地は広東《カントン》府の突端の海中にある孤島にして、港内に小さな諸島をめぐらして風濤《ふうとう》を支え、海底深くして船舶を碇泊せしむるに足れり。平坦の地少なく山裾を切りて道路を設け、海岸は支那人の家居多く、山手は尽《ことごと》く西欧人の住居なり。アヘン戦争の後、清国が賠償金を支払ったのとは別に英国に割譲せし地なり。往昔は荒れたる僻村なりしも英国の版図《はんと》に属せしより山を開き海を埋め、舗装道路を造り、石造りの下水を通じてようやく人口稠密《ちゅうみつ》、貿易繁盛の一富境となりしとぞ。（略）今、英人の商業を東洋にほしいままにし、利益を得るは一八五八年よりインドを直接統治するによるといえども、物資の流通・運輸を自在ならしめて利益を掌握し、通関を専断して貿易を独占するは理由なきにあらず。土民の保護のため陸海の兵備を厳《げん》にし、その国の栄誉と利益を守る。鎮台の将は全権を委任された威望ある者なり。近来、この地に大審院を置き、裁判官を在留せしめ、東洋に分在せる国民の訴訟を審判すといえり」

このような植民地の政治、経済、司法の制度とともに、栄一が関心を寄せたのは「英華書院」その他の私立学校があり、中国の歴代王朝で出版された書物を蒐集《しゅうしゅう》してイギリス人に歴代の沿革、政典、律令から日用文までを研究させていることであった。こうして中華文明を起こした要素と精神まで学術的に分析するところに、栄一はイギリスが強盛を誇る原因を見出したのだ。

ついで、渋沢栄一は、造幣局、新聞局、講堂、病院、公園、牢獄などを見学。牢獄では囚人たちの職業に従って作業させていること、前非を悔いて善におもむかせるべく説法がおこなわれていることも知った。

横浜で用意してきた銀貨（メキシコドル）は、この地で英国通貨のポンドに両替しておくと以降の航海中に便利だということを教えられたのも香港でのこと。栄一は初めて、ヨーロッパではドルよりもポンドの方が強いことに気づかされたのである。

二十六日には、「アルヘー号」からその倍の大きさの郵船「アンペラトリス号」に乗り換え、三月一日、フランス領ベトナムのサイゴンに到着。栄一はベトナムがフランス植民地になった原因と現状を左のように記述した。

「仏国、郵便（制度）開くための計画する所あらんとて宣教師を遣し、この地の形を測らしめたるを、土人（ベトナム人）憤怒し、その人を殺害せしよりついに戦争となり、仏兵大いに土兵を攻撃し、内地に深入す。これによりて和議を講じ地を割《さ》きて罪を謝す。爾来《じらい》仏国所領となりし由。仏国は鎮府を置き、兵およそ一万を駐留させて不虞《ふぐ》にそなえ、盛んに開拓建業の目的をなす。されども兵火の後、いまだ十年に充《み》たざれば土地荒廃し、炊事の煙が立ち上ることも稀にて富み栄えるに至らず。かつ土民反覆測り難く、ややもすれば協力して来襲するあり。（略）すでに製鉄所、学校、病院、造船所等を設け、東洋における一大根拠地たらしめようとしても、一年の徴税額はわずかに三〇〇万フラン。年々入費多く得失償いがたきゆえ、本国でも議論はまちまちなりという」

ベトナムは、日本の尊攘激派がヒュースケンやリチャードソンを斬ったのとおなじ「攘夷熱」でフランス人宣教師を殺害したことから亡国の道をたどったのである。攘夷論とは国を亡ぼす思想でもあること、イギリス領香港が繁栄しているのに対し、フランス領ベトナムはその攘夷思想のゆえになおも貧国の淵にあることなどにつき、『航西日記』はなぜか所感が述べられていない。栄一はかつて尊攘激派に属した自分をかえりみて、忸怩《じくじ》たるものがあったのかもしれない。

三月三日の昼にサイゴンを発った渋沢栄一たちは、五日の午後五時にシンガポール着。

六日の同時刻にインド洋にむかい、九日から熱帯のこととて日が長いので「洋学」を勉強しはじめた。これはおそらくフランス語の学習であろう。

十二日にはイギリス領のセイロンに寄港、カレーを食べ、仏教寺院で巨大な釈迦の涅《ね》槃《はん》像《ぞう》を見学してから十三日午前八時にアラビア方面へむかって出発。暑さにくらくらしながらも海中にいる鮫や「海馬（ジュゴンなどの海洋生物）」を眺め、二十一日午前六時にアラビア半島南端にあるイギリス領アデンに着いた。アデン湾に面したこの城砦《じようさい》都市から紅海を北上してゆけばスエズ港に達し、そこからさらに陸路を一五〇ないし一六〇里ゆけば地中海がひろがる。

従来、ヨーロッパとアジアを結ぶ航路はアフリカ南端の「喜望峰まわり」とされていたが、スエズ―地中海の間を掘削してスエズ運河を開設すれば、地中海経由でインド洋へむかうことができる。その掘削工事ははじまって間もないので、栄一たちは二十六日昼にスエズに着くと、地中海側の港アレクサンドリア行きの汽車に乗りこんだ。

栄一は晩年に南満州鉄道の設立委員も歴任することになるので、このときから鉄道に興味をもっていたのかというと、さにあらず。栄一の関心はもっぱらスエズ運河掘削計画にむけられていたようで、次のように記録されている。

「西洋の軍艦、商船等すべて東洋に来船するは喜望峰の迂《う》路《ろ》を取らざるを得ず、その経費大にして運漕もっとも不便なりとて、一八六五年ごろより仏国会社にてスエズより地中海までの堀割《ほりわり》を企て、しかも広大な土木を起こし、この節、経営最中の由。汽車の左方はるかにタント（テント）など多く張り並べ、土畚《つちもつこ》を運ぶ人夫等の行き交うを見る。この工事の竣工は三、四年後の目途《もくと》にして、成功ののちは東洋、西洋直行の濤路《なみじ》を開き、ヨーロッパ人が東洋の声を快く聞きつつ商品・貨物を運輸するに足る。その便利、昔日に幾倍するかを知らずといえり。すべてヨーロッパ人の事を興すや独り一身一箇のためにせず、多くは全国の宏大な益を謀《はか》る。その規模の遠大にして目途の宏壮なること猶《なお》感ずべし」（傍点筆者）

かつて栄一少年が藍を買いつけ、藍玉を売ったのは、父を当主とする渋沢家のためであった。播州木綿を大坂で売るために藩札を三万両分も発行して成功したのは、自分を家臣に採用してくれた一橋家を富ませるためであった。これは、家族や主家のための行動だから公益をめざしたことではない。しょせんは「一身一箇のため」である。

対して、香港の英華書院その他で中国歴代王朝についての史料を蒐集し、文明の精神まで研究していたイギリス人たちは、無私の心をもって学問の世界に生きていた。これは「一身一箇のため」ではなく、知り得たところをして人類の知的財産とする覚悟でなければ長くつづけられるものではない。スエズ運河の開削にせよ、これが成功すれば億万長者になれるといった欲望ではなく、ヨーロッパとアジアの諸国の「宏大な益を謀る」遠大な目的に裏打ちされた計画だからこそ、多大な支持が集まったのである。栄一がこのような志に裏打ちされたスエズ運河開削計画を知ったことは、のちにかれが公益を重んじ、私利私欲を満たせばそれでよしとする経営者と一線を画する〈むさぼらない人間〉に育っていったことを思うと、一種運命的な出会いであったようですらある。

栄一にとってパリをめざす旅はいつか様相を改め、アジア諸国の現状とその要地を植民地として経営するヨーロッパ諸国の統治法とを観察、分析し、〈幕府以後の日本〉建設のヒントを得るための研究旅行の色合いを帯びつつあった。

途中、エジプトのカイロに立ち寄った一行は砂漠とナイル川は眺めたものの、着いたのが夜中だったためピラミッドは見物できなかった。

二十七日午前十時、アレクサンドリア着。二十八日早朝、「サイド」と呼ばれるインド洋郵船より小型の船に乗り、三十一日午後六時に地中海のほぼ中央にあるイタリア領サルジニア島に到着。四月二日午前九時には島を去り、翌日ナポレオンの出身地コルシカ島との間を通って三日午前九時半にマルセイユ港に入った。ようやく一行はフランスの土を踏んだのであり、これは横浜を出てから四八日目のことであった。

この国際港では、入船が電信で役所に伝えられると、その着船を待って鎮台が祝砲を撃つことになっている。その祝砲が放たれるやほどなく鎮台の司令がバッテーラ（小船）に乗って出迎えにあらわれ、その案内で上陸した一行を馬車に乗せたばかりか、騎兵一小隊に前後を守らせてグランド・ホテル・ド・マルセイユに送り届けてくれた。

その後は鎮台司令、海陸軍総督、市長らが礼服を着用して代わる代わる来訪。安着を祝ってくれたので、こちらからも鎮台と陸軍総督（公館か）を訪問して返礼とした。すると先方は、午後八時から劇場へ招待してくれた。これらマルセイユ市の下にも置かない歓迎ぶりは、一行の旅の成功を予感させるものであった。

第15話　フランスという名の「大学」

マルセイユ到着三日目の四月五日午前八時、徳川昭武一行は写真館へゆき、記念の集合写真を撮影した。『航西日記』と渋沢栄一のメモ『巴里御在館日記』『御巡国日記』とを収録した『渋沢栄一滞仏日記』の巻頭に配されたその写真には「巴里万国博覧会派遣委員一行」二三名が二列に並んで収まっている。上段左端にいるのが渋沢篤太夫こと栄一で、肩書は御勘定格陸軍附調役《しらべやく》。下段中央の椅子に腰かけた小柄な十五歳の昭武は、例の水戸藩士七人にかこまれている。駐仏公使に指名されて同行した向山隼人正（黄村）、傅役の山高石見守（信離）、イギリス公使館付通弁アレクサンドル・フォン・シーボルト以外の顔触れはまだ紹介していなかったので、栄一側から右端に立つ人物までの姓名をまず確認しておこう。

山内文次郎（小人格《こびとかく》、砲兵差図役勤方《つとめかた》）、高松凌雲《たかまつりょううん》（奥詰《おくづめ》医師）、木村宗蔵（砲兵差図役勤方）。水戸藩士五人、杉浦愛蔵（靄山、外国奉行支配調役）、山内六三郎（堤雲、外国奉行支配通弁官）、生島《いくしま》孫太郎（外国奉行支配調役並出役）、日比野清治（外国奉行支配調役）、箕作《みつくり》貞一郎（麟祥《りんしょう》、御儒者次席翻訳御用頭取）。

下段、左端のシーボルトから右側へ——保科俊太郎（歩兵頭並）、山高石見守、水戸藩士、徳川昭武、水戸藩士、向山隼人正、田辺太一（外国奉行支配組頭、向山公使付）、レオン・ジュリー（仏国領事）。

洋装に革靴姿はシーボルトとジュリーのみだが、ほかにひとり、この写真には収まらなかったフランス人が存在した。フロリヘラルトといい、一行が四月三日にグランド・ホテル・ド・マルセイユに入った直後から『航西日記』ほかに登場する人物である。フロリヘラルトという人名は『明治維新人名辞典』（吉川弘文館）やWikipediaにも採録されていないが、マルセイユまできて一行の到着を待っていたのは、駐日フランス公使レオン・ロッシュかその通弁官メルメ・デ・カションの推薦により、幕府委託の名誉領事になっていたためであった。

四月六日午前七時、これらの一行は馬車に分乗し、マルセイユより三四里西方、フランス南東部にあって地中海に臨み、フランス第一の軍港とされているツーロンを見学に行った。

「軍艦ならびに諸機械を貯ふ所を見る。（略）鎮台付属の官吏出迎え、兵卒半大隊ばかり警衛し、奏楽などあり。ほどなく汽船にて軍艦に請《しよう》じ、大砲、蒸気機関などを見終れば発砲調練をなし、また我らにも大砲を試発せしめ、それより他船三艘に移る。毎船祝砲あり。（略）鎮台で昼食を供され、製鉄所、溶鉱炉、反射炉ほかを見る。武器庫と人

を海底へ沈没させる術も見る」（傍点筆者）

　傍点部は潜水服の頭部に通じたゴム管から空気を送って、その潜水服を着用した潜水夫を海底で作業させるのを見学した、ということ。なお、明治の日本海軍は、戦術はイギリスに学びながら軍艦製造はフランスに依頼していた時代があった。日清戦争の頃の連合艦隊旗艦であった巡洋船「松島」、おなじく「厳島《いつくしま》」はツーロン近くにあるフランスの地中海鉄工造船所製であり、この二艘とあわせて「三景艦」と総称された「橋立《はしだて》」は横須賀造船所製であった。

　横須賀造船所は慶応二年（一八六六）八月、幕府勘定奉行小栗忠順がフランス経済使節クーレとの間にむすんだ六〇〇万ドルの借款契約によって造られたものであったこと。「松島」「厳島」の設計は、明治十九年（一八八六）に来日したフランスの設計技師士官エミール・ベルタンであったこと。これらのことをあわせ見ると、日本人として初めてツーロン軍港を訪問した渋沢栄一たちの果たした歴史的意味合いが良く納得できよう。

　七日には、陸軍の三兵《さんぺい》調練を見学した。三兵とは歩兵、砲兵、騎兵のこと。これら三種の兵力が自由に隊列を崩して敵に当たる戦術は、「散兵戦術」といわれ、アメリカの独立戦争の際、イギリスと戦ったアメリカ兵が兵力の少なさを克服するために考案した。この戦術がナポレオンの採用するところとなって「ナポレオン流の散兵戦術」と呼ばれるようになると、その戦術書はオランダ語にも訳され、あるものは長崎へ運ばれて日本人蘭学者の手に渡った。こうして村田蔵六こと大村益次郎が散兵戦術を実戦に応用するに至り、幕府軍を撃破したのが第二次長州追討戦（四境戦争）であった、という流れである。

この大敗に衝撃を受けた幕府は、散兵戦術の習得を決定。フランス教官派遣を依頼した結果、この慶応三年一月中に同国の清国分遣隊参謀長シャノアン参謀大尉以下のフランス軍事顧問団が来日。同年六月から翌年一月まで、幕府陸軍の一部に散兵戦術を教えこんだ。

栄一たちがフランスをめざすのと入れ違いに来日したフランスの軍人たちも存在したわけだが、栄一たちも第二次長州追討戦のショッキングな結果はよく知っていた。それだけに、本場の散兵戦術の調練を視察するのにも力が入ったことであろう。

ちなみに、慶応四年（一八六八）一月三日開始の鳥羽伏見の戦い以降の一連の戊辰戦争には、旧幕府陸軍のうちから「伝習歩兵隊」「伝習士官隊」などと呼ばれる部隊が参戦した。この「伝習」とは、フランス軍事顧問団から散兵戦術を教えられた、という意味である。

栄一自身も一橋家の兵力増強のため農兵を募ったことがあり（第9話）、今回の任務のひとつも「陸軍附調役」であったから、かなり熱心に調練を見たようである。中でも栄一はかつて出陣して軍功を立てた者が下馬した総督から大きな声で功労を伝えられ、勲章を胸に飾られる光景に感心してこう書いている。

「勲章はたびたび功あればそのつど受章させて胸に飾らせる。故にフランス人は老幼男女に至るまでこれを見て有功の人なるを知りてあがめ貴ぶといへり。誠に士を賞する所《ところ》明《あきら》かにして功を励ますこと公なり。故に士卒に至るまで軍に赴き、身命を軽んじ、立功《りっこう》を重要とす。国のために死をいとはざる所以《ゆえん》、これを見てその素《もと》あるを知る」

栄一も一橋家に四五六、七人の農兵を集めた際に白銀五枚、時服ひと重ねの褒美を受けた。日本の武家社会の褒賞とはそういうもので、功ある者の姓名を外部にむかって発表したり、表彰式をおこなったり、勲章を与えたりする習慣はない。それは国民皆兵、すなわち国民のすべてが兵役に服する義務がある、との制度が生まれていないことにも原因があった。

幕府でも諸藩の軍でも、有事の際の命令系統は将軍ないし藩主がトップ、その下に直《じき》臣《しん》たちが将校として横並びになるが、直臣たちは「御目見以上《おめみえ》」と「御目見以下」にわかれるから、トップと直接対話できない者もいる。その直臣たちの家臣団、すなわち陪《ばい》臣《しん》たちこそ兵士として戦場の前線に姿をあらわす者たちだが、陪臣たちはあるじたる直臣に忠義を尽くすことを求められた存在でしかないから、トップである将軍や藩主のために死んでも戦おう、とは考えない。

余談ながら、昭和四十九年（一九七四）三月九日、それまでフィリピンのルバング島に潜伏しつづけていた小野田寛郎《おのだひろお》予備陸軍少尉が、それまで一切呼び掛けに応じなかったにもかかわらず、かつて上官だった谷口義美《たにぐちよしみ》元陸軍少佐が出てくるよう命じると、これに従ってフィリピン軍に投降する、というセンセーショナルな出来事が起こった。これは、日本の武士や兵士の忠誠心はトップではなく直属の上官に捧げられる、という武士道の特徴をよく示した出来事であった。

栄一もこういった武士道の感覚を身につけていたからこそ、国のために死ぬ覚悟のできている兵士たち、その兵士の武功を高く評価する制度の双方に感動を覚えたのだ。はしなくも栄一は、近代国家にとって軍隊はどうあるべきか、という問題の答えまで教えられた形になった。

さらに注目したいのは、四月十日、一行が汽車でフランスの都市リヨンを訪問したときのこと。着いたのが午後七時で見学はできなかったが、この地の製糸場と紡績場では七、八〇〇〇人の職工が常時働いており、婦女の服飾のほか、絹、綾、繻子《しゅす》、緞子《どんす》、綾羅《りょうら》、錦繍《きんしゅう》を機械織りしていると教えられて深く胸に刻んだことである。後年、渋沢栄一が洋式の富岡製糸場を建てたのは、このリヨンでの耳学問を元にしている。

同地に一泊して十一日夕方にパリに入った一行は、日本から帰国していたカションらに迎えられ、フロリヘラルトの案内でグランド・ホテルに投宿した。以後は長期滞在できる借家を探しながら植物園、鳥獣園（動物園）、水族館など日本にはない施設を見学。

二十日にナポレオン一世の墳墓を訪ねたときには、その門番などが戦争で手足を損傷した元兵士たちであること、近くには廃兵院があり、国のために戦ってもはや戦場に出られないからだになった人々を国家が世話していることに感銘を受けた。

栄一にとってフランス出張は世界という名の大学の全科目を学ばされたようなものであり、同時にこの旅は西洋文明を遠い日本へ注ぐための大きな水道管のような役目を果たした。幸田露伴『渋沢栄一伝』がそう指摘しているのは、卓見といってよい。

第16話　ノブレス・オブリージュ

渋沢栄一のフランス体験を詳しく紹介していくとくだくだしくなるので、四月二十五日に前外務大臣の夜の茶会に招待されてから、二十九日にナポレオン三世主催の観劇会に出席するまでの動きは、幸田露伴『渋沢栄一伝』の要約によって示そう。なお、『渋沢栄一伝』は日付を和暦によって表記しているので、（　）内に西暦の日付その他を補っておく。

「（四月二十五日）前外務大臣の茶の会に招かれては、我が交際の作法の開朗ならざるを反省した。二十四日（四月二十八日）公子（徳川昭武）其他《そのた》仏帝（ナポレオン三世）に謁見したが、我は皆衣《い》冠《かん》狩衣《かりぎぬ》、或《あるい》は布衣《ほい》・素袍《すおう》であった。二十八日（五月二日）風船（軽気球）を観、二十九日（同三日）仏帝の催《もよおし》にて看劇し、其の所謂《いわゆる》劇なる者、当時の我国の芝居とは雲泥の差ありて、（略）宏麗の館、優美の曲、音楽舞踏、幻化百出、絢爛雅麗《けんらんがれい》、花の如く錦の如くにして万人を悦ばしむるに足り、且《かつ》重礼大典等ありて其事畢《おわ》れば、帝王の招待ありて各国帝王・使臣等を饗遇《きようぐう》慰労する常例となり居《おり》、国家交際の一具となり居れるを看た。（栄一が）後年同志を糾合して帝国劇場を設けたのも、蓋《けだ》し此時《このとき》劇場なるものが社会に何様《どう》いふ作用をするものであるかといふことを識得したのが胞子となつたに疑無《うたがい》い」

社交の重要性に気づいたというのも栄一ならではの発見であり、かれは五月四日に出席した舞踏会については次のような感想を書き留めている。

「賓客男女ともにみな礼服を盛んに飾り、相集り、互《たがい》に歓娯《かんご》し、音楽を奏し、其曲に応じて男女年頃の者偶《ぐう》（相手）を選び（略）手を携へ肩を比して舞踏す。（略）是《これ》則《すなわち》好《こう》を結び歓《かん》を尽し、人間交際の誼《よしみ》を厚ふするのみならず、男女年頃の者、互に容貌を認め、言語を通じ、賢愚を察し、自ら配偶を選求せしむる端《はな》（端緒）にて（略）礼義正しく彼の楽《たの》しんで淫せざるの風を自然に存せるならん」（『航西日記』）

かつて尊攘激派だった渋沢栄一は、今や温顔の観察者となって西洋文明と習俗の理解と吸収に努めたのである。

ほかに渋沢栄一たちは、凱旋門、チュイルリー宮殿、シャンゼリゼ博物館などを見学したほか、前述したのとは異なる動植物園を訪ね、ベトナムで乗ってみたことのあった象のほか、ライオン、虎、豹、山犬、狼、熊、羆《ひぐま》、カバ、カングロウ（カンガルー）、胴回りが一尺（〇・三〇三メートル）もある大蛇などを見た、と記録している。

日本に「上野恩賜動物園」が開園されるのは明治十五年（一八八二）のことだが、その開設に努力したひとりが渋沢栄一だ、と指摘する人がいるのもうなずける。

渋沢栄一は実務家肌の人間でもあるから、社交界の雰囲気を知り、名所旧跡を見るだけでは満足しない。五月二十七日には、パリ市の地下に張り巡らされた上水道、下水道、ガス道を視察した。

「この地下道の建設は近年のことにて、いまだ町の末は増築中なり。市街地往来の下に別にトンネルを掘り抜き、その内部両側を人が立って歩けるようにして一条の川を通し、市中の人家の汚水は皆この川に注ぐ。各所に注ぐ元ありて滝の如くに落つる。トンネル上部には鉄パイプが通じていて、飲用水を遠い水源から引く。細い鉄パイプもあり、これはガスを釜元から取って各家に分《わか》つ。所々明り取りの穴あれども委《くわ》しくは灯を点ぜざれば、見えがたし。余は城の裏手にある市街より鉄蓋《てつがい》（マンホールの蓋）を抜《ひら》き、石段を下りて入る。（略）屈曲十五、六丁にして川幅広くなる。是《これ》より舟に乗り、凡《およ》そ半里許《ばかり》にして城西一箇の市街に上る。トンネルの中陰々として臭気鼻を穿《うが》つ。漸《よう》く日を望むを得て大《おお》いに快然たり。此の地下道、人家の汚物を流せるより常に是がために掛け置く人夫ありて、器械にて掃除してふさがることなからしむ」（『航西日記』一部意訳）

江戸の場合、徳川四代将軍家綱《いえつな》の時代に上水道として玉川上水が開削され、府内に引きこまれた水は木管や土管を通して各屋敷や長屋の井戸へ供給された。しかし、下水は道の両脇に通した溝《どぶ》に落とすだけ。屎尿《しにょう》処理は葛西《かさい》からやってくる汚穢舟《おわいぶね》に任されており、燃料どころか灯火としてもガスは用いられていなかった。だからこそ、これらパリ市街の地下の構造を知ることは、煉瓦《れんが》造り、あるいは大理石造りのビル建築とともに新都東京のグランドデザインの作成に寄与するのである。

六月二日、渋沢栄一はロシア皇帝アレクサンドル二世、ナポレオン三世、プロシャの皇太子らと競馬を観る機会があった。アレクサンドル二世とナポレオン三世とはあるレースに一〇万フランずつを賭け、勝負することにした。結果はアレクサンドル二世の勝ちとなったが、栄一が感心したのはそのあとのこと。アレクサンドル二世は、これによって得た一〇万フランをただちにパリの貧民院に寄付したのである。

「ノブレス・オブリージュ」というフランス語は、高貴な身分の者には徳義的な義務が伴う、という意味だ。一般庶民が思いがけず一〇万フランを得たら、飲み食いに使ってもかまわない。しかし、アレクサンドル二世は訪問地パリの福祉に役立てようと即座に考え、実行した。

栄一がこのことを記録しているのは、これまでフランス語を学びつづけていた身として、ノブレス・オブリージュという表現の具体例を初めて実見し、深く記憶に留めたためであろう。栄一はスエズ運河が私利私欲ではなく公益のために開削されつつあると知って感服した、と前述した。その栄一は、この日アレクサンドル二世が賭け金の収得よりも貧民救済を優先する意思を示した点にさらに学ぶところがあった、と見たい。

このアレクサンドル二世に関して栄一は、六月六日に暗殺未遂事件が起こったことを新聞報道によって詳述している。同日、パリ郊外で大観兵式がおこなわれ、ナポレオン三世はいうまでもなく、アレクサンドル二世、その王子（のちのアレクサンドル三世）、プロシャ国王その他の貴族が大集合。向山駐仏公使も招かれたので栄一も陪席し、歩・騎・砲三兵およそ六万人がみごとに進退する姿を眺めた。そしてナポレオン三世とアレクサンドル二世が、帰途おなじ馬車に乗って松林を抜けようとしたとき、轟音二発、初弾はその馬車を曳く馬の一頭の鼻孔を撃ち、第二弾は暴発して狙撃者の指一本を吹き飛ばした。

日本でも安政七年（一八六〇）三月三日に桜田門外の変が発生して大老井伊直弼が水戸と薩摩の尊攘激派に首を奪われ、文久二年（一八六二）一月十五日には老中首座安藤信正が水戸の激派六人に襲われるという事件が起こった（坂下門外の変）。しかし、大国ロシアの皇帝がパリで狙撃されたとは、露仏戦争が勃発するかもしれない大事件である。栄一は「ラシエクル（ル・シエクル）新聞」の記事がもっとも詳しいことに気づいて同紙の記事を『航西日記』中に訳出し、犯人はポーランド人の職人ベリゾウスキ二十歳であること、犯行はアレクサンドル二世の虐政を批判してのことであること、などを詳述。さらに、「フランス新聞」により、側近たちから急ぎ帰国すべしといわれたアレクサンドル二世が、これくらいのことで予定は変更しない、と答えたことも記録した。

栄一がこの日の日記の最後にフランスの新聞報道の速くて詳しいことを高く評価し、

政府が新聞記者たちに何も隠すことなく「寛優」な態度で対応する点をよき「国風」としている点も注目に値しよう。栄一はいずれこれらの新聞が日本の開港地へ運ばれることも承知していたが、その速報性のありがたさを実感したことから新聞の正しいあり方を悟ったようだ。さらに六月八日、市内の病院を視察したときのことも書いておこう。

「入口、番卒を置き、各房病者の部類を分ちて上等下等の差別あり。一房毎に病者数十人牀（床）をつらね臥す。臥牀、皆番号あり、臥具（ベッド）すべて白布を用ひ専《もっぱ》ら清潔を旨とす。看護は尼女《にじょ》（尼僧）の務《つとめ》とす。配剤所（薬局）、食料所（売店）など十分の結構（規模）なり。瀧泉を掛《かけ》て灌頂《かんじょう》せしむる所（シャワー室）あり。床下蒸気管を通じて冬月（冬期）各房を温むる用とし、又、一の幽室（霊安室）あり。六、七箇の臥牀に死者を載せ、木蓋して面部の所は布もて掩ひ、側に牓札《ぼうさつ》あり。（略）院の後ろに洗濯場あり、数人其事に従事す。院内遊歩の花園あり、病者の運動に宜《よろ》しきもの、地内を徜徉《しょうよう》せしむ。此の病院はパリの市中に或る富家の寡婦、功徳《くどく》のため若干の金を出して創築せし由にて、其写真の大図、入口に掲げてあり」（傍点筆者）

霊安室まで覗いてみる知的好奇心はなかなかのものだが、傍点部分でも富裕層の未亡人のノブレス・オブリージュの精神に言及されていることに注意したい。栄一は、医師の治療と看護・保養の両方に感服したようだが、同行の幕府奥詰医師高松凌雲はアメリカ人宣教師ヘボンの弟子で、帰国後、榎本武揚ら蝦夷地脱走軍に参加。箱館病院をひらき、箱館戊辰戦争に加わった兵たちを敵味方わけへだてなく手当てして世に知られることになる。

赤十字の提唱者アンリ・デュナン（スイス人）は「人の命を尊重し、苦しみの中にいる者は、敵味方の区別なく救う」ことを目的とした。日本赤十字社の初めての活動は明治十年（一八七七）の西南戦争における負傷者救護だといわれているが、一八六四年（元治元年）すでに国際赤十字組織が誕生していたことに注目すれば、定説は左のように修正すべき余地がある。

高松凌雲は徳川昭武の侍医としてフランスに渡ったときに栄一らとパリの病院を見学し、赤十字の精神を知って箱館戊辰戦争中、箱館病院で敵味方の区別なく治療をほどこすという教えを実践した。ならば、日本で初めて赤十字の精神を発揮したのは凌雲である、と。

フランスは渋沢栄一だけでなく、高松凌雲にとっても「大学」だったのである。

第17話　パリで幕府の瓦解を知る

六月十三日、パリを訪れていた渋沢栄一ら一行は、それまで滞在していたグランド・ホテルからパリのパッシィ郷ベルゴレイズ街五三番地の家を借り、こちらに引き移った。むろん、経費節約のためである。

セーヌ河のほとりの元調練場だった周囲およそ一里の博覧会場を見学したのは六月二十日午後二時からのこと。展示場のスペースは、イギリスが全体の六分の一を占め、プロシャ、ベルギー、オーストリアなどは一六分の一、ロシア、アメリカ、イタリア、オランダ、スイスは三二分の一、メキシコ、スペイン、トルコはその半分。ポルトガル、ギリシャ、デンマークなどと日本とは、そのまた半分。しかも日本は、そのスペースを清国、シャム（タイ）と三分割して使うよう求められていた。

渋沢栄一に強い印象を与えたのは、アメリカ製の耕作器械、紡績器械、フランス出品のクリミア戦争セヴァストポリの戦いにおける英仏対ロシアの海戦図（油絵）などであった。

日本の展示品についてはフロリヘラルトが栄一にわたした七月十七日付の新聞に概略

が左のように報じられていた。
「アジアからの参加国でもっともすばらしい産物を出品したのは、もちろん日本だ。小箱に鏡をつけた銀と象牙細工の小家具、または木材で鞘をこしらえた刀、天然の水晶を細工した玉《ぎょく》、日本婦人の美麗を想像すべき様に製せる像などは、ヨーロッパ好事家を幻惑すべく、蒔絵《まきえ》の漆器は漆の樹液に顔料や金粉を練りこんだものを木造の器に厚く塗り、そこに鶴、亀、松などを描いたもので、真に価値あるものなり」(『航西日記』)
日本婦人の像とは、画家であった作者・小島與一が京に長く滞在し、舞妓三人をモデルにして制作、彩色した博多人形『三人舞妓』である。微笑する三人の表情と振袖の衣装が美しく、審査会ではこの部門の銀メダルに輝いた(受賞はグランプリ、金メダル、銀メダル、銅メダル、表彰状の順)。ちなみに、この作品は令和元年(二〇一九)十二月十日放送の人気テレビ番組「開運!なんでも鑑定団」に登場。鑑定依頼人は十数年前、東京の骨董店にて三六〇〇万円で購入したのだそうだが、鑑定の結果八〇〇〇万円の高値がついた。
ヨーロッパでは一九世紀後半に日本の浮世絵や工芸品を中心とする日本美術への関心が急激に高まり、「ジャポニスム」といわれた。その引き金となったのはパリ万博に日本から出品された展示品であるから、栄一たちもその評判の良さは誇らしかったに違いない。

しかし、ヨーロッパはともかく上海などには日本を嫌う白人たちもいた。栄一が「ドクトルマクゴウアン」と表記しているアメリカ人などは上海で発行されている華字紙に、日本人は懶惰《らんだ》淫逸にして汚俗を好むから性格も日に日に悪くなり、人口も年ごとに減るだろう、との論説を掲げたほど。栄一がそうと知ったのは、その華字紙がパリへ運ばれたためだが、この新聞には中国語を読み書きできる日本人からの反論も寄せられた。

「ドクトルマクゴウアンの説は、まったく事実に反する。一八五九年に開国して以来、日本政府と大名たちは蒸気船多数をふくむヨーロッパ船八〇隻を買い入れた上、日本人の士官と水夫のみでよくこれを使用している。それでも足りないので鉄張りの鋼鉄船も注文しているところだが、これまでの船舶購入費用は七五〇万メキシコドルで、これは約一二〇万ポンドに相当する。これによってこれを見れば、日本は近く衰弱するべき人種にあらず」（『航西日記』より要約）

つづいてやってきた曲芸師・松井源水、足芸の浜碇定吉《はまいかりさだきち》らの芸も評判を呼んだため、日本に対するゆえなき批判は単発のものでおわったようだ。

それでは、徳川昭武の供として同行した水戸藩士七人の言動はどうだったのであろうか。

「水戸の藩士の幾人かは飽迄《あくまで》我が旧形式旧精神の厳存を以て忠誠と心得るやうな人だつたから、旅館のボーイの挙動を非礼だとして大声叱咤したり、動物園を観ても徒《いたずら》に珍禽奇獣を集むるの愚と為《な》し、夜会演劇等に臨みても苦々しい淫蕩驕奢《いんとうきょうしゃ》の事と為し、一概に外国風を斥《しりぞ》けるので、一行の者を困らせることもあつた。栄一は原市之進が自分を推薦したのもこれあるが為だと、何時《いつ》も調停役を取つた」（幸田露伴『渋沢栄一伝』）

ところが八月三十日、万博の行事もあらかたおわって諸国の王たちも順次帰国したので、徳川昭武にスイス、オランダ、ベルギー、イタリア、イギリスなどを歴訪してもらうことになった時点で問題が発生した。この旅に大勢の随行員があっては目立ちすぎるし、ことに水戸藩士七人は大きな髷を結って長い刀を差しているから、外国人から見ると異形《いぎょう》な出立ちで体裁が悪い。そこで昭武の供の人数を七人から三人に減らしたい、と御傅役の山高から菊地平八郎に申し入れたところ、井坂泉太郎、加治権三郎、服部潤次郎らが怒り出した。われわれは将軍家（慶喜）の思し召しで公子（昭武）のお供をして、外国の国情を観て来いとのお沙汰であったからにはどこまでもお供をする、というのだ。

山高に頼まれて栄一が七人と交渉することになり、

「おのおの方が強いて全員での随行を主張して外国奉行配下の方々の命令に従わぬならば、帰朝するより仕方がない。自分も同行して帰りましょう」

というと風向きが変わり、いたずらに帰国するのは残念千万だ、と菊地は答えた。そこで栄一が、ならば七人のうち三人ずつが交代でお供をすることにして、スイス—オランダ—ベルギーで一回、イタリアで一回、次にイギリスで一回と顔触れを変えていくのはどうだと提案すると七人は同意したのでようやくこの問題は片付いた。

「スイスへの巡回は八月の初旬で、それからオランダ、ベルギーの両国をも歴覧せられて、九月の中旬にフランスへ帰り、その月末になってまたイタリーに旅行した。（略）イタリーの巡回は十月の末に終って、その二十三日にフランスへ帰り、さらに十一月の初めからイギリスへ巡回されたが、パリへ御還《おかえ》りになったのはその月の下旬でありました」（『雨夜譚』）

パリへもどったのは西暦十二月十七日のこと、と『巴里御在館日記』にあり、以後栄一は語学教師を雇い入れ、昭武、山高石見守、自分と水戸藩士七人の計一〇人で本格的な留学生活に入った。栄一は勉強の合間に幕府へ現況報告の手紙を認《したた》めたり日記を書いたりせねばならなかったが、昭武の一日のスケジュールは左のようなものであった。

毎朝七時、乗馬の稽古。九時、帰館して朝食。九時半、教師が来て、午後三時まで語学と文法の勉強。以下、翌日用の下読み、作文、暗誦など。

ところが、十二月二十一日、水戸藩士四人を病気のため帰国させたい、と菊地平八郎から願書が差し出され、四人は明けて一八六八年（慶応四）一月十五日にパリを去っていった。その四人とは井坂泉太郎、加治権三郎、皆川源吾、服部潤次郎のこと。かれらは留学生になどなる気はなかったから、仮病を使って帰国したのである。

それに先立つ一八六七年十月、「日本の京都において大君が政権を返上した」とする大政奉還のニュースが「フランス新聞」に出た。ナポレオン三世から昭武の付添として派遣されていたビケット陸軍大佐は虚説でしょうといったが、栄一は京都の困難な政情をよく承知していたので、新聞報道は事実であろう、と冷静に受け止めていた。

慶応三年（一八六七）十月十四日におこなわれた大政奉還が、その月のうちにフランスの新聞で報じられているとはずいぶん早い。『巴里御在館日記』によると、幕末維新の大変革は次のような順序で栄一の知るところとなった。

一八六八年三月二十日。幕府から届いた「御用状」によって薩摩藩邸焼き打ち事件の発生を知る。これは慶応三年十二月二十五日（一八六八年一月十九日）、三田の薩摩藩邸に集まった不逞浪士たちの不法行為に怒った江戸市中見廻りの庄内藩が、フランス軍事顧問団のジュール・ブリュネ砲兵大尉の指導により、同藩邸に大砲を撃ちこんで浪士たちを潰走させた事件である。同日、「フランス新聞」は大君が大坂での一戦に敗れて江戸へ下ったと報じた。これは慶応四年一月三日に鳥羽伏見の戦いがはじまり、徳川慶喜は六日に大坂城から海路江戸へ逃れたというニュースである。

三月二十四日。「フランス新聞」に大君《たいくん》が辞職し、日本国内は新政府が鎮撫しようとしている、との記事があった。また、二月中に日本の帝《みかど》（明治天皇）があらたに各国に使節を派遣し、改めて和親を確認する支度をはじめた、とも報じられた。午後一時にあらわれた山高石見守も、このニュースをカションから聞いて承知しているとのこと。栄一は別の宿にいる駐仏公使栗本安芸守《くりもとあきのかみ》（号は鋤雲《じょうん》）を訪ね、あれこれやりとりした。すると、この夜の「フランス新聞」に日本の情勢についての続報が出た。大君は正月十五日頃江戸へ帰府したが、今後大君が新政府軍と再戦するのか和議を結ぶのか、あるいは西国筋の大名たちが合従《がっしょう》して江戸を討とうとするのかはまだ不明である、と。上野介《こうずけのすけ》の受領名を持つ小栗忠順とともに親仏派の幕臣として知られた栗本安芸守は、外国奉行、箱館奉行、勘定奉行などを歴任した人物。昨年六月に渡仏し、向山隼人正に代わって駐仏公使に就任していた。その栗本公使は、四月六日午前九時、昨夜カションから聞いた「横浜新聞紙」の報道を栄一らに伝えて、意見を述べた。上さまの御帰府後、薩長軍は京都、大坂から兵庫にまで充満しているから、われらとしては公子の進退と留学生の取り扱い方その他についてよく考えねばならない、と。

鳥羽伏見の戦いに旧幕府軍が敗北したことにより、その三ヵ月後、栄一たちはにわかに出処進退の判断を迫られることになったのである。

第18話　日本へ帰国の旅

最後の将軍徳川慶喜が大政奉還を勅許された慶応三年（一八六七）十月十五日以降、幕府は「旧幕府」と呼ばれるようになった。その旧幕府は駐仏公使栗本安芸守へは「御用状」という名の書状で本国の情勢を伝え、行動を指示しつづけていた。以下しばらく、渋沢栄一が『巴里御在館日記』に記した月日に従い、その内容の要約を中心として一行の動向を紹介してゆこう。すべて西暦一八六八年（慶応四）の出来事である。

四月八日、公子（昭武）はもちろん栗本安芸守、留学生ともそのまま滞在あるべきこと、との御用状来る。

四月二十七日、これは御用状ではないが、日本の新聞に大坂表でフランス人が殺害され、外国人が戦争準備に入ったので新政府があれこれ交渉をはじめたと出ていた、と聞く（これは「堺事件」発生の第一報。「堺事件」とは三月八日にフランス軍艦「デュプレクス号」乗組水兵と士官が堺の栄橋通りあたりで住民たちに狼藉に及び、土佐藩六番隊、八番隊の兵と衝突してフランス側に一一人の死者を出した一件のこと。土佐藩主山内豊範《やまうちとよのり》はフランスに賠償金一五万ドルを支払い、関与した二人を切腹させた）。
五月三日、上さまの東帰以来、江戸府内は平静とのこと。
五月五日、上さまは新政府へ御恭順のため上野の寛永寺にお入りになり、江戸城西の丸は田安家当主の徳川慶頼《よしより》と津山藩主松平斉民《なりたみ》の両侯にお預けになったという。「上野の宮さま」こと輪王寺門主の公現法親王は、二月二十一日頃、慶喜に代わって謝罪するため御上京なさった由。
五月十八日、栗本安芸守、パリから帰国。
五月三十日、薩長主体の新政府軍江戸に接近、横浜港も近く敵の手にわたるべし、とのこと。上さまにはいよいよ御恭順の御趣意にて上野の寛永寺にあらせられ、忠憤のあまり過激に及ぶ者これなきようお諭《さと》しある由。
六月十七日午後九時、ロシア、オランダ、イギリス、フランスへの留学生のうち帰国を決めた者二三名、送別会にまかり出る。
六月十八日午前九時、帰国者出立。渋沢栄一見送り。
七月四日夕方、フロリヘラルト、京都（朝廷）より公子に帰朝のお達しがあり、駐日フランス公使より送られてきたその達し書を差し出す。
七月五日朝、山高石見守、栗本貞次郎《ていじろう》（安芸守の養子、フランス留学生）、栄一の三人、公子と相談し、帰朝と決定。

七月六日、フロリヘラルトに帰国の件を伝えると、九月中にご出立されては、との意見。上さまは四月十二日に上野を出て水戸へ移り、謹慎をおつづけになるそうで、同日、江戸城は尾張藩に引きわたされた。いずれ旧幕府の海陸軍も新政府に引きわたされる予定だが、脱走者多しとのこと。

七月二十七日、日本の新聞によれば、奥州の諸侯いよいよ王命（天皇〈新政府〉の命令）に不服にて、ついに戦争に相成るべしとのこと。

八月十日、江戸城へは官軍（新政府軍の兵）が入り、徳川家の御家名が存続するかどうかの仰せつけはこれなし。奥州の諸侯、王命を拒み、おいおい戦争に相成るべしとのこと。

八月二十三日、昨日の「フランス新聞」によると、日本の新聞には徳川の家名は六歳の田安亀之助《かめのすけ》（徳川慶頼の三男、のちの家達《いえさと》）が相続することになった、とあるという。

八月二十七日、今夜の「フランス新聞」は、日本の新聞によるとミカド（天皇）の兵隊が北方の諸侯を征討するという、と報じた。

九月一日、「フランス新聞」によると、七月四日（和暦五月十三日）、江戸城の京兵（官軍）のため市中の過半は焼失したと日本の新聞が報じているとのこと。

九月四日、帰国した栗本安芸守より養子貞次郎に書状到着。五月十七日に横浜に着いたところ、十五日から十七日まで彰義隊と官軍の戦争があり、彰義隊は敗走、江戸市街は過半焼失の由。徳川の御家名は田安亀之助様が相続と定まるも、御領地や石高は未決定。六〇余州の諸侯は大概王命に服せしが、会津と庄内の両藩はこれを拒む趣とのことなどを申し越す。

九月六日、公子御帰朝の儀につき、ふたたび京都より水戸表（慶喜）にお達しあり。水戸藩士長谷川作十郎より御書状をもって公子に申し上げるには、近々お迎えのため井坂泉太郎と服部潤次郎を再度渡仏させたき由。これによって、いよいよ御出立と決定。

九月十日午後五時、ロッシュ、フロリヘラルトほかが来たり。山高石見守、栗本貞次郎、栄一、菊地平八郎、三輪端蔵出席。ロッシュより公子にフランスに御滞留なされた方がおためになると申し上げる。帰国せよとのお達しを二度受けさせられて、今日に至り御滞在は情義と条理において成しがたく、よって来月フランスの郵船にて帰朝の旨を伝えしところ、御忠告をお聞き届け下さらぬならば別段申し上げることはありません、とロッシュ。懇篤なる忠告はしかとお聞きしましたが、先に大君（慶喜）は朝命をもって水戸表へ御退隠、なおまた朝命をもって水戸表より御帰朝申し越し候上には、則ち大君の思し召しと同様、右の順序もわきまえずひたすら本国の変動をうかがい、帰朝を延引するは日本人には決して成し難き儀、とお断り。夜クレー（クーレ）まかり出、御帰朝の手続きにつき相談。

九月十五日午後、フランス領事レオン・ジュリーまかり出、公子に来たる十月フランスを出発の旨申し上げる。

九月二十一日朝八時、井坂泉太郎、服部潤次郎、御帰朝お迎えとしてまかり越す。

明治新政府が引退した慶喜の尻を叩き、昭武の元の供侍で仮病を使ってまでして先に帰国したふたりを帰朝お迎えとしてふたたびパリに派遣した、とはどういうことか。昭武が帰国を拒むのを怖れてのこと、としか考えられない。

旧幕府海軍副総裁榎本武揚が蝦夷地（北海道）へ脱走して旧幕臣の国を建てようと計画していたことをあわせ見ると、新政府が慌てた理由がよく察せられる。新政府は、昭武がロッシュたちの助言に従い、パリに残留して旧幕府の亡命政権などを樹立したら困る、と考えたのではあるまいか。

ところが、この四月に水戸藩主徳川慶篤《よしあつ》（斉昭の長男）が病死し、そのせがれ篤敬《あつよし》はまだ幼いため、昭武を水戸藩へ復帰させて新藩主とし、しかるのち篤敬を立てる、との方針が定められた。となると、どうしても昭武を帰国させねばならないということになり、新政府は水戸藩と縁戚関係にある東征大総督有栖川宮熾仁《ありすがわのみやたるひと》親王に頼み、大総督府からの朝命として昭武に帰国命令を出したのである。

その結果、昭武以下の帰国スケジュールは次のように決定された。荷物類は、十月四日マルセイユ発のイギリス船で輸送する。一行は十月十一日同港発のフランス船で帰国する。

一行の横浜出発は一八六七年二月十五日のことだったから、マルセイユを後にするまでで一年八ヵ月に及ぶ大旅行である。当然、勘定役たる渋沢栄一は金銭の出納に神経を使った。幸田露伴『渋沢栄一伝』はこの方面にもよく目配りしているので、これによって主たる数字を押さえておこう。

出発時の昭武用御手許金《おてもときん》は二〇〇〇両（のち数回追加）。フランス帝室および政府に対する費用は外国奉行の支払い。昭武が公務を終え留学生となった頃から本国よりの送金途絶えがちとなり、栄一の苦心ひとかたならず。だが勘定奉行小栗忠順がオランダ貿易会社経由で毎月二万五七五〇フラン（五〇〇〇両）の為替を送ってくれたので、一ヵ月の定額としてこれを使用。それでも一八六八年を迎えると経費節減の必要に迫られ、馬車は昭武用の一輌以外売却、使用人のうち女中、小使いは解雇し、毎月の出費を二万フラン以内に制限。残金を銀行預金にしたり、鉄道債券・公債証書買い入れに充てたりして利殖の道を講じた。

ベルゴレイズの家を借りた際には、家主の注文で火災保険にも入ったし、昭武の名で貧民救済事業に寄付するときは、その事業はどんな組織と方法によって経営されているのかも頭に入れた。

露伴は栄一の右のような経済活動を紹介したあと、栄一は「スポンジの湿処に置かれた如く」経済知識を吸収した、と書いている。昭武一行の留学生活を安定させる上でも、パリの金融業界は大学のように多くのことを栄一に教えてくれたのである。

さらに最初の帰国命令が来た頃、旧幕府は為替ではなく正金《しょうきん》（現金）二万両をオランダ貿易会社に払いこんでくれた。これは、形勢が変化して旧幕府が為替尻《かわせじり》（為替残金）の支払い不能となることもあり得る、と考えて一行の生活費数ヵ月分を送ってくれたのである。

しかも旧幕府からの月に五〇〇〇両の送金は一八六八年四月ないし五月まで受け取ることができたので、これらの金によって栄一は留学生二三人を先に帰国させても、昭武の留学費用をなお二年間くらいはまかなえる目算が立っていた。しかし先述のような動きの果てに十月に帰国することになり、栄一はナポレオン三世への訣別の挨拶、フランス外務省とのやりとりから、借家の始末、鉄道債券・公債証書、諸什器・家具の売却に至るまでを、フロリヘラルトに処理してもらった。

小栗忠順や榎本武揚の海外長期出張後の旅費の精算は、出費の合計と残金との差がわずかしかないみごとなものだったと前述した（第12話）。栄一の場合は留学生二三人分を支出できただけでもみごとなのに、フロリヘラルト経由で鉄道債券・公債証書、什器・家具の売却利益を得ていた可能性が高い。

昭武とのフランス留学は中断せざるを得なかったものの、栄一はアジアの植民地とヨーロッパの本国の関係からそのヨーロッパの金融業界の事情までをよく理解した帰朝者となることができたのであった。

第19話　フランス帰りの「理財家」として

一八六八年十月十一日にマルセイユ港を出帆した渋沢栄一たち一行は、順調な航海をつづけて十二月十六日に横浜に到着した。ここからふたたび年月日を和暦で示すことにすると、この日は明治元年の十一月三日である。航海の間、栄一は寄港地から乗船してくる人々から日本に関する風説を聞き出すことに努めた。

その栄一は、香港へ着港したときに初めて、それまで籠城戦によって新政府軍と戦いつづけていた会津藩がすでに開城降伏したことを知った。会津藩の籠城戦開始は、慶応四年（一八六八）八月二十三日。九月八日に慶応という元号は明治に改元され、会津藩が降伏したのは九月二十二日のことであった。

また、やはり香港では旧幕府軍副総裁榎本武揚が旗艦「開陽丸」のほか「回天丸」「朝陽丸《ちようよう》」「長鯨丸《ちようげい》」「美加保丸《みかほ》」など旧幕府所有の艦船を率いて蝦夷地へ脱出したことも知った。

「これはいかなる軍略に拠ったものであるかすこぶる解し兼ねる次第であると思いながら上海へ来てみると、同処の旅館にドイツ人のスネールと長野慶次郎とが止宿して居った」(『雨夜譚』)

一般に「スネル兄弟」といわれるプロシャ出身の武器商人の、兄はヘンリー、弟はエドワルド。ふたりは仙台・米沢両藩を盟主として会津藩救済のために発足した奥羽越列藩同盟を支援。横浜から大量の武器をチャーター船で新潟へ運んだことによって知られ、長岡藩家老河井継之助《つぎのすけ》がスネル兄弟から機関銃の原型ガットリング機関砲を二門買いつけたことは有名である。

ヘンリーは会津藩の若松城下(現・福島県会津若松市)に屋敷を構え、同藩の事実上の軍事顧問となって松平容保から「平松武兵衛《ぶへえ》」という名を与えられていた。一方のエドワルドは会津藩の戦況が不利になったと見て、さらに同藩に武器を供給するため上海へ渡航していたのだ。エドワルドの同行者・長野慶次郎は、ただしくは桂次郎。二十六歳の旧幕臣で、万延元年(一八六〇)、遣米使節団に英語の見習い通訳として同行。アメリカではその可愛らしさから「トミー」と呼ばれて人気者になり、「トミーズ・ポルカ」という曲さえ出来た。その後、歩兵頭並《かしらなみ》として幕府の瓦解に立ち会った桂次郎は、エドワルド・スネルに通訳として同行していたのである。

桂次郎と栄一は以前からの知人であったので、桂次郎は寄港した徳川昭武に栄一が随行していると知ってすぐにエドワルドとともに会いにきた。

会津はすでに落城したと香港で聞いたが、実説か。栄一がそうたずねると桂次郎は、

「その確報はまだ得ぬ、しかしながら仮令《たとい》落城したからといっても残党が多くあるから、是非一度は挽回せんければならぬ。またこのスネール氏などは外国人ではあるが（奥羽越列藩同盟に）真に力を入れて居る」（同）

と答えて、意外なことを提案した。

「すなわち民部公子の進退で（あるが）、今直《ただち》に横浜へ御帰りにならずに、ここから直に箱館へ御連れ申して、箱館に雄拠して居る海軍の首領としたならば、一体の軍気も大いに張るであろう、是非ともこの事に同意あるように」（同）

蝦夷地へ脱走した旧幕府軍は、この十月中に箱館五稜郭《ごりようかく》を政庁とする「事実上の政権《オーソリテイー・デ・ファクト》」を樹立し、諸外国もこれを認めていた。その総裁に推された榎本武揚に、日本から分離独立しようという野心はない。新政府軍が皇子のだれかを赴任させてくれれば、これを主人として旧幕臣たちが自分たちの手で生活できる属国を作りたいと考えていた。

栄一に、かつて尊攘激派を率いて横浜を焼き打ちすると考えた頃の血の気の多さがまだ残っていたら、この誘いに乗って徳川昭武と箱館へ直行する気になっていたかもしれない。しかし、二年近くにわたってヨーロッパ諸国を視察する間に万事を老成したまなざしで眺めるようになっていた栄一は、調和型の性格でもあったから、自分の任務は水戸藩主の座を約束されている昭武を無事に帰国させることだと思い、桂次郎の提案を断固拒否して横浜へ帰ってきたのであった。

翌日、横浜の友人に会って箱館の様子を聞いてみると、何と従兄の渋沢成一郎も蝦夷地政府軍に参加しているという。成一郎は京で栄一と別れてから将軍慶喜に気に入られ、幕府の陸軍奉行支配調役や奥右筆《おくゆうひつ》を歴任。旧幕府軍が鳥羽伏見の戦いに敗れて東帰してからは、寛永寺の大慈院《だいじいん》に入って謹慎した慶喜の身辺警護のため彰義隊を結成し、その頭取となった。

しかし、成一郎は次第に副頭取の天野八郎と対立。慶応四年四月十一日、江戸は無血開城となり、慶喜が水戸へ去ってゆくと、成一郎と彰義隊の一部は松戸まで一行を見送って同隊を脱退し、「振武軍《しんぶ》」と称して江戸脱走軍に加わった。しかし新政府軍と飯能《はんのう》に戦って敗北したため、北上途中の旧幕府海軍に合流。彰義隊と振武軍を合わせて彰義隊を再編し、その頭となっていた。

そこで栄一はにわかに蝦夷地政府の行く末を案じはじめたが、その陸海軍は自重策を採るばかりで軍略的におぼつかない。五稜郭入りした大鳥圭介《おおとりけいすけ》（旧幕府歩兵奉行）、松平太郎（おなじく陸軍奉行並）、永井尚志《ながいなおゆき》（おなじく若年寄）、小笠原長行（老中、唐津藩世子《せいし》）などにしても、しょせんは烏合の衆であるから勝利を得ることはできない。そう考えた栄一は、箱館へ書状を送ることができると知り、成一郎宛に書き送った。

「せっかく久々の面話を楽しみに帰国した処が、貴契《きけい》（貴兄）も箱館行だと聞いて誠に失望して遺憾千万である。（略）今日の形勢ではもはや御互いに生前の面会は望み難い

ことであるによって、この上は潔く戦死を遂げられよ」（同）

　それから二、三日、マルセイユから別便で送り出した荷物の受け取りなどをして、栄一は東京と改称されていた江戸へもどってきた。一連の戊辰戦争によって、あの友人は江戸を脱走した、親戚のだれそれは死んだなどと状況が以前とはひどく変化している。そこで、まずかつての同志で伝馬町の牢獄に入れられたところまでしか承知していない尾高長七郎のその後について調べてみると、出獄はしたが、栄一の帰国する前に死亡したとのこと。

　その弟の平九郎は、栄一がフランス出発前に「見立て養子」、すなわち万一客死した場合の相続人に指名しておいた者であったが、平九郎ももはやこの世の人ではなくなっていた。栄一の師でもある兄の尾高新五郎とともに成一郎の誘いで振武軍に入った平九郎は、飯能に近い黒山というところで討死したのだという。

　ほかに自分を昭武の随行員に選んでくれた原市之進がすでに鬼籍に入っていると知ったことも、栄一には衝撃であったろう。市之進は慶喜側近として兵庫開港を実現に導いたことから奸臣とみなされ、昨年八月十四日、自宅で結髪中に幕臣鈴木豊次郎と依田雄太郎に殺されたのであった。

　この年の五月二十四日、新政府は田安亀之助改め徳川家達に対し、徳川家の領地は駿河府中七〇万石とする、と布達していた。そのことをいつ栄一が知ったのか、という記述は『雨夜譚』に欠けているが、親しかった人々のたどった運命を知ったあと、かれが向かったのは父・市郎右衛門のもとであった。

まだパリに滞在していて所持金の残りに不安を感じた際、渋沢栄一は父に送金を依頼して承諾の返事をもらったことがあった。実際に送金してもらう前に帰国できはしたが、異国にあって肉親からこのような返事をもらうほど心強いことはない。栄一は感謝の思いを伝えるためにも一度里帰りしなければ、と考えたのであろう。なにしろ栄一は、文久三年（一八六三）の冬に血洗島村を去ってもう丸五年なのである。

思いは市郎右衛門もおなじであったのか、十二月中旬、みずから東京の栄一の宿を訪ねて来、父子はひさしぶりの対面を果たした。市郎右衛門としては、一橋家臣、幕臣、ヨーロッパ大旅行と輝かしいキャリアを経た栄一が旧幕府の瓦解とともにまた父を頼る身となったことを案じたらしく、

「これから先はまずいかように身を処する覚悟であるか」(同)

とたずねた。栄一は慶喜がこの七月に水戸から駿府へ移ったことをすっかり承知していたようで、左のように答えた。

「今から箱館へいって脱走の兵に加わる望みもなければ、また新政府に媚《こ》びを呈して仕官の途《みち》を求める意念もありません、せめてはこれから駿河へ移住して、前将軍家が御隠棲の側《かたわ》らにて生涯を送ろうと考えます。それとても彼《か》の無禄移住といってその実は静岡

藩（正しくは駿河府中藩。静岡藩と改称されるのは明治二年）の哀憐を乞い願う旧旗本連の真似は必ずいたしませぬ、別に何か生計の途を得て、その業に安んじて余所《よそ》ながら旧君の御前途を見奉ろうという一心であると告げた処が、父もやや安心の様子であった」（同）

江戸時代初期以降、武士階級の者たちは「武士は二君に仕えず」の理念を最高の徳目と信じて生きてきた。だから栄一は、なおも慶喜に仕えようとしたのである。すると市郎右衛門は、栄一が手許不如意《ふにょい》だと思ったのだろう、いささかながら金子を持参した、といってそれを栄一に手わたそうとした。その時の栄一の答えはまことに奮《ふる》っていた。

「その御心配を受けるには及びませぬ。実は京都において一橋家に勤仕の時から深く節倹を心掛けて、少額であるけれども余財を生じ、またフランス滞在中も、公子（昭武）の随従であったから別に自分の経費はなし、毎月の給料から自分の衣服を作るばかりでそのほかの費用は勉《つと》めて倹約して残して置きましたから、別に目下の窮困《きゅうこん》はありませぬ。（略）先頃仏国から書面を以て送金の事を願いましたのは、公子を長く彼地《かのち》に留学させ申すにはその経費が少し不足であろうと掛念《けねん》したからの事でありました」（同）

明治維新後に作られた日本語のひとつに、「理財」ということばがあった。これは金銭や財産を有利な結果を得るように取り扱うことであり、「理財家」といえば財貨の運用に巧みな人のこと。フランス帰りの栄一は、まず父にむかって自身がなかなかの理財家に育っていることの一端を示したのである。

第20話　前将軍徳川慶喜の配慮

その後帰郷して妻子に再会した渋沢栄一は、十二月八日東京へもどってくると、小石川の水戸藩邸に民部公子こと徳川昭武を訪ねた。二年近く生活をともにするうちに栄一を慕うようになっていた昭武は、帰国の旅の途中でも、

「水戸藩というものは前々から騒動の多い藩であるから、余が帰って相続するにもこの先が思い遣《や》られる。殊《こと》に今日では余が頼みに思うほどの藩士も少ないから、その方も日本へ帰ってからはとにかく水戸まで来て遊んでくれ」（『雨夜譚』）

と栄一に気持を伝えたことがあった。栄一ははっきりとは書いていないが、駿府へゆく前に昭武に別れを告げに行ったのであろう。

その直後に栄一は、いよいよ自身が端倪《たんげい》すべからざる理財家であることを世にあきらかにした。

栄一を昭武に同行させ、旅費と滞在費を主に負担した幕府は駿河府中藩となっているから、残金があった場合は同藩の勘定所に届け出、出費についても明細を申告するのが筋である。栄一もそう考え、府中藩に残金の額面を伝えた上で、その中から昭武が水戸

入りする際の土産を買ってもよいとの許可を得た。

その土産とは「およそ八千両ばかりの金額」で買い上げた鉄砲だとしか栄一は書いていないが、露伴は栄一がその「八千両ばかり」で横浜スイス九十番商館から買い上げて昭武に届けたのは「スナイドル銃三百六十梃、弾丸七万二千発、ピストル、銀時計等」であったとしている。（『渋沢栄一伝』）

しかも、これだけ金を使ってもまだ残金があったので、栄一はこれを記帳しておいてのちに府中藩の勘定所に引きわたした。

初め公子御手許金二〇〇〇両だけを持ってフランスをめざした者が、その四倍以上の残金を抱えて帰国するとは！　無禄となって移住した旧幕臣たちまで抱えこんで苦しむ府中藩庁の者たちが、栄一の異能ぶりに気づいたのはこのときのやりとりによってであったに違いない。

十二月十九日に駿府に到着した栄一は、元幕府若年寄で藩政を見ている大久保一翁《いちおう》に面会し、預かってきた昭武の書状を魚町の宝台院《ほうだいいん》に謹慎中の慶喜にわたしてくれるよう頼んだ。

一翁は勝海舟とともに、幕府はもう駄目だから政権を朝廷へお返しし、駿河・遠江《とおとうみ》・三河三ヵ国の大名だった時代の徳川家にもどった方がよい、とする大政奉還論を最初に考えついた開明的な旧幕府の官僚である。すぐにとりついでくれたので、栄一は二十三日に宝台院に伺候《しこう》して慶喜に昭武のフランス留学の模様を報告することができた。

となれば、慶喜から昭武への返書を預かり、自分が届けるのが次の仕事である。そう思っていると、夕方に藩庁から出頭せよとの達しがあった。

二十四日、若年寄詰所で戸川平右衛門《へいえもん》に会うと、府中藩の勘定組頭を申しつけるという辞令書をわたされた。そう回想した栄一が、

「能々《よくよく》自分は勘定組頭に縁が深い」（『雨夜譚』）

と書いているのは、自身が一橋家でもおなじ職務をつとめ、ヨーロッパ滞在中は昭武一行の勘定格という名の経理の責任者であったことを思い合わせたためにほかならない。どうも栄一は、これが理財家としての才覚を高く評価されての再採用通知だったとは思い至らなかったようである。

それどころか、栄一は怒って勘定所に入ってゆくと勘定頭ふたり——平岡準蔵《ひらおかじゅんぞう》、小栗《おぐり》尚三《しょうぞう》に面会し、拝命は拒否する、と伝えた。その論理は次のようなものであった。

「民部公子の書状を持参して前将軍にたてまつった以上、前将軍から御返書があるはずで、自分としてはそれを拝受して民部公子に復命した後でなければ拝命はお請けいたしかねます」（同、大意）

ここで思い出されるのは、栄一十六歳のときに修験者のいい加減な話を見破った話（第1話）や、十七歳のとき岡部藩の代官から御用金五〇〇両を調達せよと命じられても、

自分は御用を聞きに来ただけなのでただちにお請けすることはできない、と主張して押し切った逸話である（第2話）。栄一は少年時代から筋の通らないことは頑として認めない性分であり、このときも徳川家に拾ってもらおうなどとは考えていなかった分だけ強気な態度をとれたようだ。

平岡準蔵が栄一の言い分を大久保一翁に伝えたところ、一翁はこう答えたという。

「水戸（昭武）への御返事は別に手紙を遣わすから足下（栄一）が復命するには及ばぬ。藩庁が必要あって勘定組頭をいいつけたのだから、速やかにお受けして勤仕するがよい」（同、同）

この返事にますます激怒した栄一は、辞令書を受け取らずに宿へ帰ってしまった。すると二十六日の昼頃、大坪七兵衛という栄一の知人で勘定所勤めの者が訪ねてきて、怒りの理由をたずねた。

「返書はこちらから出す、その方は当庁で用があるからそのまま勤務しろとは何事だ。人情と道理をわきまえていれば、こんな処置はできぬものだ」

「そんな乱暴なことをいっては困る」

といったやりとりを交わした大坪は、足下の腹立ちについては大久保さまに伝えておいた、大久保さまは、これは仔細あることなのでいずれ自分から事情を伝える、とおっしゃっていた、とも伝えた。

その日の午後、そのことば通り大久保一翁から呼び出されたので行ってみると、

「足下の立腹はもっともだが、それは内部の事情を知らぬものだ。この話はせぬ方がよかろうと思っていたが弁解のためいっておこう」

と一翁は口をひらき、足下を水戸へはゆかせずに勘定組頭として採用せよ、とはすべて前将軍の御直裁である、と意外なことを打ち明けた。

「実は足下については、水戸藩から掛合《かけあい》が来て是非とも当方へくれということであった。しかし、前将軍はこう思し召された。足下が水戸へゆけば民部公子が足下を厚く慕うあまり重く用いる、すると水戸の連中が妬心《としん》を起こして足下の身に害を生ずる虞《おそ》れがある。また、足下が民部公子へ御返書を持ってゆくと、しばらくは水戸にとどまる。とどまれば自然と情合いが増すだろうから、御返書は別にこちらから出す、ということになったのだ」

　慶喜は栄一が一橋家の勘定組頭だった時代に播州木綿を大坂で売り出し、しかも三万両もの藩札を発行して成功裡に運用したことをよくおぼえていたため、栄一を府中藩のおなじ職務につけるよう一翁に命じてあった。一翁は一翁で栄一がヨーロッパから八〇〇〇両以上の残金を持って帰国し、昭武の土産購入費以外を府中藩に届けたことからその理財の才を知り、慶喜の意見に同意したのである。

　しかも水戸藩士には出世頭になったものを妬《ねた》むという悪しき伝統があり、一橋家用人

として慶喜を支えていた平岡円四郎を暗殺したのも水戸藩士であった。栄一が水戸へゆけば、昭武に慕われているだけに平岡の二の舞になる危険がある、と慶喜は考えを巡らし、ひそかに栄一を水戸へゆかせない算段を描いていたのである。

栄一は初めて委細を承知し、自分の性急な気性と失言の数々を慚愧《ざんき》した。のちに栄一が慶喜の伝記『徳川慶喜公伝』を著すのも、右のやりとりから慶喜を命の恩人と感じ取ったことが大きいのではあるまいか。

ただし当時の栄一にとって、これはこれ、それはそれであった。どうしても府中藩の勘定組頭におさまる気になれなかったのは、前話で見たように「別に何か生計の途を得て、その業に安んじて余所ながら旧君の御前途を見奉ろう」という気持が強かったためである。

では、この土地に住んで平穏に残りの人生を送るには農業と商業のいずれに従事すべきか。栄一はこの問題に頭を痛めたが、海外での功によって慶喜から時服二領と御手元金五〇〇両を拝領したこともあり、焦って身の振り方を決める必要はなかった。

しかし、この頃の栄一には明治新政府が打ち出している財政不安の解消策について感ずるところがあった。

新政府の財政不安は戊辰戦争の進展とともに莫大な戦費が必要とされたため生じたものので、慶応四年一月二十九日、新政府の会計事務総督中御門《なかみかど》経之《つねゆき》らが二条城に出頭させた京坂の富商たちに調達すべしとして提示した金額は三〇〇〇万両であった。

だが、集まったのは明治天皇の親征費一〇万両をふくめても一八万両。新政府の歳入予定は七十数万両だから目標の三〇〇〇万両にはとても届かないと見て、紙幣の発行を提議したのは元越前福井藩士で御用金取扱を命じられていた新政府参与由利公正《ゆりきみまさ》であった。同年五月十五日から適用することになった紙幣は「金札《きんさつ》」ないし「太政官札」と呼ばれ、一〇両札、五両札、一両札、一分札、一朱札合わせて四八〇〇万両という大変な額になった（『維新史』第五巻）。

すでに国立の銀行が存在し、その発行する国立銀行紙幣が通貨とされていた場合は、新紙幣が発行されたなら銀行の窓口で手持ちの旧紙幣と交換してもらえばよい。しかし、発足したばかりの新政府に国立銀行はないので、由利公正らは知恵をしぼって金札（太政官札）を民間に流通させる方法を考えた。

その結果、まとめられたのが、慶応四年閏四月十九日に布告された「金札御《お》貸下《かしさげ》ノ事」であった。この布告は栄一の維新以後の生き方に大きく関わったものなので、章を改めて見てゆこう。

第21話　商法会所の頭取として

明治政府の広報誌『太政官日誌』第一六所載の「金札御貸下ノ事」は、漢字片仮名混じりでの候文で書かれており、いまでは使われなくなった表現もあるため読みにくい。そこで本稿では、塚本豊次郎『改訂 本邦通貨の事歴』から、うまくまとめられているその「要旨」を引用することにする。

「皇政更始の折柄《おりから》富国の基礎を建つる為《た》め金札を製造発行し、庶民の困窮を救助せらるゝ思召《おぼしめし》を以て、本年より十三年の間国内一円に通用せしむ其《そ》の方法は左の通り心得べし。

一、金札は列藩石高に応じ、一万石につき一万両の借用を許す。

一、其の返納方法は必ず其の金札を用ひ、毎年末借用高の一割宛《ずつ》を返納し十三ヶ年にて皆済《かいさい》すべし。

一、列藩諸侯借用の金札は全く富国の基礎を建てさせられんとする聖旨（天皇の趣旨）を奉体《ほうたい》して、専《もっぱ》ら之《これ》を興産事業に充用し、猥《みだり》に藩庁の費用に用うべからず。

一、京摂（京都、摂津）及び其の近郷の商人にして、金札借入を望む者は其の旨金札役所に申出《もうしい》づれば其の取扱ふ産物高に応じ之を貸付くべし。

一、各府県及び列藩領内の農商家にして、金札の借入を願出づる者あるときは、能く其の身元を調査の上にて貸付くべし、但《ただ》し返済の場合は相当の元利を償《つぐな》はしむべし。

（二項目省略）」

しかし政府は諸藩には「みだりに藩庁の費用に使うな」といいながら、みずからは多額を軍事・行政上の緊急支出にまわさざるを得なかった。岩波文庫版『雨夜譚』の校注者長幸男《ちょうゆきお》はその割合を四八〇〇万両の「六二％」（同書校注）、すなわち二九七六万両とし、『維新史』第五巻は「政府が直接使用せる金額」を三〇〇〇余万両としている。

なんのことはない、政府の印刷した金札の六二・五％前後は政府によって使用されたのである。そのほかへの貸し下げ額を、きわめて信頼できる『維新史』第五巻はこう示している。

諸藩への貸与額は、九六〇万余両。

県府への貸与額は、一五八万余両。

商人への貸与額は、六五〇万余両。

併せて殖産興業資金全額は、一七八〇余万両（約三七・一％）。

駿河府中藩は七〇万石の所帯だから、七〇万両の貸し下げが受けられる。栄一は駿河に行って間もなく、そのうち五三万両はすでに貸与されたと聞いた。ただし藩庁はまだどんな殖産興業をすすめるか未定のようだし、年が明ければ残りの一七万両も貸し下げとなるであろう。

諸藩の側ではこの貸与額を「石高割貸付金《こくだかわり》」「石高拝借金」などと呼んでいたが、栄一はいったん政治的に破綻して府中藩となった旧幕府が狭い封土と少ない歳入にあえいでいるのを見てこう考えた。

この石高拝借金を藩財政とは別の経済として、これを元手に殖産興業にあたり、そこから生じる利益の一部をもって年に一割の返納金に充てれば、藩も潤うし領民たちの幸福にもつながるのではないか。

府中藩の勘定組頭になることを辞退しておきながら、藩財政を好転させる手法を考えはじめたところに栄一らしさがある。しかも栄一の目から見ると駿府は小都市ながら相応に商人もいるので、藩庁が石高拝借金の一部を原資金として貸与してやれば、その商業をさらに盛んにするのはさほど難しいことではない。

そこで考えを進めたとき、栄一の頭に閃《ひらめ》いたのは共力合本法《がっぽん》を採用すればよい、というアイデアであった。

この頃、「共力合本法」と訳されていたのは、株式会社制度のこと。合本とは資本を持ち寄るという意味である。このときの着想について、栄一はのちに左のように回想することになる。

「今この共力合本法の便利有益を有力の商人に会得させたならば、この地方でも幾分の合本は出来るに相違ないから、この石高拝借金を基礎としてこれに地方の資本を合同させて一個の商会を組立て、売買貸借の事を取扱せたならば、地方の商況を一変して大いに進歩の功を奏することを得るであろう」（『雨夜譚』）

かつて尊攘激派たらんとした栄一は、横浜焼き打ちを計画した際にも一匹狼として行動するのではなく、同志たちを組織化して事に当たろうとした。二年近いヨーロッパ大旅行の間、頑迷な水戸藩士もふくまれる使節団一行を何とか破裂させずに済んだのも、栄一の組織をまとめる能力に負うところが多かった。

その「組織をまとめる能力」は理財に関する才覚あってのものであったが、今度栄一は、地元商人たちに呼びかけて資本を出し合ってもらい、「商会」を組織しようと考えたのである。

むろん、これはフランスで学んだ知恵のひとつだが、勘定頭の平岡準蔵にこのアイデアを詳しく伝えた栄一は、ひとつだけ条件をつけた。

「商会の監督は御勘定頭にお任せするとして、その運用の枢機を自分に一任して下されば、商人たちの中から相応の人材を選んで協力してもらうようにいたしましょう」

「いや、よくわかった。至極面白い考えだ」

と平岡が応じたのは師走のうちのこと。明けて明治二年（一八六九）正月、府中藩は栄一のアイデアを受けて「商法会所」という名の一種の商社を設立することになった。

なお、この年のうちに駿河府中藩の「フチュウ」は「不忠」に通じてよくないという見解により、同藩は静岡藩と改称するに至る。同時に駿府は静岡という地名に変わり、商法会所は静岡の紺屋町《こうやまち》にあった家屋を事務所としてスタートした。

「会所」ということばはもともとは「会合」のおこなわれている「場所」を意味したが、次第に役人や商人たちの事務所、取引所、役所などをも指すようになった。明治初年にはまだ英語の「カンパニー」を「会社」とする訳語が生まれていないため、静岡藩は会社の意味で会所という表現を採用したのであろう。

その出資者と額面は左のようであった。

静岡藩庁　一万六六二八両余
別に金札　三八万五九五一両余（正金に換算して二五万九四六三両余）
士民より　一万四七九五両余
別に金札　三八三〇両
総資本　二九万四七一七両余

（幸田露伴『渋沢栄一伝』より）

特に注目したいのは、静岡藩庁の出資した「一万六六二八両余」の三分の一——約五五四二両は、栄一がヨーロッパ滞在中に倹約して貯え、持ち帰って藩庁へわたしたものだったことである。

公金をまったく私《わたくし》しようとしなかった栄一の誠意に静岡藩庁がよく応え、栄一からもどされた金を栄一提案の商法会所の設立資金の一部として提供した形であった。栄一はいう。

「地方の重立った商人十二名に用達《ようたし》を命じ、あたかも銀行と商業とを混淆《こんこう》したような物が出来ました。（略）全体の取締は勘定頭の任として、自分は頭取《とうどり》という名を以てその運転上の主任となって、勘定所の役人数名を各部の掛員《かかりいん》として、これに用達幾名かを付属して業務を執ることになった」（『雨夜譚』）

栄一は陰の出資者であり、かつ半官半民のこの会所の「民」を代表する立場になったのだ。

頭取としての栄一が最初に直面したのは、出資者と額面一覧の中に示したように金札を正金（金銀の貨幣）に両替すると価値がたちまち下落することであった。

金札使用開始日の慶応四年五月十五日は彰義隊の消滅した日だが、奥羽越列藩同盟は結成されたばかりで戊辰戦争の結果はまだどう転ぶか見当もつかない状況であった。すなわち新政府の基盤は弱体である、しかも金札は不換紙幣なのだから、この傾向は当然の結果であった。

使用開始の直後の時点でも、正金一〇〇両に対して金札なら一一二両ないし一五〇両という相場（由利正通編『子爵由利公正伝』）。一時は金札一〇〇両を正金四〇両とする相場にさえなったほどで、これを政府は両替店が多額の打歩《うちぶ》（両替え手数料）を取るためとみなし、六月二十日には打歩引換禁止令を出した（『維新史』第五巻）。

それでもさほど効果があがらなかったので、十二月四日、政府は金札の時価通用を許し、公納に用いる場合は金札一二〇両を正金一〇〇両の相場とした。

それでも金札の価値が下がりつづけたことは、先に引いた『渋沢栄一伝』に明治二年初め、金札三八万五九五一両余が正金二五万九四六三両余だった、とあることからもあきらかである（金札の価値は額面の六七・二％）。

対して栄一は、こう考えた。

「将来を予想してみるのに、ついにはこの紙幣流通のために諸物価はかえって騰貴を示すに相違ないから、今の内に早くこの紙幣を正金に交換して物品を買入れて置くが利益が多かろう」（『雨夜譚』）

そこで栄一は、掛員、用達の商人たちと協議して東京では肥料、大阪では米穀を買い入れた。みずからは明治二年に金札を持って東京へ出、〆粕《しめかす》、干鰯《ほしか》、油粕、糠《ぬか》などを買い入れ、ついでに故郷から妻を呼び寄せて三月中旬に静岡へ帰ってきた。

栄一の予想はみごとに当たった。

肥料も米穀も次第に値段が騰貴したので、米穀は利益があると見れば、時々これを売却、肥料は領内の村々へ貸しつけて応分の利益を収めるという運用法は確定。それを見て預け金（資本参加）する士民もおいおい増加し、栄一は商法会所によって静岡藩に利益をもたらすことに成功したのである。

露伴によると、明治二年一月に発足した商法会所は同年八月末までの間に、総資本二九万四七一七両余によって八万五六五一両余の利益をあげていた。

静岡藩の士民には、栄一を福の神のように感じた人も少なくなかったのではあるまいか。

第22話　太政官の上京命令

肥料買い付けのため東京へ出張中だった栄一のもとへ、その美貌の妻・千代と長女・歌子をつれてきたのは尾高新五郎であった。

栄一の少年時代の学問の師で攘夷計画の同志でもあった新五郎は、渋沢成一郎とともに彰義隊に参加。やはり成一郎とともに同隊を離れて振武軍の一員として戦ったが、弟の尾高平九郎が討死したためか、蝦夷地への脱走には参加することなく帰郷してひっそりと暮らしていた。

栄一は父・市郎右衛門からそうと聞いて、ふたたび新五郎を世に出してやりたい、と思ったのであろう。妻子とともに新五郎をも静岡へ同行し、静岡藩に採用してもらうことになった。

栄一一家は紺屋町の商法会所内の家を住居とし、栄一自身は抜群の経営手腕を高く評価されて、これまでの御勝手懸り中老手付というあいまいな身分から右筆《ゆうひつ》格に席次を進められた。尾高新五郎も商法会所で働きはじめ、栄一の親戚や振武軍で成一郎や新五郎の同志だった者たちも集まってきたので、この頃ようやく栄一はほっとしたようだ。

やや時が流れて明治二年五月十八日を迎えると、箱館五稜郭に籠っていた蝦夷地政府軍が陸海軍の総攻撃によって降伏。戊辰戦争はまったくおわり、成一郎は榎本武揚以下の幹部たちとともに獄舎につながれることになった。

少年時代からまじわった新五郎を静岡に招いたほど情誼心の厚い栄一のことだから、成一郎が不潔な獄舎のうちで獄死してしまわないか、と案じたに違いない。

ところが五月中に、静岡藩庁が商法会所にクレームをつけてきた。この件を栄一は、左のように回想している。

「藩庁から、商法会所として藩の資本で商業をするのは朝旨《ちょうし》に悖《もと》るから事実はともかくもその名称を改正しろという内意があって、種々の評議をした上で、常平倉《じょうへいそう》という名称に改めました」（『雨夜譚』）

貸し下げられた金札を殖産興業に用いるのは政府の意向に従ってのことだというのに、どうしてこんなクレームをつけられねばならないのか。この点について栄一はなにも語り残していないが、幸田露伴は一歩踏みこんでこう書いている。

「それは金札と正金との差を政府では認めたく無い方針だが、実際に於ては静岡商法会所でも之を認めぬ訳にはゆかぬことが一原因、其他の原因も加はつて、厄介な紛議が起つたのであつた」（『渋沢栄一伝』、傍点筆者）

すでに見たように、政府は明治元年十二月四日の時点で金札は時価通用を許し、公納に用いる場合は金札一二〇円を正金一〇〇円の相場としていた。だから右の傍点部は事実に反するが、これも前述したように栄一たちは東京で肥料、大阪で米穀を買いこむときは、金札をいち早く正金に換金してこちらを用いた。

おそらく政府のなかにこの〈両替作戦〉に気づき、金札の流通を図る政府の方針に反する動きとして告発した者がいた。静岡藩は政府からそれを伝えられ〈両替作戦〉を積極的におこなっている商法会所にクレームをつけざるを得なくなった。そこで藩庁と栄一たちは、商法会所から商売の臭いを消すべく所名を常平倉と改めたのである。

これは会計官副知事として金札を発行させた由利公正が、金札と正金の二重相場を現出させてしまった責任をとって明治二年二月に辞表を提出したこと、それを受けて後任となった大隈重信《おおくましげのぶ》が、同年四月二十九日、

「近く鋳造に著手(着)の新貨幣通用の暁は金札と交換せしむべければ、金札に相場を立つるが如きことはなかるべき旨」（『維新史』第五巻）

と布達したことも大きくかかわっていたようだ。あるいは清国で印刷された金札の偽造紙幣が出まわったことも「厄介な紛議」の「其他の原因」にふくまれるものかもしれない。

ところで商法会所のあらたな所名となった常平倉とは、政府が米価の安いときは高く買い入れ、高いときには貯蔵米を安く売り出して米価を安定させるために設けられた米

倉のことで、古代中国の王朝が前漢だった時代に考案された。日本では奈良時代の天平《てんぴょう》宝字《ほうじ》三年（七五九）に諸国に設置され、のちには米価の安定よりも貧民救済が主要な目的となった。

江戸時代にこの手法をよく取り入れていたのは会津藩であり、「社倉《しゃそう》制度」と呼ばれていたこのシステムについては拙著『保科正之』（中公新書）に詳述しておいたので、このような制度に関心のあるむきは同書をご覧いただきたい。

ただし栄一たちの米穀の売り買いは、基本的に安く買い入れて高く売り、その差額を収益とするものであった。しかも、肥料の貸し付けもおこなっていた。とても常平倉とはいえない商業活動であったが、栄一もこの点は認めていて、

「真の常平という趣意には応じがたくして、つまりその名を替えたままでありました」（『雨夜譚』）

と回想している。栄一たちは、常平倉という名称を隠れ蓑にして商業活動をつづけるというたくましさも身につけていたのである。

この所名変更騒ぎと並行して、栄一はきわめて面倒なことを処理しなければならなかった。それはすでに述べたフランス出張に関わることで、栄一はまず出発に際し、旧幕府のフランスの商社に対する負債八万フランを徳川昭武用の経費から支払ったことがそもそもの発端となった。

こうして昭武一行が日本を留守にする間に幕府が倒れ、明治新政府が発足したことは前述の通り。ところが栄一は帰国してから新政府がその債務八万フランを弁償してくれると聞いたので、在仏の名誉領事フロリヘラルトに手紙を書き、八万フランの返却を求めた（『渋沢栄一伝』）。

これはフランスの商社がフロリヘラルト経由で昭武に八万フランを返してくれれば、別途、新政府から同額を支払うと伝えた、ということ。しかし、フロリヘラルトから来た返事は、

「日本政府から公式の命令がない限り、要求には応じ難い」

というものであった。

フロリヘラルトは同様の返書を新政府にも与えたようだが、なにせ新政府の要人たちは幕末に尊攘激派だった者たちばかりだから、外国がらみの事務をどう処理すればいいのかわからない。静岡藩に問い合わせたのは栄一は静岡へ移住したことを知っていたためで、栄一は六月六日に東京に出、一ヵ月半も逗留してあれこれ説明することになった。

以上が露伴の記述するところだが、栄一自身は別件でもフロリヘラルトとやりとりする必要があったとあり、その件とはパリで徳川昭武が住んでいた家と家財・什器類のことだとする。これらはいずれも昭武の私有物であり、栄一は帰国前、フロリヘラルトにこれらの売却を依頼しておいた。

だから栄一は、フロリヘラルトが約束通りこれらを売却してその代価を送金してくれたら昭武に届けるつもりだったはずである。また、新政府に対して栄一は、こちらの件に旧幕府は無関係だという点を説明し、了解してもらわねばならなかった。

それが新政府側には理解できない。では、こういう書類を出せ、これこれの証明書を作れと煩瑣《はんさ》な注文を出したため、栄一の東京滞在は延びに延びてしまったのである。

最後に栄一はパリの家の家具・什器類は昭武の私有物と認められ、フロリヘラルトが売却代金として送ってきた「一万五千両ばかり」を受け取った、と『雨夜譚』にあるのは、その金額を折り返し昭武のもとへ送ったことを省略しているのであろう。

ただし、ここで筆者が「おや」と思うのは、栄一も露伴も八万フランをやりとりする話がその後どう進展したのか、という点にはまったく触れていないことだ。しかし露伴は、

「時間はかゝつたが此事は八月に入つて一切埒《らち》明き、フロリヘラルドよりの送金を待つのみの事となつて、(栄一は)八月十五日静岡へ帰著した」

と書いている。フロリヘラルトは昭武への返却金八万フランを栄一に送るのと並行して新政府から改めて八万フランと「一万五千両ばかり」を受け取り、問題は円満に解決したのである。

ここで少し新政府の骨格を見ておくと、慶応四年(一八六八)一月に政府の最高官庁

として「太政官代《だじようかんだい》」が設けられ、その下に諸部局が所属した。だが、明治二年になると古代の律令制にならって早くも官制改革がおこなわれ、神祇官・太政官の二官と民部・兵部《ひようぶ》・刑部《ぎようぶ》・宮内《くない》・外務などの八省が設置された。これがいわゆる「二官八省の制」であり、栄一にあれやこれやの説明を求めたのは外務省にほかならない。

しかし、「壁に耳あり、障子に目あり」ではないが、栄一が自覚しないうちに外務省に出入りして面倒な事務を粛々と処理してゆくその手際の良さは、フランス語とフランス事情に通じている珍しさと相俟《あいま》ってほかの省からもひそかに注目されていた。

それがはっきりしたのは、栄一がまた常平倉の仕事にうちこみ、あと二、三年たったらしっかりした商社に育つ、という希望を抱いていた明治二年十月二十一日のことであった。太政官と八省および諸国との連絡にあたる弁官（庶務・雑務にあたる役人）から静岡藩庁に栄一宛の召状《めしじよう》が届き、すぐに東京へ出るよう命じてきたのである。

「自分はこれまで取掛《とりかか》った事務も多いから至急に上京は出来ぬ、何卒《なにとぞ》半カ月も御猶予を願いたい」（『雨夜譚』）

と藩庁に伝えると、大久保一翁から厳達されてしまった。

「イヤ、それはならぬから直様《すぐさま》出京しろ」（同）

静岡藩が朝旨に悖り、有用な人材を隠蔽しているなどと思われたら藩主に御迷惑だ、というのだ。やむなく栄一がふたたび上京したのは、十一月初旬のことであった。

第23話　民部省兼大蔵省へ出仕

明治政府が討伐した対象である旧幕府の家臣たちから有能な者を探し出し、役人として採用する。こういうと、「へぇ、そんなシステムがあったんだ」と思うむきもあるかもしれないので、新政府の人材登用システムについて簡単に説明しておこう。

新政府は慶応三年（一八六七）十二月九日、王政復古を宣言して摂政・関白・征夷大将軍などの官職を廃し、総裁・議定《ぎじょう》・参与の「三職《さんしょく》」を置くことにした。

総裁は、有栖川宮熾仁親王。

議定は、仁和寺宮嘉彰《にんなじのみやよしあき》親王、山階宮晃《やましなのみやあきら》親王、中山忠能（前大納言）、正親町三条実愛《おおぎまちさんじょうさねなる》（同）、中御門経之（中納言）、徳川慶勝（前尾張藩主）、松平慶永（前越前藩主）、浅野茂勲《もちこと》（のち長勲《ながこと》、芸州広島藩世子《せいし》）、山内豊信《とよしげ》（前土佐藩主）、島津茂久《もちひさ》（のち忠義、薩摩藩主）。

参与は、大原重徳《しげとみ》（元右近衛権中将《うこんえごんのちゅうじょう》）、万里小路《までのこうじ》博房（元参議）、長谷信篤《のぶあつ》（元左議奏）、岩倉具視《ともみ》（元左近衛権中将）、橋本実梁《さねやな》（元左中将）、その他。

今、参与として紹介した五人の元尊攘派公卿の名の最後に「その他」と付したのは、尾張名古屋藩、越前福井藩、芸州広島藩、土佐藩、薩摩藩から三人ずつ藩士が選ばれ、やはり参与に登用されたためである。

すべての藩士はその藩の藩主にとっては直臣《じきしん》だが、朝廷とは主従関係を結んでいない。というのに、右の五藩から計一五人が参与に選ばれたのだから、これを明治新政府の人材登用の初めと見たい。土佐の後藤象二郎《しょうじろう》や福岡藤次（のち孝弟《たかちか》）、薩摩の西郷吉之助（のち隆盛）や大久保一蔵（のち利通）らは、すべてこのとき参与に指名された者たちである。

参与にはのちに追加指名された者たちもおり、福井藩士三岡《みつおか》八郎（のちの由利公正）、右近衛権中将西園寺公望《きんもち》（のちの首相）らは追加組であった。

また、慶応四年一月十七日には諸藩を大中小の三者にわかち、秀才の藩士たちを貢士《こうし》として差し出させて議事にあずからせることにした。その定員は、大藩（四〇万石以上）が三人、中藩（一〇万～三九万石）が二人、小藩（一万～九万石）が一人。選任は藩主にゆだねられた。ただし、この条件では在野の大器をカバーできないし、諸藩にも定員以外に才人のいる可能性を否定できない。そこで同年二月三日には早くも規定を改め、「徴士貢士《ちょうし》の制」を定めた。

徴士には諸藩士ないし草莽《そうもう》（在野）の士から才識ある者を抜擢し、これを参与職や各局の判事等とするが在職四年にして退職させる。これは賢才に仕事をゆずるためだが、大器にして退職させ難い者は任期を四年延長する。貢士は奉承より五十日以内に上京するものとし、議事所（貢士対策所）において議事にあずからせることにした。

同年五月二十八日、新政府が貢士をもって公務人とし、諸藩が朝命を奉じる一方、それぞれの持論を伝えるためのパイプ役としたのは国と藩との一体感を高める狙いであり、これは八月二十日に「公議員」と改称される（『明治天皇紀』第二）。

しかし、渋沢栄一が新政府に呼ばれたのは、藩主徳川家達がかれを徴士や貢士のひとりとして推挙したためではなかった。かれは十一月四日に太政官に出頭すると、民部省の租税正《そぜいのしょう》（租税司のトップ）に任じられた。

この時代の民部省は戸籍、租税、鉱山、水利、養老などに関する事務をおこなう中央官庁で、一部大蔵省の職務と類似性をもつため、民部卿と大蔵卿とは伊達宗城《むねなり》（宇和島藩主、議定）が兼務していた。そのナンバー2、民部大《たゆう》輔兼大蔵大輔は大隈重信（佐賀藩徴士、参与）、ナンバー3の民部少《しょうゆう》輔兼大蔵少輔は伊藤博文（長州藩徴士、参与）であった。

伊達宗城は「幕末四賢侯」のひとりにかぞえられる聡明な人物（他の三人は越前福井藩主松平慶永〈春嶽《しゅんがく》〉、土佐藩主山内豊信〈容堂《ようどう》〉、薩摩藩主島津斉彬《なりあきら》）。外務掛、外国事務総督など新政府において諸外国との外交事務を担当することが多かったため、ヨーロッパ大旅行の精算もきちんとおわらせ、静岡藩でも商法会所改め常平倉の運営を成功させた栄一の理財家としての才能に早く気づいたようである。

とはいえ、栄一としては早く静岡へもどり、常平倉の仕事をつづけたくて仕方がない。

十一月十八日までに二回大隈邸を訪ねて率直に思いを伝えたところ、大隈はかつての岡部藩の代官のように無礼な態度はとらず、ありていに答えてくれた。

以下は『雨夜譚』に記された大隈のことばだが、大隈がすでに民部省は大蔵省と合併したかのように語っている点には注意されたい（実際に合併したのは明治四年）。

「この維新の世となって真成の国家を創立するには、当世有用の人々が非常の奮励努力を以てまず第一に理財なり法律なり、軍務・教育なり、その他工業、商業とかまたは拓地・殖民とか、また大蔵省の事務については、貨幣の制度、租税の改正、公債の方法、合本法の組織、駅逓《えきてい》（郵便）の事、度量の制など、その要務はなかなか枚挙する遑《いとま》もないくらいである。而《しこう》して今日この省務に従事して居る人々は足下《そっか》も僕も皆同一で、決してこの新事務について学問も経験もあるべきはずはないから、勉めて協力同心して前途の成功を期するほかはない。ゆえに今足下のいう駿河（静岡）に起した新事業というも、これを日本全体の経済から見る日には誠に瑣細《ささい》の事だから、その小を棄てて大なる方に力を尽すのが日本の人民たる一分からいっても相当する訳であろう」（傍点筆者）

大隈はこのようにして栄一に出仕するよう説得したわけだが、筆者が興味深く感じたのは、ここで大隈が「一分」ということばを用いているところだ。これはイチブやイップンではなく「イチブン」と読み、「一身の面目」という意味。『日本国語大辞典』第一版には次のような用例で紹介されている。

「家一間（軒）を両方へ質に入たが顕《あらわれ》ては、この岐阜屋道順が一ぶんがすたるとて、ほろほろ泣《ない》てござるげな」（浄瑠璃・大経師昔暦）
「女の寝間といひ金銀の有所《ありどころ》をしりて夜中の忍び入《いり》、主人は各別この家の手代ども一分立難《たちがた》し」（浮世草子・本朝桜陰比事）
「あのやうな見苦しい姿《なり》な人をわしにあはし、女郎の一分を棄てさせうといふ事か」（歌舞伎・傾城壬生大念仏）

要するに、かつての日本人は、借金で首がまわらなくなった者から商家住みこみの手《て》代《だい》、遊女たちまでが、それぞれの「一分」を守り抜くことを人生の大事と信じていた。大隈は自分にも栄一にもこの価値観が共通していることを前提に、われわれは真の国家を建設するために「大事の前に小事なし」（大事の最中に小事をかえりみる余裕はない）との気迫で「新事務」にあたるべきでそれが日本人の一分ではないか、と正論をもって説いたのである。

ここでおさらいしておくと、そもそも渋沢栄一が農民であることをやめて尊攘激派たらんとしたのは、次のような論理で新しい国家について考えたためであった。
「大騒動を起したら、その騒動によって幕府が斃《たお》れて国家が混乱する、国家が混乱すれば忠臣も顕われ、英雄も出てこれを治める」（『雨夜譚』）

長州藩の馬関攘夷戦、薩摩藩の薩英戦争など実際の攘夷実践は成功に至らなかったが、全体として幕末は栄一の予測した通りとなって幕府は瓦解し、ついに新政府が成立した。ならば日本人は英雄ならずとも新国家の建設に力を尽くすべきだ、とする議論は栄一の心に響くものがあった。

「しからば」

と栄一は答えた。

「駿河へ帰る意念を止めて朝廷に微力を尽しましょう」（同）

こうして栄一は、官途に就くことになったのであった。

ここまで書いてきて筆者が感じるのは、渋沢栄一という人間の運の良さである。

尊攘激派として行動を起こす前にその限界を悟り、追われる身となった可能性を考えて京へ流れようとしたときには、一橋家の用人平岡円四郎が栄一と渋沢成一郎を一橋家の家臣として採用してくれた。同家の当主慶喜は栄一の理財家としての才能を高く評価してくれたばかりか、慶喜が将軍、栄一が幕臣となってからは徳川昭武をパリ万博に派遣するにあたってかれに同行を命じてくれた。

ヨーロッパからの帰国直後、昭武が水戸藩を相続して栄一を藩士として採用しようとしたときにも、引退し、前将軍となって駿府に来ていた慶喜がその身を案じ、ずっと静岡藩にいられるよう水面下でとりはからってくれた。

そして同藩のうちで商法会所改め常平倉の経営に乗り出している間に太政官に名を知

られ、大隈重信の新国家建設の熱意に打たれて民部省出仕を決断する――。

ただし、これらの人生のいくつかの曲がり角でつねに栄一に救いの手が差しのべられたように見えるのは、かれが単に強運の持ち主だったからではない。

平岡円四郎が栄一を攘夷思想にかぶれていると知りながら一橋家の家臣として採用したのは、交際する間にかれの有能さに気づいていたためである。慶喜が栄一を高く評価したのは理財家としての才能と私心なき性格を気に入ったためであり、伊達宗城らが栄一の存在に気づいたのはフランスとの事務折衝の巧みさゆえのこと。

「天道に私《わたくし》なし」（天道は公平でえこひいきはない）とは『礼記』に見える表現だが、栄一はいつどのような職務を与えられても創意工夫を怠らず、結果として主家を富ますよう努めつづけたことにより、これらの幸運を引き寄せたのである。

第24話　めざすは近代日本の建設

渋沢栄一が民部省兼大蔵省に登庁するようになってすぐ気づいたのは、「省中はただ雑沓《ざっとう》を極むるのみで、長官も属吏もその日の用に逐《お》われて」いるだけ、というとんでもない乱雑さであった（『雨夜譚』）。

諸藩から参与、貢士、徴士として登用された者はなるほど俊英ぞろいではあろうが、幕末に討幕運動に挺身したことはあっても実際に政務を見た経験のある者は少なかった。しかも、かつて尊王攘夷思想をよしとしていた者たちは復古主義者でもあるため、洋風の制度を取り入れるのを嫌がる傾向にあり、そうでない者たちも旧幕府のやり方を踏襲することを好まなかった。

それが省中を無秩序にしている根本原因であったので、栄一は大輔の大隈重信に組織の改正掛を置くべきだ、と進言。明治二年（一八六九）十二月末には太政官がこれを許し、租税司からは栄一自身が改正掛に選ばれた。監督司、駅逓司《えきていし》などの部署からは複数の改正掛が任命され、栄一を掛長として改正局が立ちあげられた。

組織の人・栄一らしい発想だが、改正局に長官は置かず、卿・大輔・少輔が会議に出席しても身分の上下に関わりなく明朗公平に研究・合議をすすめるよう工夫したのも栄一であった。改正局が栄一の任官後数十日にして省中の調査機関でありトップの諮問機関でもあると定められたのは、栄一がいわゆる〈仕事の早い男〉だったことを物語ってあまりある。

ほかの部署にあって改正掛を兼務した人々を見るうちに栄一が感じたのは、改正局にもっと人材が必要だ、ということであった。そこで明治三年（一八七〇）春、栄一は大隈に申請して以下のような静岡藩士たちを登用してもらった。

赤松則良《あかまつのりよし》（のち海軍中将、貴族院議員）、前島密《まえじまひそか》（のち駅逓頭《えきていのかみ》、関西鉄道会社・北越鉄道会社社長、貴族院議員）、杉浦愛蔵（靄山《あいざん》、のち駅逓正、内務省大書記官地理局長）、塩田三郎（のち清国公使）。

ほかに文筆、技芸、語学に長じる者も採用し、その得意とするところを業務に生かすようにしたため省務は円滑にこなされるようになり、栄一はすこぶる愉快を覚えたという。

以下は、栄一が改正掛長として関与した新制度の数々である。

［租税］　年貢米やその他の物納を通貨で収税する大方針を立てる。
［駅逓法の改正］　宿場ごとに伝馬《てんま》（馬の提供）・助郷《すけごう》（近在からの労働力の提供）を置いた

旧幕府の制度を廃し、駅逓司（のちの駅逓寮）以外の信書の逓送を禁じ、郵便制度を確立した。担当者は駅逓権正《ごんのかみ》に登用された前島密。

［度量衡］ 改正掛に統一法を調査させる。

［全国測量］ 着手の順序と経費につき調査。

その他の新制度については、うまくまとめられている幸田露伴『渋沢栄一伝』に代弁してもらうことにしよう。

「貨幣の制度、禄制の改革、戸籍の編成、これらの事も調査論考し、賤民の称呼と差別取扱を廃し、国家に功徳《くどく》あるものを賞して勲章・賞牌を授くるの制を立てる等、数年の後に至つて行はれたる諸般の議を立てた。電信・鉄道を興すに就いては、外債を起すことに絡まつて、政府内にも異論の有つたのを、啓蒙的に大《おお》いに論破して、遂に其事を成立たしめたのには、改正掛の力甚だ多かつたのであつた」（傍点筆者）

功ある者に勲章を与える制度を提案したことについては、栄一がマルセイユ滞在中、大衆の見物するなかで軍人が叙勲される姿を眺め、いたく感心したことが思い出される（第15話）。

賞牌を与える制度については、パリ万博においてみごとな工芸品にグランプリ、金・銀・銅メダル、表彰状のいずれかが与えられたことを参考にしたに違いない。

栄一は民部省兼大蔵省の改正掛長というポストを得たことにより、フランスで知ったシステムのうち有用と感じたものを国政に活かせるようになったのである。「公私混同」などという表現もあるように、一般に「公（官、公務）」と「私（民、私事）」とは対立する概念として受け止められることが多い。しかし、この時代の栄一はフランスで私的に身につけた知識を公務に生かす、という幸福に浸ったのであった。

また、栄一と鉄道との関係についていうと、フランスへの往路にスエズに接近した頃、その関心はスエズ運河の開削という国際的大事業にむけられていて、鉄道に対する興味はまだめばえていないようであった（第14話）。

しかし栄一は『航西日記』一八六七年七月一日の項に、あらまし次のように書いている。

一八五五年のパリ万博に品物を出品した人数は二万二〇〇〇人。一八六二年のロンドン万博への出品者は二万八〇〇〇人。ところが二回目のパリ万博の出品者は六万人、産物の量は二万八〇〇〇トンを下らなかった。

「かくのごとくあまたの品物を迅速に陳列することができたのは、欧州の大地に蒸気機関車鉄道を新設せしによる。蒸気機関を動かす汽力は千馬力に及び、かくのごとき大事業を短期間で成しとげたのは皇帝の褒賞にあずかるべき功績である」（大意）

このときから栄一は、鉄道の強大な輸送力に注目するようになっていた。しかもその後の栄一はパリ滞在中に二万両を予備金としておく必要を感じ、フランスの公債証書と鉄道債券を買っておいた。そのような経験からかれは、鉄道会社を育成するには鉄道債券を発行して資本を集めればよい、とすでに知っていたのである。

さらに栄一は、貿易問題にもかかわった。

日本は長く鎖国をつづけてきたため、ヨーロッパ人の好む日本の産物といえば、長崎の出島からジャワのバタビアやオランダ本国へ帰る人々が購入する日本茶や煙草くらいしかなかった。幕末に開港してからもさしたる輸出品を持たない状況がつづいていたが、一八四〇年代から五〇年代にかけてフランス、イタリアでは蚕に奇病が発生して壊滅的な打撃となった。

蚕を育てて生糸を取るには、業者から蚕卵紙《さんらんし》（蚕紙、蚕種とも）を買い、そこに産みつけられている卵を蚕に育てる必要がある。フランス、イタリアが東洋に蚕卵紙を求めはじめたため、日本では慶応元年（一八六五）から輸出量が急増。これが蚕卵紙の粗製乱造につながり、蚕卵紙の質の悪さは生糸の粗悪さにつながる。その傾向が明治三年（一八七〇）になってもつづいていたため、横浜の仏蘭西八番商会のドイツ人ガイセン・ハイメルが大隈にクレームをつけた。

大隈はハイメルの批判を改正掛に伝えて生糸の改良を指示したが、

「養蚕の事に就《つい》て知つて居る人が、一人も無かつた」（澤田章編『世外侯事歴 維新財政談

附・元勲談』中の栄一のコメント）

役人たちはほとんどすべてが武士の出であるのに対し、養蚕は伝統的に養蚕農家のおこなうものとされていたからである。

ただし、ひとり栄一のみは血洗島村の実家でも養蚕がおこなわれていたこと、藍の買い付けに出むく信州では特に養蚕農家が多かったことなどから、「養蚕の事を能く知つて居つた」（同）。そこで改正掛では各開港場に輸出品検査所を設けて商品の信用を保つよう心掛け、同年八月には「蚕種製造規則」を政府から公布するに至った。

しかも栄一という人物の面白いところは、当面の問題を解決するだけでよしとはせず、さらに前進しようと考える点にある。生糸の質を安定させることができれば、リヨンで見学した織工が七、八〇〇〇人も働く大規模な製糸・紡績工場の経営も可能になり得る。

ことに栄一は、ルーアンで見学した木綿織物製造所では蒸気機関による機械織りで一時間に二九メートルもの量を織ると知り、驚いて『巴里御在館日記』に書きこんだことを忘れてはいなかった。

そこで、フランス式の製糸場を設ければ初めは出費が多くともいずれ大きな利益を生ずるだろう、と大隈に提案すると、実行せよ、との返事。栄一は、ハイメルの紹介でブリュナーというフランス人技師をお雇い外国人として迎え、この大計画の実現にむかって歩みはじめた。

この計画については後述するが、さらに栄一が実現をめざした国策は左のように多岐にわたった。

「宝源局といふものを設けて、農業・工業・鉱業等の発達を計り、実業実技の教育を施し、博物館・植物園・動物園を立て、専売特許法を立て、著作権法を設け、養育院を立て、職業紹介所を設けようなどと、文明の増進、産業の開発、国家の富強の為に、あらゆる施設を為さうと主張した」（幸田露伴『渋沢栄一伝』）

博物館、植物園、動物園を造ろうというのも、パリでの視察に基づいた発想だが、これがいずれは実現したことを思うと、栄一が百科全書派的知識人として近代日本の建設に貢献すること虹の如くであったことが知れよう。

それにしても、本稿で紹介した改正案のほとんどが明治二年暮から三年七月頃までの短期間に出されたものであることには、あらためて驚かざるを得ない。

三年七月には民部省と大蔵省は分離して卿・大輔・少輔の兼任もなくなり、栄一は大蔵省の人間になって八月二十四日に従六位、大蔵少丞《しょうじょう》に任じられた（改正掛は四年八月まで大蔵省内に存続）。少丞は大蔵卿・大輔・少輔・大丞に次ぐ地位で大録《だいさかん》の上である。

大蔵卿は伊達宗城、大輔は大隈重信、少輔は伊藤博文、大丞は井上馨《かおる》（長州藩士、のち外務・農商務・内務・臨時総理・大蔵の各大臣、侯爵）、得能通生《とくのうみちお》（薩摩藩士、のち紙幣局長・印刷局長）、上野《うえの》景範《かげのり》（同、のち元老院議官）の三人、同役の少丞には安藤就高《あんどうなりたか》（大垣藩士、のち会計検査院副長）がいた。

この時代の新政府最大の実力者は、参与から参議に昇っていた大久保利通。大隈と伊藤はともに築地に住まい、大久保の信任を受けて飛ぶ鳥を落とす勢いであった。

また栄一は神田猿楽町の住人であったものの井上馨とともに大隈・伊藤派と見られ、あわせて「築地の梁山泊《りょうざんぱく》」と形容する声もあった。梁山泊とは『水滸伝《すいこでん》』に記述される豪傑たちの巣窟のことだが、この場合は近代日本の建設のために闘志を燃やしていた男たちに贈られた賛辞である。

第25話　富岡製糸場の建設

渋沢栄一の少年時代の学問の師であり十歳年上の従兄でもある尾高新五郎については、明治二年（一八六九）三月中旬、上州手計村から渋沢栄一の妻子をつれて静岡藩へ移り、当時栄一が静岡藩に設立させた商法会所で働きはじめたところまで紹介した（第22話）。

史料がないため断定しにくいのだが、間もなく新五郎はよんどころない事情から静岡を去り、帰郷した公算が大である。というのも明治三年冬のうちに、手計村をふくむ武州榛沢《はんざわ》郡とその周辺には「備前堀《びぜんぼり》事件」という騒動が発生したからだ。

備前堀とは、徳川家康の江戸入り直後に関東の治水を担当した伊奈備前守忠次《いなびぜんのかみただつぐ》が掘った堀、という意味。もともと烏川《からすがわ》の水を下流の村々へ分け与えるための水路であったが、時代が移って烏川が利根川に飲みこまれると、備前堀の水の取り入れ口へは利根川の水が大量に流れこみ、付近の村々は洪水に悩まされるようになった。そこで堀をふさいだところ、今度は用水枯渇の害が発生してどうにも埒《らち》があかない。

そこで明治二年に着工されることになったのは、榛沢郡の向島《むこうしま》から新たな堀を掘り、手計村、新戒村《しんかいむら》、その地を貫いて小山川につなぎ、さらに堤を造って備前堀の下流に通じさせるという大工事。しかし、この堀が完成すると向島上流の仁手村《にってむら》などは田に水が引けなくなる上、手計村、新戒村ほかは自村に用もない堀を造られて利根川の洪水にまきこまれる危険だけが増す。

各村の村民たちは、近在の天領（旧幕府直轄領）を集めて発足した岩鼻県の県令や参事に工事中止を求めた。だが、テレビ時代劇中の農民が、「許して下せえ、お代官さま」と土下座する場面がよくあるのは、江戸時代には官尊民卑の感覚が強かったことに由来する。明治維新後もこの感覚は強くなりこそすれ薄くはなっておらず、岩鼻県は刑吏に名主たちを脅迫させて、

「新工事につき村方一同苦情なし」

との請書《うけしょ》を出させた（幸田露伴『渋沢栄一伝』）。

これを聞いて立ったのが、尾高新五郎その人である。彰義隊と振武軍に参加して新政府軍と戦った経験のある新五郎は、改めて新政府に挑戦する肚《はら》を固めたのだ。

「乃公《おれ》に任せよ、悪くはすまいぞ」（同）

といって関係一四ヵ村の人々からの連判状を託された新五郎は、岩鼻県庁など無視して東京へ出ると、同年十一月初めに静岡から上京して民部省へ出仕したばかりの栄一の家に厄介になり、民部省への抗議を開始した。

「新五郎は備前堀の最初からの変遷、利害、県吏の妄断・脅迫、人民の憂患・恐怖・憤

怒までを、雄弁滔々《とうとう》、理有り力有り、意気精彩有り余るまでに述べ立てた。此訴《このうつたえ》を聴いたのが後に明治の大法官として一世に仰視された大審院長玉乃《たまの》世履《せいり》だつたから面白かつた」（同）

元岩国藩士玉乃世履は、のちに「今大岡」すなわち大岡越前守の再来といわれる名判事である。訴状のみごとな論旨と新五郎の知性に感じ入り、これだけの人材を民間に埋もれさせておくよりは本省に採用すべきだ、と思いながら書類にふたたび目を落とした玉乃は、新五郎の肩書きが「渋沢租税正厄介《やっかい》」とあるのに気づいた。厄介とは、その家の世話になっているということ。

そこで玉乃は次に栄一と会ったとき、尾高新五郎とはどういう者かとたずね、栄一は率直に答えた。そこで玉乃は、新五郎を民部省監督権少佐《ごんのしょうすけ》に任じた。なんと新五郎は民部省へ抗議に出向いた立場であったのに、見こまれて同省の役人に採用されたのだ。こんな場面をはさんで備前堀事件は公平に裁かれ、新工事は中止とされて一件落着した。

新五郎の民部省出仕について、やや詳しく眺めたのは、前話で述べたように栄一が明治三年（一八七〇）七月に大蔵省の人間になったあと、民部省の担当者として製糸改良の実務に当たったのが新五郎だったからである。かれも養蚕や生糸の生産に通じていたため、栄一から推されて製糸改良問題の解決を引きついだ形になったのだ。

フランス人ブリュナーとともに製糸場の建設地を探しはじめた新五郎は、上州の高崎、前橋、下仁田などを巡歴したあげく、富岡（群馬県富岡市）の陣屋跡地を用地と決定。約五万五四〇〇平方メートル（およそ一万六八〇〇坪）の土地を買い上げ、建築師バスチャンに設計を依頼して、日本初の本格的器械製糸工場「富岡製糸場」の建設にとりかかった。

明治四年三月着工、翌年十月に主要部分が竣工したこの製糸場の初代工場長こそ、尾高惇忠《あつただ》と名乗るようになっていた新五郎にほかならない。

平成二十六年（二〇一四）六月、「富岡製糸場と絹産業遺産群」が世界遺産に登録されたことは記憶に新しいが、当時の富岡は武州の本庄と信州の追分とをむすぶ下仁田越《ごえ》（中山道の脇街道）の小さな宿場だったから、地元民は文明開化とはまだ無縁に生きている。さまざまな難癖をつけて、尾高惇忠を悩ました。

いわく、木材を求めて妙義山の森林を伐採する、しかも異人のためにやるとはとんでもないことだ、天狗さまの祟りがあるぞ。それでなくとも異人などに宿を貸すものか。大体、そんなひろい土地を買い占めるとは山師ではないのか。

妻をつれて現地入りしたブリュナーは、天狗信仰など初耳だったであろうからさぞや面食らったに違いない。それでも木材の伐り出しの日に天狗が怒ることはなく、天気はとても良かったので、地元民たちとのトラブルは起こらずに済んだ。

西洋風の工場は煉瓦《れんが》建造物でなければならないが、ここで問題になったのは、日本人が煉瓦というものを知らないことであった。そこで惇忠は手計村に近い明戸村《あけどむら》の韮塚直《にらづか》二郎に命じ、同村の瓦師を富岡につれて来させた上でブリュナーから煉瓦とはどういうものかを講釈させた。

煉瓦は、土を高温で焼きあげて作る点では陶器とおなじ。幸い富岡の一里東の福島町にいい土があったので、これによって初めて国産の煉瓦が作られた。レンガの「ガ」に「瓦」という字が当てられたのは、瓦師の努力によって国産煉瓦が誕生したためかもしれない。

セメントもなかったので、惇忠は手計村から堀田鷲五郎・千代吉という腕利きの左官親子を招き、漆灰の高級品を工夫させてこの苦境を打開することに成功した。これらの奮闘の結果を幸田露伴はこう述べている。

「遂に洋館三棟を組上《くみあ》ぐるを得るに至つた。これは殆《ほとん》ど我邦《わがくに》に於ける煉瓦建造物の最初だつた。それで、明治五年になつて、製糸工場一棟、長さ三十六間幅八間（六五・四メートル×六・五メートル）のものから繭《まゆ》置場二百坪、其外《そのほか》に三百人の工女を置くべき部屋、倉庫・乾燥場・貯水池等も漸次に出来、そして機械も据付《すえつけ》られた」（同）

日本式の建築物は木造なので、柱を林立させないとひろい室内空間を現出させることはできない。対して富岡製糸場の大工場は、三〇〇坪近いひろさがあるというのに煉瓦の頑丈な壁に支えられているため一本の柱も必要としなかった。

地元民は大煙突から噴き出る黒煙を見上げて唖然茫然としていたが、ブリュナー、バスチャン、機械師ベランが赤ワインを飲むのを目撃するや、またもや悪い噂を流した。あの異人どもは血の酒を飲む悪魔で、かれらのなすところはすべてキリシタン伴天連《バテレン》の魔法だ、と。話は次第にオーバーになり、あの異人どもに近寄ると生血を吸われる、という吸血鬼伝説まがいのデマに育っていったため、工女を募集しても応募する者がひとりもいないという深刻な事態となった。

せっかくの大工場が出来上がったというのに繭から糸を取って生糸にするのは雇い入れたフランス人女性四人のみ。これではならじと惇忠は十三歳の自分の娘・勇子、同族の尾高治三郎の妻・若子、武州の豪農青木伝二郎の母・照子ほか三〇名の工女を雇い入れた。

やがて、その苦境を救おうとする心強い味方もあらわれた。「築地の梁山泊」における渋沢栄一の仲間、大蔵少輔伊藤博文と大蔵大丞の井上馨である。このふたりが今は山口藩となっている旧長州藩の士族たちから女子二〇〇名を募って工女としたため、人手不足は一気に解消されることになった。

その工女のうちに井上馨の姪ふたり——鶴子と仲子が加わったことも、栄一発案の官営初の模範工場を「築地の梁山泊」グループがなんとしても失敗させない、と決意していたことをうかがわせる。

もとより栄一自身が、富岡製糸場の経営に携わったわけではないから、その成功を栄一の功績のひとつとしては言い過ぎになる。

しかし、粗悪な蚕卵紙の問題から生糸の改良、近代的製糸工場の開設へとゆくべき道を指示したのは栄一であり、官営初の模範工場が栄一の従兄・尾高惇忠の苦心によって成功をおさめたことは、「官業を以て民業の模範を示し、幕府時代の旧型を破り、以て明治の百般商工業発達の先鋒となり、随《したが》って日本の社会全体を新意気に燃え立ちて進歩するに至らしめた」（同）。

江戸時代の商人たちは、いかに富裕であったところで武家政治を支える縁の下の力持ちでしかなかった。しかし、渋沢栄一はサムライ・スピリット（士魂）と理財の才をあわせ持っていた珍しいタイプの日本人であり、「和魂漢才」ならぬその「士魂商才」は、この頃から国造りのために発揮されはじめたのである。

栄一自身は「士魂商才」について、左のように語っている。

「人間の世の中に立つには、武士的精神の必要であることは無論であるが、しかし、武士的精神のみに偏して商才というものがなければ、経済の上から自滅を招くようになる。ゆえに士魂にして商才がなければならぬ」（『論語と算盤』）

その栄一は、古いつき合いの尾高惇忠をやはり士魂商才ある者とみなし、かれが製糸場作りに才気を見せる姿を静かに見つめていたのであったろう。

なお明治八年（一八七五）にこの製糸場がお雇いフランス人との契約をおえて日本人独力の運営に変わったとき、大蔵大輔になっていた松方正義《まつかたまさよし》は惇忠ににこやかに告げた。

「君の面《かお》も立派に立つたが、予の器量も為《ため》に上《あが》つた」（『渋沢栄一伝』）

薩摩藩の出身者にしては、しゃれた褒め方である。

第26話　廃藩置県前後の日本経済

ここで時計の針を明治三年（一八七〇）十一月、すなわち渋沢栄一が大蔵少丞となって四ヵ月後までもどし、大蔵省の内情をみてゆく。

この月、大蔵少輔伊藤博文は貨幣制度を改正するための準備としてアメリカ視察旅行に出発した。

それに先立つこと三ヵ月、九月二日をもって大蔵大輔大隈重信は参議に昇任。その大隈は伊藤不在で空席となった大蔵少輔に、これまで大蔵大丞兼造幣頭《ぞうへいのかみ》として大阪に赴任していた井上馨を推薦して認められた（井上馨侯伝記編纂会編『世外井上公伝』第一巻）。だから厳密にいえば、井上馨が大隈・伊藤・渋沢栄一ら「築地の梁山泊」の一員となったのは上京して以降のことである。

天保六年（一八三五）生まれと栄一より五歳年上の井上はまだ聞多《もんた》と称していた元治元年（一八六四）九月二十五日夜、長州藩の内部抗争から敵対した俗論党（佐幕派）の刺客三人に山口で襲われ、背、後頭部、右頬から唇にかけて、下腹部、足の数ヵ所を斬られるという瀕死の重傷を負った。たまたま山口に来ていた美濃の浪士で蘭医（オランダの医学を学んだ医者）でもあった所郁太郎《ところいくたろう》が傷を焼酎で洗い、畳針で傷口を縫ってゆくと、その数なんと五〇針に及んだ（同）。

そのため、その後撮影された井上の写真は顔に修整を加えたものばかりとなるが、この人物が栄一に与えた第一印象は「あまり（に）ひどい人」というものであった（澤田章編『世外侯事歴 維新財政談 附・元勲談』）。

ふたりの初対面は、伊藤の渡米直前、築地の伊藤邸でのこと。栄一が玄関に入ると奥から出てきた洋装の男が、

「オヽ貴様渋沢か」（同）

と馴れ馴れしく話しかけてきた。栄一が恭《うやうや》しく礼をしても、井上は一向頓着せず、

「おれが井上だ、どうかよろしく頼む」

というややぞんざいな態度であったので、栄一は「あまり（に）ひどい人だ」と思ったのだ。そんなふたりがいずれ一蓮托生の仲になっていったのも歴史の面白さである。

懸案の貨幣制度改正はふたりばかりか大蔵省全体のテーマであったが、方向性を決めるに当たっては伊藤博文がアメリカから次々と送ってくるレポートが大きな示唆を与えた。この文書類に栄一がどのように関与したかは『雨夜譚』の次のくだりから知れる。

「一行がアメリカへいってだんだん現行の法規、条例等を調査して、公債の方法はかくかくでその理由は云々《うんぬん》、また紙幣の引換は全国の国立銀行を創立させてこれによって金

融の便利をつけ、あわせて紙幣兌換《だかん》の事を取扱《とりあつか》わせ、その銀行の条例はかように制定せられたい、また貨幣問題については、（略）東洋は銀貨国だから銀を貨幣の本位にするが適当であるということに一定して居ったが、さてアメリカに来て見るとアメリカも金が本位に立ってあり、ヨーロッパの国々も多くは金貨を本位としてあるから、（略）日本も金に改定《(せ)》しられたい（以下略）」

これら伊藤からの報告は大蔵省への意見具申であり、文書の往復は改正掛が取り扱ったから、その掛長である栄一が論点を整理して自分の調査を原稿に付記し、連署して井上馨に上げる、という流れをたどった。そのうちのある報告書に、アメリカでは一八六〇年頃、多くの紙幣を増発したため価値が大きく下落して国家的危機となったがナショナルバンクを造ってこれを乗り切った、とあり、そのときの紙幣と金貨の交換法、手続きの仕方が詳細に語られていたことは、いずれ栄一が大いに参考とするところとなる。

明治四年（一八七一）五月に伊藤が帰国すると、前後して大蔵卿伊達宗城は欽差《きんさ》大臣（特定の事件の処理のために置かれた大臣）に任命されて清国におもむき、次の大蔵卿には大物参議の大久保利通が就任。大蔵少輔から大蔵大輔に昇った井上馨は、大久保に仕える身となった。

その頃、新生日本の最大かつ緊急のテーマは「廃藩置県」であった。明治二年（一八六九）一月二十日から六月にかけて政府は二七四藩の全藩主から土地（版）と人民（籍）

を朝廷に返還させ、これを「版籍奉還」と称した。その後、藩主は知藩事《ちはんじ》という名の地方長官に任命されて国から藩政を委任されていたが、財政悪化や農民・不平士族らの不穏な動きにより、より強力で中央集権的な政府が願わしい事態となっていった。

それを一気に解決するプランが廃藩置県であり、明治四年七月十四日に発布された詔《みことのり》によって二六一藩が廃されて県が置かれ、各県には政府任命の知県事《ちけんじ》（のち県令）が赴任することとなった。その結果、全国は三府三〇二県となり、これが年末までに統廃合されて三府七二県となった。同時に知藩事の職は廃止され、かれらには東京在住が命じられたため、ここに元藩主たちと旧領地との関係は断ち切られた。

かつての幕藩体制を「幕」が「藩体制」を統括した支配体制と考えれば、「幕」は大政奉還によって過去の存在となったものの「藩体制」は明治になってからも存在し、知藩事たちがなおも封建的な権力を保持して各地に居すわっていた。いわば廃藩置県は、明治四年まで残存していたその「藩体制」を完全に解体するための試みであった。ということは、下手をすると各地に不平士族たちが反旗をひるがえして暴動に及び、結果として戊辰戦争につぐ内戦が勃発する危険があった、ということでもある。

そのため政府は薩摩、長州、土佐の三藩から兵力を献上させ、これを御親兵（天皇が直率する兵力、のちの近衛兵）としてから廃藩置県をおこなうほど神経をつかっていた。

そんな危険性を孕《はら》んだ計画がみごとに成功した理由は、争いを好まぬ日本人の民族性もあろうが、知藩事たちに家禄と華族としての身分が保障されたことの方が大きかったのではなかったか。

そして、栄一が廃藩置県の準備段階でにわかに多忙になったのは、諸藩が発行していた藩札をすべて回収し、新紙幣に交換する必要に迫られたためであった。

理屈をいうなら、藩札とは藩主が領地内限定で通用させた紙幣なのだから、藩主に処分させればよい。しかし、大蔵省がそんなことを主張すると「竹槍蓆旗《むしろばた》の騒動を見るに至るは必然」（『雨夜譚』）と思われたので、国が藩主あらため知藩事に代わってこれを回収し、新紙幣に交換することになったのだ。

その交換の方法は七月十四日の廃藩置県の詔の発布と同時に発表すべきだ、ということになったので、直前の十三日は祝日であったが、栄一は特に出勤して準備に没頭した。十四日に発布された「諸藩紙幣引換ノ事」の文面は左のようなものとなった。

「貨幣は天下一定の品にこれあるべきところ、従来諸藩に於て、各種々の紙幣を製し、その通用価位《かい》（値段）区々《まちまち》に相成り、不都合の事に候。今般廃藩についてはすべて今七月十四日の相場をもって、追ってお引き換え相成り候条、この旨かねて相心得べき事」（原文漢字片仮名混じり、読み下し筆者。『太政官日誌　明治四年附纂（上篇）』、橋本博編著『改訂　維新日誌』第三巻所収）

この時点での藩札は一六九〇余種に及び、金額は当時通用の政府紙幣（後述）に換算して三八五五万一一三二円であった（『改訂 本邦通貨の事歴』）。

ちなみに、明治政府がこれまでに発行した紙幣は次の二類九種である。

一、**太政官札**（一〇両、五両、一両、一分〈四分の一両〉、一朱〈一六分の一両〉）
　発行高四八〇〇万円

二、**民部省札**（二分、一分、二朱、一朱）
　発行高七五〇万円

また、廃藩置県後の明治四年十月から三十二年十二月までの間には次の三類一八種が発行された。

三、**大蔵省兌換証券**（一〇円、五円、一円）
　「一」、「二」が不換紙幣だったのに対し、この証券は兌換紙幣として発行され、六八〇万円を製造。のちに不換紙幣として五一万余円を発行。

四、**開拓使兌換証券**（一〇円、五円、一円、五〇銭、二〇銭、一〇銭）
　発行総額二五〇万円、そのうち一三二万円を開拓使が開拓事業に使用。

五、**新紙幣**（一〇〇円、五〇円、一〇円、五円、二円、一円、半円、二〇銭、一〇銭）

駐日ドイツ公使フォン・ブラントの紹介により、同国人ドンドルに五〇〇〇万円の製造を依頼。目的は「一」、「二」の紙幣と交換し、精密な印刷技術によって偽造を防止するため。のちに五〇〇〇万円の製造を追加注文。

栄一は藩札を最終的に「五」の新紙幣に切り換えてゆくのだが、その苦労を幸田露伴はこう語る。

「各藩は各藩で藩債を有し、又藩の紙幣即ち藩札を発行してゐた。其藩債・藩札を中央政府の公債と貨幣に引換へる場合に、新旧価値の判断が正当に、且《かつ》円滑に実行されぬ時は、其藩府と人民とは非常な危険に曝《さら》されねばならぬのであり、経済上より引いて政治上の混乱をも惹起する虞《おそれ》が有つた。井上の命によつて、栄一は（略）廃藩布告の政治的発令と相応じて藩債・藩札の経済的移行を無理の無いやうに取計らふ実務順序を立てた。そして此一大事は順当に行はれた。勿論其功を栄一のみに帰すべきでは無いが、夙《はや》くより官民の間の経済事情に能《よ》く通じて、兼ねて常識に富める栄一の周到なる考慮と穏和なる処置とが、種々の摩擦扞格《かんかく》（意見の不一致）の起るべき場合を平夷《へいい》（平穏）に済ませたに力の有つたことは誰も認めたことであつたろう」（『渋沢栄一伝』）

廃藩置県の発布からちょうど一ヵ月後の同年八月十三日、栄一が大蔵少丞から大蔵大丞に昇進したのは、この功績に対する褒賞人事であったに違いない。

第27話　傲慢な上司・大久保利通

明治四年（一八七一）七月に廃藩置県をおこなった当時、日本という国の国家予算はなきに等しかった。

藩を廃して県にしたところで、ただちに歳入が増すわけではない。国庫の度支《たくし》（会計収支）に一定の限度も設定されていなかったから、何事においても「進歩」を旨とした各省は、深い考えもなく大蔵省に大口の支出を要求するばかりであった。

このような悪しき傾向を渋沢栄一が「俗にいう取ったり使ったり」（『雨夜譚』）と表現しているのは、筆者にはまことに興味深い。第一の故郷武州の血洗島村あたりでは「取ったり使ったり」といったのであろうが、江戸弁ではこれを「取ったか見たか」といい、「手に取って見るか見ないうちに、あっという間に金などを使ってしまうこと喩《たとえ》」である（潁原《えばら》退蔵著・尾形仂《つとむ》編『江戸時代語辞典』）。

陸海軍は軍備充実のために費用を要求、司法省は裁判所の拡張を願い、文部省は教育令の普及をはかるために大蔵省にまとまった額面の出費を求める。

「需《もと》むる所は八方でこれに応ずるは一カ所だによって、井上（馨、大蔵大輔）も大いにこれに苦慮したことであったが、大久保（利通、大蔵卿）はとかく財政には注意せずして各省の需要に応じてその費用を支弁せんとする風だによって、自分は独りこの間に居て特に苦慮尽力をしました」（『雨夜譚』）
と栄一がやや苦々し気に回想しているのは、大蔵省ナンバー4《フォー》の大蔵大丞である自分が同僚たちと合議して歳入・歳出の統計表を作り、「量入為出《りょうにゅういしゅつ》」（入るを量《はか》って出だすをなす）の方針によって各省の給費に定額をもうけようとしているのに、トップの大蔵卿が出費に無頓着なのは困る、と思っていたからである。
　そして九月を迎えると、ついに栄一は見解の相違から大久保大蔵卿と衝突することになった。これについては『雨夜譚』岩波文庫版にして二ページ半の栄一なりの回想があるが、九月のことを八月とするなど記憶の誤りが二、三あるので、より客観的な井上馨の伝記『世外井上公伝』第一巻からおなじ問題を記した部分を引いてみよう。
「その後太政官で予算会議の結果、大久保は陸軍に約八百万円、海軍に約二百五十万円を支出することを承諾し、而《しこう》して帰省《きしょう》の上、之《これ》を大蔵大丞であつた谷鉄臣《てつおみ》・安場《やすば》保和《やすかず》・渡辺清・岡本健三郎・渋沢栄一等に告げた。然《しか》るに予算の事は大蔵省では既にその法則を立て、収入が決定した上で之を確定する方針であるから、長官の命令であるからとて、さう直《す》ぐに御請《おうけ》をするわけには行かなかつた。そこで渋沢等はこれに答えて、『唯今此《こ》処《こ》で直《す》ぐに御確答は出来難い。各〻《おのおの》その席に戻つて調査した上で、精々《せいぜい》御希望に添ふやうに致しませう。殊《こと》に今日は井上大輔も不在であるから、後《のち》に篤《とく》と相談致しませう。』といつたところ、大久保は殊の外不機嫌で、『今日太政官の議に上り、これだけの予算が無くては何等《なんら》施設も出来ない。故《ゆえ》にこの予算は今直ぐに決めて貰《もら》はねばならぬ。』とのことであつた。渋沢も聊《いささ》か腹に据兼《すえか》ねたと見え、『上長官《かみ》に対して甚だ敬を欠くやうではあるが、抑々《そもそも》予算と申すものは、左様なもので無いと思ふ。即ち収支を併《あわ》せ論ずることが予算であつて、これだけの収入がある故に、之を如何《いか》に分配するかといふのが予算の本意である。然るに今収入の途未《みちいま》だ究める所が無いのに、唯《ただ》支出することのみを論ずるのは、小官の甚だ危《あやぶ》む所である。陸海軍の経費を定めることは固《もと》より当然ではあるが幾許《いくばく》の額を捻出し得られるかを調査した上で之を決答するも、猶《なお》遅しとはいひ難い。』と答えると、大久保は激怒して、然らば渋沢は陸海軍を疎害するのであるかなどと、聊か脱線した叱責の仕様《しよう》でその日は済んだのであつた」

このような大久保利通の性格を露伴が、

「切れる人ではあつたが、勘定には暗く、所謂《いわゆる》『握《つか》み出し勘定』で捌《さば》いて行く」（『渋沢栄一伝』）

と表現しているのは、つかんで投げるように金を手荒く使う人物、という意味である。

また栄一は、激怒した大久保に対して恐れ入ったりはせずこう答えた、と『雨夜譚』はいう。

「イヤ決して陸海軍の経費を支出せぬという意味ではありませぬ、勿論、陸海軍がなくては国を維持することの出来ぬということも存じて居ます。しかし今大蔵省は一歳（一年）の歳入統計が出来ぬ前に、支出の方ばかり心配してしかも巨額の定額を立てるのは、第一に会計の理に悖《もと》ってすこぶる危険の処置であろうと思惟《しい》して腹蔵なく愚見を述べたのであります。もとより御採用の有無は大蔵卿の御胸中にありましょう」

栄一の大久保大蔵卿に対する返答は理に叶った堂々たるもので、精神のバランスの良さと深い知性とがよくあらわれている。

しかし、栄一は大久保とのこのやりとりから大蔵官僚であることに嫌気が差し、官途を辞することを考えはじめた。

栄一がそう考えたのは、これが初めてではなかった。大蔵省に通商司という部局が置かれ、全国八都市に有力商人を集めて通商会社、為替会社を設立させて全国的な流通統制をおこなおうとした試みは廃藩置県と同時に中止されたが、大蔵権大丞《ごんのだいじょう》時代の栄一は、重信や伊藤博文とともに大阪へ出張してこれら有力商人たちと何度も面談したことがあった。

ただしこれは「官」が「民」を育てようという試みだから、ただでさえ官尊民卑の風潮の根強い時代のこと、有力商人たちは栄一に対し、旧来の「卑屈の風」で応対するのみであった。

「在官の人に対する時にはただ平身低頭して敬礼を尽すのみで、学問もなければ気象(性)もなく、新規の工夫とか、事物の改良とかいうことなどは毛頭思いもよらぬ有様であるから、自分は慨歎の余り、現職を辞して全力を奮って商工業の発達を謀《はか》ろうという志望を起したのであります」(同)

栄一は、今の商人たちに商工業を株式会社に改良進歩させる能力はない、ならば自分が官途を退いて身を商業にゆだね、日本の将来の商業に一大進歩をうながそう、との壮大な志を抱いたのである。

だが、大阪からの帰途その思いをうちあけられた大隈や伊藤は、志には賛成しても栄一に大蔵省を去られてはなにかと差し支えを生じるので、

「今少し見合わせろ」

としか答えず、栄一もその指示に従った。というのに栄一が大久保とのやりとりからふたたび官途を辞する気になったのは、次のような理由からだった、と『雨夜譚』はいう。

「大久保は今国家の柱石ともいわれる人で現に大蔵省の主権者でありながら、理財の実務に熟せざるのみならず、その真理さえも了解し難い、井上は切に拮据《きっきょ》(努力)して経営しつつあるが、(略)大丞以下の職員は多く大久保の幕僚であるから、井上の趣旨を遵奉《じゅんぽう》してその職に勉強して指揮に従うことは甘んじない、しかる時は大蔵省は向後《きょうこう》不規

則な会計事務を取ってついに永続せざるのみならず、世間の識者に笑われるような始末に陥るのほかはない」

このくだりから明白に読み取れるのは、かつて有力商人たちへの失望感から商業界への転身を考えた栄一が、おのれの経済音痴ぶりを棚に上げて部下たちを問答無用で使おうとする大久保を嫌悪するあまり、ふたたび商業界への転身を夢見はじめたという心の揺らぎである。

それにしても、栄一はどうしてここまで大久保を嫌ったのか。そう考えると思い出されるのは、栄一が十七歳だった安政三年（一八五六）、岡部藩の若森という代官に五〇〇両の御用金の上納を命じられた際のやりとりである。

御用金のことは一応父に伝えて、その後で返事をお伝えします、と応じた栄一に、「十七にもなって居るなら、モウ女郎でも買うであろう。シテ見れば、三百両や五百両は何でもないこと、（略）一旦帰ってまた来るというような、緩慢《てぬる》な事は承知せぬ」などと若森代官は「上から目線」の横柄な口調で反論したが、栄一は頑としておのれの主張を貫いたのであった（第2話）。

栄一が晩年まで若森という代官の名を忘れなかったのは、金がないから御用金がほしいのに傲慢な口調で上納を命じる尊大な態度を激しく憎んだために違いない。このような愚かな代官とも真っ向から論争することを許されない農民階級に生まれた栄一は、その後武士から大蔵官僚へと転身した後も自身の理財の才をさらに磨き、大蔵省ひいては国家のために矜持《きょうじ》をもって働きつづけてきた。大久保はその栄一にかつての若森代官のような故なき傲慢さで接したため、すっかり白眼視されてしまったのである。

そこから大蔵省の将来まで不安に感じた栄一は、浜松町から海賊橋《かいぞくばし》（元四日市町、青物町と茅場町の間）近くに転居してきた井上馨に面会し、本稿に紹介した事情を伝えて、明日辞表を出す、と告げた。

すると井上は、ねんごろに助言してくれた。

「当冬大久保は暫時東京に不在と為ることとなつてゐるから、（略）この際一時耐忍《たいにん》して予算を調査し、且《か》つ目下の急務たる省の施設を促進し、而して後去ることにしては如《いか》何《が》。先《ま》づそれまでは辞表は控へて置いたが良からう」（『世外井上公伝』第一巻。傍点筆者）

罷《や》めるときは、おれも一緒に罷める、とさえ井上はいった。

栄一はこの言に従うことにするのだが、傍点部分は大久保が右大臣岩倉具視を特命全権大使とする遣米欧使節団（岩倉使節団とも）に加わって海外へ長期出張する、という意味である。参議木戸孝允（桂小五郎改め）、工部大輔となっていた伊藤博文ら四六名に従者一二名、留学生四九名を加えた一〇七名が横浜を出港したのは明治四年（一八七二）十一月十二日のことであった。

ところで大久保が主張した陸軍約八〇〇〇万円、海軍約二五〇〇万円という予算案は、明治二年に設置されて陸海軍を統轄した兵部省《ひょうぶ》において予算総額八五〇万円とし、陸軍常額八〇〇万円、海軍常額は五〇万円とされていたのに二〇〇万円ほど色を着けたものであった（篠原宏『海軍創設史』）。

ところが大久保不在となった明治四年十月から五年十二月までの軍事費は、兵部省が陸軍省と海軍省にわかれたこともあり、陸軍省七六九万九三四七円、海軍省一八六万九〇四三円、計九五六万八三九〇円までふくらんでしまった（同書所収、「海軍経費一覧」より）。

この合計金額は歳出の一六・五六％に相当し、そのパーセンテージはぐんぐん上がって二十年後には歳出の二九・八二％に達するに至る。

近代日本は渋沢栄一のいう「量入為出」主義ではなく、大久保利通派の「握み出し勘定」主義によって軍事大国への道を歩んだともいえそうである。

第28話　不意の訪問客・西郷隆盛の器

明治四年（一八七一）九月下旬、すなわち大蔵卿大久保利通と衝突してから月が改まらないうちに、渋沢栄一は大阪へ出張することになった。これは別に井上馨が栄一を大久保から引き離しておこうと思って図ったことではなく、大阪に置かれた大蔵省の付属機関造幣寮に起こっていた問題を解決するためであった。

明治政府が、発行した紙幣の種類については第26話で紹介済みだが、造幣寮とはこれらの紙幣に対し、貨幣（コイン）を鋳造する機関である。造幣寮は、慶応四年四月に設置された際には貨幣司と称した。それが改称されたのは、次のような理由による。

「明治元年四月から会計官（大蔵省の前身）中に貨幣司を置き、大阪長堀金座及《および》東京元金座に於て徳川幕府が、安政以降鋳造したのと同一形式の二分《にぶ》金、一分《いちぶ》銀及《および》一朱銀（中略）等を熾《さか》んに鋳造せしめ又東京銀座に於て当百銭（天保通宝＝原注）を鋳造せしめたが、工場管理の方法宜《よろ》しきを得ず反《かえ》つて従来よりも劣悪なる貨幣を製出する結果と為《な》つたから（明治初年頃の幣制の紊乱《びんらん》を一層助成したるは是等《これら》の貨幣鋳造による＝原注）翌二年二月五日貨幣司を廃し、改めて太政官中に造幣局《ママ》を設置したのである」（『改訂 本邦通貨の事歴』）

二分は二分の一両、一分は四分の一両、一朱は一六分の一両（一分の四分の一）。一両小判が楕円形なのに対し、二分金以下は長方形、一分金と一分銀などおなじ額面なのに地金が異なる場合には、その地金の質量を一分金なら金〇・七五匁（二・八グラム）、一分銀なら銀二・三匁（八・六グラム）などとして価値をそろえた。

ところが、安政年間（一八五四―六〇）以降、幕府が鋳造した貨幣は質が劣悪であり、悪いことに幕末の慶応年間（一八六五―六八）には軍資金を得るために貨幣鋳造に踏み切った藩もあった。これは私鋳だから贋金《にせがね》としか評価できないものだが、明治初年の貨幣司すら鋳造できなかった良貨を幕末の諸藩が製造できるわけもない。

「私鋳にかゝるものは特に劣悪のもので、所謂《いわゆる》二分金であつて、名は金貨であるが銀胎《ぎんたい》（銀の地金）に金鍍《メツキ》、甚だしきに至つては銅胎金鍍であつた。此《こ》の劣悪極まる貨幣は、東北鎮定の為に行軍した諸藩兵士の運動と共に流布したのであつた。良貨は駆逐されて、悪貨は世にはびこつた」（幸田露伴『渋沢栄一伝』）

栄一は廃藩置県の際に、諸藩の所有する藩債や藩札を明治政府発行の公債と貨幣に引き換えるという面倒な役をよく果たしたことがあった（第26話）。そのため栄一は、これら劣悪な貨幣を回収して新紙幣や造幣寮改め造幣局製の貨幣に切り換えてゆく、という役目をも背負わされたのである。

ちなみに明治政府は、統一貨幣の鋳造を考えた当初は品位の改良のみを目的としていた。それに対して両・分・朱という単位を廃し、円・銭・厘とすべきこと、四進法ではなく十進法とすべきこと、形は欧米のコインにならって円形にすべきことを提案したのは、明治二年の時点で参与だった大隈重信と造幣局判事だった久世《くぜ》治作（旧大垣藩士）であった。

イギリス人技師ウォートルスの指導によって明治三年十一月二十七日から鋳造された新貨幣は次の一一種類である。

一、金貨　二〇円、一〇円、五円、二円、二円半（のちに二円に改定）
二、銀貨　一円、五〇銭、二〇銭、一〇銭、五銭
三、銅貨　一銭、半銭

金貨とともに一円銀貨も鋳造されたのは、この時代に貿易銀（貿易取引専用の銀貨）として用いられていたメキシコドルの一ドル銀貨と並行して流通させられる銀貨が必要だったためであった。

また「明治二年現在本邦流通貨幣調」（『改訂 本邦通貨の事歴』所収）によると、当時の金貨、銀貨の額面と総量は左のようであったという。

一、金貨一一種合計　六三五二万九九九八九両
総量　一一万九七八五貫三一〇匁（約四四九トン一九五キロ）
二、銀貨八種合計　五二九〇万四九四九両五
総量　一四五万二〇七三貫九四四匁（約五四四五トン二七七キロ）
三、一と二の合計　一億一六四三万四九三八両五
このうち金は、三万六五六貫四二一匁（約一一四トン九六二キロ）
額面は一億五三三八万二一〇五円
おなじく銀は、一四二万五九四五貫六六七匁（約五三四七トン二九六キロ）
額面は、七億一二九七万二八三三円五〇

これだけの金銀を原材料として、各種新貨幣を額面にして二億五〇〇〇万円以上鋳造する予定だったのだから、意気軒昂とはこのことであった。実際に鋳造できたのは、技術上の問題と原材料の不足により予定の半分ほどになってしまうのであるが。

しかし、幕末二分金の劣悪さについては諸外国から厳しい抗議を受けていたこともあり、明治政府が太政官札あるいは右の貨幣との交換を引き受けた。その現場を統括したのが渋沢栄一だったわけだが、ここは栄一自身の回想を見よう。

「通用の二分金と紙幣すなわち太政官札との間に価値の差を生じて、二分金を札に交換

せんとする時には百円について五円以上の打歩《うちぶ》（割増金）を出すという有様だから、大蔵省では兌換《だかん》券を作ってそれを発行して二分金を集め、造幣局において新貨幣に改鋳する時は、（略）その間にまた大《おお》いなる利益を生ずる見込があるから、速やかにこの事を実施せられたしと、かつて自分が大蔵省へ建議して直《ただち》に採用を得たからその発行に従事したが、この事務は大阪にも必要があるというのでこの事も兼任しろとの事であった。自分が大阪の滞留は一カ月余であったが、造幣の事務から兌換券製造発行の用事までもほぼ整頓したによって、十一月の十五日に東京へ帰任しました」（『雨夜譚』）

ここにいう兌換券とは、第26話に紹介した大蔵省兌換証券のことである。

すると「ある日の夕方」、栄一の神田猿楽町の家へ参議の西郷隆盛が突然訪ねてきた（『論語と算盤』）。大蔵卿大久保利通は岩倉具視らとともに十一月十三日に横浜を出帆していたが、西郷は大久保に頼まれ、その留守中は自分が大蔵省の事務を監督することを承諾させられていた。

そのため西郷は、大蔵省ナンバー4の栄一がどんな人物かを見定めるためにやってきた、と栄一は思ったかもしれない。しかし西郷が口にした用向きは、二宮尊徳が旧相馬藩に導入した興国安民法だけは、財政改革をおこなうに当たっても廃止してくれるな、という意外な申し入れであった。しかも、栄一が興国安民法についてご承知かと問うと、

「ソレハ一向に承知せぬ」（同）

という返事。そこで同法についてすでに十分取り調べ済みの栄一は、詳しく説明してやった。

旧相馬藩一八〇年間の歳入統計を六〇年ずつ三者に分け、その中間値に当たる六〇年間の平均歳入を同藩の平年の歳入とみなす。

次に一八〇年を九〇年ずつの二期に分けて収入の少ない方を平均歳入とみなし、藩の歳出額を決定する。もしその年の歳入が平均歳入予算以上の増収となったら、その剰余金によって新田を開発する。

この説明を聞いて西郷はこう答えた。

「そんならそれは入るを量《はか》りもって出《いず》るをなすの道にも適《かな》い、誠に結構なことであるから、廃止せぬようにしてもよいではないか」

栄一は国家の財政を考えているのに、西郷は相馬藩に水面下で信頼され、藩法の存続に動いたのだ。前話で詳しく見たように、栄一はまだ国家予算が確立できていないというのに、陸軍に八〇〇万円、海軍に二五〇〇万円を支出せよと「握み出し勘定」で高飛車に命じた大久保と衝突したばかりである。西郷も大久保とおなじタイプかと思ったのであろう。栄一はよい機会だと思い、自分の財政意見を述べて西郷の不見識を批判した。

「西郷参議におかせられては、相馬一藩の興国安民法は（略）ぜひ廃絶させぬようにしたいが、国家の興国安民法はこれを講ぜずに、そのままに致しおいても差し支えないと

の御所存であるか、承りたい。苟《いやしく》も一国を双肩に荷われて、国政料理の大任に当たらる
る参議の御身をもって、国家の小局部なる相馬一藩の興国安民法のためには御奔走あら
せらるるが、一国の興国安民法を如何《いか》にすべきかについての御賢慮なきは、近頃もって
その意を得ぬ次第、本末顚倒の甚だしきものである」

言いも言ったり、逆ネジを食わせたりするとはこのことである。

さて、これに対して西郷はどう反応したか。栄一は右引用部の直後にこう記している。

「西郷公はこれに対し、別に何とも言われず、黙々として茅屋《ぼうおく》を辞し還《かえ》られてしまった。
とにかく、維新の豪傑のうちで、知らざるを知らずとして、毫《ごう》も虚飾の無かった人物は
西郷公で、実に敬仰《けいぎょう》に堪えぬ次第である」

渋沢栄一から見ると、西郷は一流の人物だが大久保は二流の器でしかなかった、とい
う人物評がよくわかる逸話ではないか。

第29話　国立銀行設立へ

渋沢栄一にとって、明治四年（一八七一）十一月の後半から十二月にかけては超多忙な日々となった。

栄一が大阪出張から東京へもどったのは十一月十五日のこと。西郷隆盛の渋沢邸訪問は、栄一が十六日から十二月初旬までふたたび旅に出たことから逆算して、この十五日中のことと考えられる。その十五日の晩には故郷の武州血洗島村から急飛脚もやってきた。十三日に栄一の父・市郎右衛門がにわかに病みついたから来てほしい、というのだ。

しかし井上馨にまだ大阪の造幣局のことを復命していないし、役人は賜暇《しか》を得る手続きを済まさない限り、私的な旅に出ることは許されない。

その夜を一日千秋の思いで過ごした栄一は、翌十六日の早朝、井上に会見。大阪の模様を陳述し、すぐに父の看護のため帰省の許可を得て東京を出発。駕籠を雇い、悪いことに大雨になった中、夜の九時頃ようやく中山道の深谷宿に着いた。その先で夕食を済ませ、実家に到着したのは「夜の十一時過であった」と『雨夜譚』にある。

市郎右衛門は十三日以来人事不省に陥っていたが、その頃には回復し、栄一の帰郷を大いに喜んでくれた。

そのとき栄一は、父の意識がはっきりしているうちに相談・決定しておくべき重要事項をひとつ抱えていた。それは、市郎右衛門亡き後、「中の家」渋沢家をだれに相続させるか、という問題であった。

栄一自身は、明治元年（一八六八）の暮の時点で岡部藩により、一橋家の家臣になったことを理由に村方人別帳《にんべつちょう》（戸籍）から除かれてしまっていた。しかも栄一は、その後は静岡藩を経て大蔵省に出仕、郷里の実家を相続するにはますます不適当となっていたので、この明治四年四月五日に戸籍法（いわゆる壬申《じんしん》戸籍）が制定されるや、六月二十日をもって東京府民に編入されることを願い出て許されていた。

となれば実家の「中の家」は、だれかを養子に取って相続させねばならない。栄一が父にそのことを申し出ると、

「此家は汝の承《う》くべきものなのであるから、我が亡き後はそなた次第である」（『渋沢栄一伝』）

と答えた。幸田露伴はそう書いて、左のようにつづけている。

「そこで栄一は父の妹のきぬが須永《すなが》伝左衛門に嫁して出来た才三郎を、人品も宜《よろ》しく年齢も恰好なれば、妹の貞に壻《むこ》として迎へて家を襲《つ》がすることを進言して、それでは宜しく頼むといふ、老人の安心を得させた」

「中の家」渋沢家は本来なら栄一が相続すべきだが、その栄一は東京に別家を興し、本家は才三郎・貞夫妻が襲ぐことに決まったのである。

十一月二十二日、脳を病んでいた市郎右衛門は静かに生涯を終えた。享年六十三。ねんごろに葬儀を営んだ栄一が、帰京したのは十二月初旬のこと。のちに栄一は東京谷中《やなか》の天王寺《てんのうじ》にその招魂碑《しょうこんひ》を建て、尾高惇忠に碑文を書いてもらった。

その文面は『雨夜譚』に読み下し文が、阪谷芳郎編『青淵先生六十年史 一名近世実業発達史』（以後『六十年史』と略す）第一巻に原文（漢文）に返り点を付したものが全文紹介されているので、興味のある向きはこれらを参照されたい。

栄一は父の死に際し、「慟哭《どうこく》の至りに堪えられなかった」（『雨夜譚』）と述懐している。このふたりが心の通い合う父子であったことは確かである。

帰京して大蔵省の公務にもどった栄一は、十二月十二日に従五位に叙せられ、十八日にはこれまでの大蔵大丞という役職のまま紙幣頭《しへいのかみ》を兼任することになった。

明けて明治五年（一八七二）は、一月二十九日に初めて全国レベルでの戸籍調査が実施され、総人口が三三一一万八二五人と判明した記念すべき年となった。

これに先立つこと十五日、一月十四日に栄一は総額二五〇〇万円に及ぶ開拓使兌換《だかん》証券（第26話）の発行を布告。前後して、従兄の渋沢成一郎が保釈されたのを出迎えにゆくなどした。

明治元年、榎本武揚と行動をともにして蝦夷地政府（榎本脱走軍）に参加した成一郎は、彰義隊歩兵頭並として戦いつづけた。だが、明治二年（一八六九）五月、本拠地箱館五稜郭に最後の日が迫ると温泉のある湯の川へ脱走。降伏して明治新政府軍に捕らえられ、同年六月以降、榎本武揚、松平太郎、大鳥圭介、永井尚志、荒井郁之助、沢太郎左衛門の六名とともに東京へ送られて軍務局糺問所の牢屋に投じられていた（山崎有信『大鳥圭介伝』）。

この牢屋は大鳥圭介が旧幕府歩兵頭だった時代に建築したもので、ひろさは六畳敷きだが厠《かわや》と流し場があるから実質は四畳半。脱走軍の幹部七人はそのひとり大鳥の造った牢に詰めこまれ、蚤と蚊と厠の臭気に悩まされながら明治五年初めに晴れて赦免《しやめん》となったのである。

渋沢喜作《きさく》と名を改めた成一郎のその後について、日本歴史学会編『明治維新人名辞典』はこう記述している。

「五年出所、栄一の助力により大蔵省七等出仕、ついで蚕糸業調査のためイタリアに派遣され、翌年帰国と同時に退職、以後は実業界で活躍した。即ち、小野組に入り、ついで横浜で生糸売込問屋を経営、さらに廻米問屋・鉱山業・製麻会社・人造肥料会社・十勝開墾会社・鉄工所等に関係し、二十九年東京商品取引所理事長にもなった。年七十五で没」

こう書かれると渋沢喜作は順風満帆の後半生を送ったように感じる者が多いであろうが、この辞典の記述はよろしくない。喜作が明治七年（一八七四）に開業した廻米問屋兼生糸売込問屋は「渋沢商会」と称したが、のちに喜作は相場取引に失敗して長男に店をゆずり隠居した。その後、栄一の助けによって同商店は持ち直すことができた、というのが真相であり、喜作はどこまでも栄一の助力に頼って生きた人物だったのだ。

ついで明治五年二月、大蔵省は去年大蔵少輔に任じられたばかりの吉田清成《きよなり》（旧薩摩藩士）にイギリス出張を命じた。その目的はイギリスにおいて公債を発行し、購入者を募集することにあった。

『雨夜譚』はいう。

「この公債募集の事は大蔵省で井上（馨）が立案したもので、その主意は華士族の禄制を設けて一時にこれを給与し、国庫が永年の負担を免かれようという方法であって、その原資に充《あ》てるために外国において公債を起して正金銀《しょうきんぎん》の資本を備え、ついに紙幣兌換の事もこの資本にて行い得らるる見込《みこみ》を以て吉田少輔にヨーロッパ派遣を命ぜられたのである」

吉田が出立するとき、栄一は大蔵三等出仕に任じられて少輔の事務を取り扱うよう命じられた。大蔵卿大久保利通が長期不在の間、省中は大蔵大輔井上馨が全権、栄一がこれを補翼する次官として処理してゆく体制となったのだ。

それではここで、栄一の回想から当時の大蔵省の状態を語ったくだりを引いてみよう。

「さて理財の要務というは、まず第一に大蔵省において国庫の歳入総額を詳明に調査した上で政府は歳出を議定すべきものであるが、その頃では諸藩の跡始末も次第に整理の緒について、全国の歳入額も精密とはいわれぬけれどもまず四千余万円という統計も出来たから、是非とも政府に上申して彼の量入為出の原則に拠って各省の政費を節約して、一方においては剰余金を作り、而して紙幣兌換の制をも設けたいという精神を以て井上は切に勉強しられた」（同）

傍点を付した四文字「量入為出」は、「入るを量って出だすをなす」という方針のことをいう（第27話）。

しかし、井上・渋沢コンビのこのような努力にもかかわらず、政費を請求する各省と余剰金を作りたいためその政費を抑制しようとする大蔵省の間には、ついに「一種の権限闘争の如き紛議が生ずる事となった」（同）。

大蔵省は金配りをするお大尽、各省は大蔵省からいかに多く政費をもぎ取るかに腐心する無産階級といった役回りだけに、各省の期待するように政費を出さない大蔵省は、しみったれのお大尽として次第に憎悪の的となってしまったのだ。

「就中《なかんずく》司法卿の江藤新平（旧佐賀藩士）などは平生井上と相好からぬ仲だからもっともはなはだしく攻撃の鋒先《ほこさき》を向けて来るようになった。この時太政官は三条（実美）公が首相（正しくは太政大臣）で、西郷、板垣、大隈などが参議の職に列し万機輔弼《ばんきほひつ》の任に居られましたが、三条公は縉紳《しんしん》（高貴な人）なり、西郷、板垣は門閥で、政事上にはすこぶる有力であったが経済の事務にははなはだ疎略であった」（同）

そこで井上・渋沢コンビはかつての大蔵大輔で大蔵省の実情にも通じている大隈重信が太政官にあって財政改良につき大蔵省のために尽力してくれることにひそかに期待しながら、各省の政費の節約政策を続行しつづけた。

その目的は、歳入から幾分か余した金額を正貨で蓄積し、紙幣兌換の制を設けて国立銀行にこれを発行させよう、という点にあった。栄一は井上からそのための取調べを命じられたが、国立銀行に関してはすでに伊藤博文が兌換紙幣を発行させる件につきアメリカからレポートを送ってきたことがあったので（第26話）、これが大いに役立った。

そこで栄一たちは国立銀行条例を布告することにし、八月二十五日に政府から布告してもらった、と『雨夜譚』にあるのは記憶違いで、日本が銀行条例を定めたのは同年十一月十五日のこと。『太政官日誌』第一〇〇号、同年十一月十五日の項（『改訂 維新日誌』第四巻）からその「御布告書」を引いてみよう（漢字片仮名混じり文からやや表記を改める）。

「貨幣流通の宜《ぎ》を得、運用交換の際に梗阻《こうそ》の弊《へい》（差し障り）なからしむるは、物産蕃殖《はんしょく》（繁殖）の根軸にして、富国の基礎に候ところ、従来御国内においても、為替、両替等を業といたし、欧亜各国に通称する［バンク］の業体に等しきものこれあるといへども、その方法の精確ならざると、施為《しい》（行為）の陋劣《ろうれつ》なるより、充分人民の便益を得るに至らざるにつき、このたび政府の公債証書を抵当として、正金引替の紙幣を発行する、銀行創立の方法を制定しあまねく頒布せしめ候条、望みの者はその力に応じて願ひ出、右銀行創立いたすべし、もっともその創立の手続き、営業の順序等は、すべて別冊国立銀行条例、同成規の条款に照準し（照らし）、毎事確実に取扱ひ候やういたすべき事」

パリ滞在中にバンクの利便性を痛感した栄一は、帰国四年目にして国立銀行の創設をプロデュースすることになったのであった。

第30話　大蔵省vs司法省

明治五年（一八七二）十一月十五日に国立銀行条例が布告される直前には、その前触れとなる動きが見られた。そこで今回は時計の針を少し巻きもどし、同年秋以前に起こったこの動きについて触れておきたい。

当時「三井組」といえば旧幕府の為替御用を務めて江戸、京都、大坂の三都に店を持った三井両替店改め「御為替三井組」のことで、慶応二年（一八六六）以来、その番頭は三野村《みのむら》利左衛門《りざえもん》が務めていた。三野村は戊辰戦争中に明治新政府軍の東征のための軍資金を調達して世に知られ、明治元年（一八六八）には東京府会計官付属商法司知事補となり、大蔵省ともつながりができた。

その三野村から三井組において私立銀行を立てたいとの請願があったのは、明治五年の八月以前のこと。渋沢栄一は、これに対する大蔵次官としての自分の対応も『雨夜譚』に記述している。

「井上（馨）に相談してこれを許可しようとしたけれども、その頃からこの銀行条例の取調《とりしらべ》に掛ったからしばらく三野村に猶予を命じて置いたが、そのうち今の条例が出来たによって、いよいよこの条例に準拠して私立の名義でなく国立銀行として創立しようということになって、すなわち現今の第一国立銀行はその歳の秋頃から計画をしたものでありますが、これを国立銀行とする以上は、独《ひと》り三井組ばかりでなく、小野組、島田組などといって東京府下において豪家（豪商）の名あるものとも協同し、その他一般の株主をも募集することになりてそれぞれ相談も行届き、創立の願いを出して許可を受けたのはその歳の冬でありました」

小野組は近江出身の初代が物産交易に成功して盛岡、京都、江戸に出店。島田組とともに旧幕府の金銀御為替御用達《ごようたし》として大名貸《だいみょうがし》（大名への金銀の貸し出し業）をも営み、明治維新にはやはり島田組とともに金穀出納所御用達となって陸軍省及び多数の府県の為替方として官金を取り扱った。

三井組と小野組は、このようにして国に関与していたことから協力し合って三井小野組合銀行を組織。これが銀行条例発布前に創立を許された銀行の第一号となり、のちに名称を改めて第一国立銀行となるのである。

『六十年史』第一巻が、この第一国立銀行を「我邦《わがくに》ニ於テ初《はじめ》テノ完全ナル銀行」と形容しているのは、すでに横浜には外国資本の銀行が存在していたのを意識してのことであろう。

その意識は大蔵大輔井上馨も栄一と同様であったが、文久三年（一八六三）から元治元年（一八六四）にかけて伊藤俊輔（博文）らとともにイギリスのロンドンへ留学した経験のある井上は、発想を一歩進めて、横浜にいるイギリス人銀行マンからだれかを選び、大蔵省紙幣寮から募った伝習生に銀行業務の実態を教えさせてはどうか、と考えた。

ちなみに幕末から明治初期にかけて、「伝習」ということばは実によく使用された。フランス軍事顧問団から散兵戦術を教えられた旧幕府の歩兵たちが「伝習隊」を編成したことは前述したが、勝海舟らは「長崎海軍伝習所」で洋式軍艦の運用を学び、富岡製糸場に工女として採用された娘たちは四人のフランス女性たちから製糸の伝習を受けた。陸海軍も製糸場も銀行も、ともに欧米に見習って富国強兵に努める、という感覚が一般的であったために、「伝習」を受けることは当時の若者の憧れでもあったのだ。

井上の意見によって銀行業務伝習の教授に指名されたのは、横浜東洋銀行の書記をしていたイギリス人シャンド。『六十年史』は漢字片仮名混じり文で濁点と句読点がないため読みにくいので、本稿では漢字平仮名混じり文に改め、句読点を付して紹介しよう。

「シャンドを聘《へい》し（招き）、紙幣寮に於て伝習生を募り、銀行行政を始め銀行諸般の業務を伝習せしむ。又、第一国立銀行内に稽古所を置き、行員をしてシャンドの教授を受けしめたり。今日、第一銀行に於て最も有力の役員たる佐々木勇之助、熊谷辰太郎、長谷川一彦、本山七郎兵衛等は、当時シャンドの直弟子たり。現今シャンドは英国倫敦《ロンドン》『パース』銀行の支配人にして、明治三十二年六月、倫敦に於て我邦公債千万磅《ポンド》を募集せしとき頗《すこぶ》る尽力せり。奇縁と云ふべきなり」
シャンドを招き、通帳への記入法、簿記の基本から教えてもらった井上馨の目に狂いはなかったのだ。人生において「人を見る目」を養うこともまた、人とおのれを幸福に導くための大いなる武器である。

さて、ここまでの井上・渋沢コンビの奮闘ぶりを念頭において、ふたたび明治五年における各省と大蔵省との「一種の権限闘争の如き紛議」（『雨夜譚』）がどのように進展したか、という問題に視線をもどそう。前話で触れたように、大蔵省をもっとも激しく攻撃したのは司法卿江藤新平である。その次に強硬な態度をとったのは初代文部卿の大木喬任《たかとう》で、両者はともに旧佐賀藩の出身。旧佐賀藩士には頭脳は優秀だが勉強ばかりしていて頭でっかちな者が多い、という定評があった。

その江藤が大蔵省の井上・渋沢コンビと衝突したきっかけは、江藤が明治六年（一八七三）度の司法省予算を請求するに際し、積極的放漫政策をとろうとしたことにあった。

「即ち（明治五年）十一月分の支出を基本として積算したならば、三府十二県の各裁判所一箇年予算経費金五十二万六百二十両六千元で済む所を、六年度に対して、区裁判所の設置、検事・検部の出張、艦倉並びに警察費を込めて、九十万五千七百四十四両六千元を計上し、之を強硬に大蔵省に請求した。然るに大蔵省では之を精査して大斧鉞《だいふえつ》を加へ約四十五万両に減縮したので、江藤は大いに憤慨し、公に対して執拗に抗弁する所があつた」（『世外井上公伝』第一巻。数字は江藤の伝記『江藤南白』下巻の挙げる額面と同一だが「両」とは「円」のこと、「元」が何を意味するか不明）
大木喬任が請求した予算額は「二百万円」（『世外井上公伝』第一巻）、「百三十万両《ママ》」（『江藤南白』下巻）と説がわかれるが、前者によれば大木は請求額を「百三十万円」まで下げて妥協を求めたが、井上はこれも退けて一〇〇万円しか出さなかったという。
明治五年の歳入額は四〇〇〇余万円に達していたとはいえ、この歳入額では財政上七〇〇万円以上が不足していた。だからこそ井上・渋沢コンビは太政官札や公債の発行、あるいは借入金などによって急場をしのいできたのであり、「入るを量って出だすをなす」の原則に照らし、司法省や文部省の予算請求はとても呑めるものではなかったのだ。
怒った江藤は井上に対し、こう豪語したこともあった。
「足下は口常《くちつね》に経済を唱へるが、経済とは経世済民の道であつて、必要に応じて経費を按排《あんばい》（按配）するのを本旨とする。足下の所謂《いわゆる》経済はただ算盤勘定だけで、真の経済でない」（『世外井上公伝』第一巻）
大蔵省と司法省の関係が険悪になった原因のひとつとして、贖罪金《しょくざいきん》の処分問題をあげることができる。贖罪金とは科人《とがにん》が犯した罪をつぐなうために差し出す金のことで、いにしえの法律「延喜式」に定められたものが王政復古とともに復活していた。しかも、なぜか明治の贖罪金は大蔵省の国庫に納められるのではなく、支払い窓口の司法省が経費として流用していた。

井上はその不合理に気づき、贖罪金は大蔵省へ納めさせようとした。それが江藤の癪《しゃく》に障ったと聞いた太政大臣三条実美は、参議の大隈重信に対し、

「贖罪金を司法（省）で使用することは賛成しがたいから、一応大蔵（省）へ入れて、而《しこう》して後に司法（省）に振向けるやう一応君から井上に談じて貰ひたい」（同）

と書面で依頼した。そこで大隈が井上と懇談してみても、

「正院（太政官政府の中枢）の指図とあらば承伏する外は無いが、会計上の運用をどうすべきかの御指図も願ひたい」（同）

と井上も引き下がらない。幕末には色白なことから「白豆」と渾名《あだな》されていた気の弱い三条太政大臣は困惑してしまい、明治六年度の予算は五年十一月に入ってからも成立しなかった。

しかも、大隈は視察と称して西国へ出張。井上も十一月五日から欠勤し、政務を見なくなった。渋沢栄一から見ると今日の内閣総理大臣に当る「白豆」三条実美の腰のふらつきも悶着沙汰が解決に向かわなかった一因だったようで、『雨夜譚』は左のように記述している。

「政府は言を左右にして司法、文部の請求を擯斥《ひんせき》（却下）せぬによって、井上は断然辞職の意を決し、年末に際して出勤せぬから、大蔵省の諸職員は執務の張合が抜けてその

方向を失うほどであったから、政府においても大いにこれを憂慮しられて、三条公は再三自分（栄二）の宅へ来られて、井上の出勤を勧誘すると共に自分にも辞職の考えなどを起さぬようにと、懇《ねんご》ろに説諭を受けましたが、（略）翌六年に引続いて、各省と大蔵省との紛議は絶えなかった。（略）江藤新平と井上との間は別して不折合《ふおりあい》で、いわゆる氷炭相容れずという仲だから、江藤の意中では全体井上は怪しからん人物だ、ただただ各省（の予算請求）を詰めるばかりで、而して自分が大蔵省を専横するというのは実に不埒《ふらち》だ、もしこのままにして打捨て置く時にはどこまで跋扈《ばっこ》するか知れぬなどといって、ますますその軋轢《あつれき》が烈しくなった」

むろんこの「軋轢」の余波は、栄一にも及んだ。『世外井上公伝』第一巻に掲載された栄一の談話に、次のくだりがある。

「井上さんの居らぬ時に江藤が私の所に来て、司法省の方に金を幾ら出せ、太政官で命令が出たから渡せといふ。私は渡さぬ。渡さなければ違勅だといふ。違勅であるか知らぬが、此処《ここ》（大蔵省）の主宰者は大蔵卿で、其留守中、井上大蔵大輔が主任してゐる。其主任の指図がなければ、如何《いか》なることがあつても渡すことは出来ぬと言つて拒絶したことがある。江藤さんは、ひどい奴だと言つて帰られたことがあります」

井上・渋沢コンビがこの問題に示した最終的な態度については、次話で眺めよう。

第31話　井上馨と連袂辞職

政府の要人たちは、大蔵大輔井上馨と大蔵少輔渋沢栄一コンビと司法卿江藤新平との対立をどのように眺めていたのであろうか。

「白豆」三条実美は、前話で触れたようにおどおどしていてリーダーシップなし。参議の西郷隆盛は、鹿児島へ帰国中。おなじく大隈重信は関西へ出張中で、もうひとりの参議板垣退助もこの問題に関心を示さなかった。

井上が明治五年（一八七二）十一月五日から自宅に引きこもると、渋沢栄一も江藤らの攻撃の矢面に立つのを嫌ってか、同月二十八日から大蔵省へ出勤するのを取り止めた。すると政府は井上・渋沢コンビの動きをサボタージュの一種とみなしたのであろうか、「各省の政費増給を拒絶する」という大蔵省の具申書面を却下してしまった。

そこで勝手に休職していた井上が太政官に出向き、大蔵省の考えを委曲を尽くして説明したが、各参議は聞く耳を持たない。これは在京の参議たちも、江藤が井上を批判する際に用いる「三井の番頭」「私欲の権化」といった悪口にいつの間にか影響を受けていたためかもしれない。

内閣と井上の仲がついに決裂したのは、明治六年（一八七三）五月三日のこと。この日、井上が大蔵省にもどってからの行動について、『世外井上公伝』第一巻は栄一の談話を根拠として左のように書いている。

「各省では大蔵省の主張を容《い》れず、なに公（井上）の反対なんか構ふものかといふ風で、盛んに濫費《らんぴ》したので、真実の喧嘩と為《な》つて了《しま》ひ、公も最早我慢が出来ず、（略）内閣から省へ帰つて来て、『もう乃公《おれ》も辞職の外《ほか》は無い。』と渋沢等の昼餐中の席に来て述懐し、『さあ辞表を書いて呉れろ。』と無雑作に秘書官に吩咐《いいつ》けた」

そのとき、栄一は口をはさんだ。

「貴卿が辞任をなさるなら、私も罷《や》めます」（同）

しかし、井上は、

「国家の為《ため》だから後任者の為尽してくれ」（同）

といって聴き入れようとしない。そこで栄一は、こう言い返した。

「それは貴卿の勝手が過ぎると存ずる。以前私が辞職を志した際御慰《ぎょい》（慰留）があつて、罷める時は一所にやめると仰《おつ》しやつたでは有りませんか」（同）

これによって井上・渋沢コンビは、この日をもって大蔵省に辞表を提出することになった。文字通りの「連袂《れんべい》辞職」である。静岡藩で商法会所や常平倉を経営していた栄一が、太政官から呼ばれて出頭したのは明治二年（一八六九）十一月四日のこと。栄一はその場で民部省の租税正に補せられたのだから、都合三年半の役人生活であった。

数え三十四歳の栄一に、連袂辞職に踏み切ることにためらいなど一切なかったように見えるのは、かれらが今日のサラリーマンより武士に近い感覚で生きてきたことによるのだろう。

「君《きみ》辱《はずかし》めらるれば臣《しん》死す」

とは、主君が人から恥辱を受けたならば臣下たる者は命を賭してその恥をすすがなければならない、という感覚のこと。あきらかに井上・渋沢コンビは、内閣が大蔵省の「入るを量って出だすをなす」の原則を理解しようとしないで井上の顔をつぶしたことを怒り、役人として生きてゆくという人生コースを擲《なげう》ったのである。

ただし栄一は、明治六年度の大蔵省予算案が通り難いと感じた時点で、内閣に財政意見書を提出しようと考え、名文家として知られた部下の那珂《なか》通高《みちたか》に草稿を見せて文飾を整えさせていた。栄一が辞表提出から二日、五月五日に井上にこれを見せると、

「これはよく出来た。併《しか》しも少し数字を入れて確《たしか》なことを書足さねばならぬ。吾輩が手を入れるから、一つ連名で政府へ出さう」（同）

といって加筆にとりかかった。

栄一がそれを持って帰ってふたたび那珂通高に手を加えさせ、決定稿の出来たのは六日のこと。内閣に提出されたのは七日のことであったが、四〇〇字詰めの原稿用紙に換

算して一四枚以上に達するこの「建議書」は、全文が『世外井上公伝』第一巻に紹介されているので、そのポイントとなる部分を頭に入れておこう（原文は漢字片仮名混じり文）。

まず明治維新によって文明開化の時代がきたことを称《たた》えた筆者は、中央官庁と府県の役所に勤務する役人が増加する一方となって俸給額が嵩《かさ》み、歳出が歳入を上回る事態となっているため増税がおこなわれ、市民を苦しめつつあることに言及。政府の負債額をあきらかにした上で、その無策ぶりを左のように批判してみせた。

「今全国歳入の総額を概算すれば四千万円を得るに過ぎずして、予《あらか》じめ本年の経費を推計するに一変故《へんこ》（非常の事態）なからしむるも、尚五千万円に及ぶべし。然《しか》らば則ち一歳の出入《でいり》を比較して、既に一千万円の不足を生ず。加之《しかのみならず》、維新以来国用の急なるを以て、毎歳負ふ所の用途も亦将《またまさ》に一千万円に超えんとす。其他官省旧藩の楮幣《ちよへい》（紙幣）及《および》中外の負債を挙ぐるに、殆んど一億二千万円の巨額に近《ち》かからんとす。故に之を通算すれば、政府現今の負債実に一億四千万円にして、償却の道未だ立《たた》ざる者とす。然《しからば》則《すなわち》速く其制を設けて、逐次之を支消《ししよう》せざるべからず（負債を消してゆかねばならない）。（略）然り而して政府未だ意を此《ここ》に注せず」

井上・渋沢コンビ連名のこの建議書は、国家の負債を無視して放漫財政に走ろうとする政府への弾劾文でもあったのだ。後段には、渋沢栄一の持論が次のように展開されている。

「夫《そ》れ出《いず》るを量りて入《いる》を制するは、欧米諸国の政《まつりごと》を為す所以《ゆえん》（目安）にして今我が国《こく》力《りょく》民情未だ此に出る能《あた》はざる者、人々の能《よ》く知る所なれば、方今の策は且《しば》らく入《いる》を量りて出るを制するの旧を守り、務《つと》めて経費を節減し、予め其歳入を概算して歳出をして決して之に超ゆるを得ざらしめ、院省寮司（正院・各省・開拓使・諸寮・諸司）より府県に至るまで、其施設の順序を考量し、之が額を確定し、分毫《ぶんごう》（わずかの量）も其限度を出るを許さず。（略）是《これ》今日の時勢にして我が国力民情の適《てき》とする所、未だ此に愈《まさ》れる者あらざるなり」

最後に井上・渋沢コンビは、なにゆえこのような建議書を差し出す気になったのかを堂々と述べ立てた。

「夫知《それしり》て言はざるは不忠なり。知らずして言ふは不智なり。臣等縦《たと》ひ不智の譴《しかり》（とがめ）を受《うく》るとも決して不忠の臣たるを欲せず。是《ここ》に於て乎《か》、既に其職務に堪へざるを以て骸骨を乞《こう》と雖《いえど》も、区々の心今日に恝然《かいぜん》たるに忍びず（不安を禁じ得ない）。故に敢《あえ》て其愚衷《ぐちゅう》を留めて、以て政府の少しく回顧する所あらんを望む耳《のみ》」

この建議書について『世外井上公伝』第一巻は、

「文意頗《すこぶ》る暢達し、遺憾なく時弊を論じ、国家百年の大計を説いてゐる」

と高く評価している。

政府側から見れば、このような建議書まで出すからには井上・渋沢コンビに意思を翻す気はない、と判断せざるを得ない。そこで五月九日、参議大隈重信に大蔵省事務総裁を兼務させることにし、十四日に井上・渋沢コンビの辞職を聞き届けた。

ところが、その間にまた一波乱が起こった。井上は建議書を政府に差し出した後、栄一の意見に従ってこの論文を新聞に投書するつもりでいた。投書は予定通りおこなわれ、筆者個人も『新聞集成 明治編年史』第一巻により、『新聞雑誌』の付録第九八号に建議書が全文掲載されたのを確認することができた。

同様に『日要新聞』第七五号、『日新真事誌』五月九日号、横浜で発行されている外字新聞（外国語の新聞）にも建議書は掲載された、と『世外井上公伝』第一巻にあるが、外字新聞でも報道されたことは、スコットランド人ジョン・レディ・ブラックが明治九年（一八七六）から翌年までの間に書いた『ヤング・ジャパン』の記述からも裏付けられる。

ブラックは文久元年（一八六一）ごろ来日し、イギリス人ハンサードが横浜で発行していた『ジャパン・ヘラルド』に迎えられて新聞記者として出発。その後独立して日刊紙『ジャパン・ガゼット』や『ファー・イースト』を刊行し、明治五年には前述の邦字紙『日新真事誌』をも創刊した（『ヤング・ジャパン』1、ねず・まさし「解説」）。

『ヤング・ジャパン』はブラックが関与して作成した新聞記事を寄せ集めて作られた二冊本（訳書は三冊本）だが、「第三十七章（一八七三年）」（訳書3所収）に「井上聞多と財政」と小見出しをつけた項目があるので、これを見ておきたい。
「**井上聞多と財政**　国の歳入歳出問題が、政府の大きな悩みの種になっていた。ちょうどこの頃、大蔵卿《（ママ）》井上馨（聞多＝原注）と次官渋沢（栄一＝同）が辞職した。辞職にあたって、二人は太政官に建議書を提出した。それによると、国家の財政状態が警戒を要するようであった。すなわち内外の負債は累積し、年々二百万ドルの赤字があるということだ。この建議書の公表は世間に動揺を引き起した」（ねず・まさし他訳）
この記事にいう「動揺」した「世間」には、大隈重信や司法卿江藤新平もふくまれていた。

第32話　第一国立銀行へ

ブラック『ヤング・ジャパン』の「井上聞多と財政」という小見出しを立てた記事の次には、左の記事がある。

「**大隈大蔵卿**　そして（明治六年〈一八七三〉）五月十日、大隈重信に、大蔵省の責任を負い、調査を行なうように命令が出された。大隈は（井上・渋沢合作の建議書を）精細に研究した結果、完全な予算を発表し、全く別の説明を行なった。彼は（建議書の）米の算定価格（歳入の大部分は、米で成立っている＝原注）があまりに低すぎ、他の種目の算定も不正確であることを示した。一言でいえば、（歳入は）不足ではなく、余剰であることを示した。その結果は正しかった」（傍点筆者）

傍点部分は舌足らずの上、誤訳の可能性もあるので、真実をもう少し深く掘り下げてみる。政府は明治六年五月十八日、すなわち井上馨・渋沢栄一連名の建議書が提出されてから十一日目にその書面を差しもどすと宣言。つぎのような「弁解」を試みた（原文は漢字片仮名混じりの和風漢文、読み下し筆者）。

「建言の主意、その立論適当のことに候へども（略）現実と相違い候儀少なからず。

（略）歳出入を概算し、一千万円余の不足を生じ候等の儀書き載せ候へども、右は米価一石二円七十五銭を以て算当《さんとう》（計算）候積《つもり》（結果）にて、且《かつ》此内には逐年繰り戻しに相成り候分、又は廃藩置県の如き非常の入費、或《あるい》は一時の費《ついえ》のみにて年々例算すべからざる者もこれあり。その上政府現今の負債を論じ、実に一億四千万円に下らずとこれあり。（略）かれこれ実事に徴し勘合候へば、必ずしも、毎年一千万円の不足を生じ、又一億四千万円の巨債を負ひ候訳にこれなく、かたがた右等申し出の儀不都合の次第につき、書面そのまま差しもどし候事」（『世外井上公伝』第一巻）

「臭いものに蓋をする」

とは、醜悪な事実を他に知られないように、一時的な間に合わせの手段で隠すことをいう。大隈重信大蔵省事務総裁と井上・渋沢コンビよりランクの低かった同省の役人たちとは、この表現を地で行って建議書の受け取りを拒否したのである。

このような政府の反応を第三者はどう感じたのか。

「政府の弁解はとにかくも、元来（大蔵省）が主管者（中心人物）の上書であつたからして、中外は政府の弁明を信ぜず、頗《すこぶ》る物議に渉《わた》つた」

と『世外井上公伝』第一巻は記述し、政府は大隈に大蔵省の簿記を精査させて歳入歳出の実額を計算し直させた。その結果、大隈は六月九日、「白豆」三条実美に対し「明治六年歳入歳出見込《みこみ》会計表」を提出するに至った。この「会計表」は「我国歳計《さいけい》予算の濫觴《らんしょう》（はじまり）」とされているから、あらかじめ歳入を概算して歳出を歳入以下に抑えるべきだ、とする渋沢栄一年来の主張は、ようやくここに生かされたわけであった。

ちなみに「明治六年歳入歳出見込会計表」には、以下のような数字が並んでいる。

歳入　金四千七百七十三万六千八百八十三円二十八銭三厘
歳出　金四千六百五十九万六千五百十八円四十六銭四厘
歳入の歳出より多き高
金二百十四万千二百六十四円八十一銭九厘
内外国債　三千百二十二万四千七百一円
（『新聞雑誌』一〇六号より）

井上・渋沢コンビが政府に建議を届け、かつ新聞各紙にその写しを送らなければ、このような数字が公表されることなどはあり得なかった。右の数字の正不正はしばらく措《お》くとしても、この建議書が国家予算の明朗化に役立ったことだけは確かであった。

このような大隈の動きに対し、大蔵省にとってより厄介だったのは司法卿江藤新平が井上・渋沢コンビを弾劾し、

「政府の秘事を故《ことさら》に世に泄《もら》したのであるから、彼等を捕縛すべし」（『世外井上公伝』第一巻）

と主張したことであった。

以来、井上・渋沢コンビの身辺には司法省の探偵数人がつきまといはじめ、建議書をブラックの『日新真事誌』に載せるのに協力した大蔵省の書記官兼子《かねこ》謙、佐伯惟《これ》馨《か》、稲垣某の三人は投獄の憂き目を見たほど。憤激した井上馨は、五月二十七日、初代陸軍卿となっていた長州藩の先輩山県有朋《やまがたありとも》に窮状を訴えたりした。

江藤はさらに、井上・渋沢コンビを罪に問うべく画策。明治六年七月二十日、司法省臨時裁判所から井上には禁錮四十日のところ特命により贖罪金三円、栄一はおなじく「四円幾銭の罰金に処せられた」(同)。

強面《こわもて》の江藤の動きもここまでだったが、栄一の辞職を知った役人仲間のうちには、かれを翻意させようとして神田小川町の渋沢邸を訪ねてきた者もあった。のちに「今大岡」と渾名《あだな》される名判事玉乃世履や松本暢ら有為の人物と評判の高い友人たちが、栄一が民間に下るのを惜しんでやってきたのだ。

対して栄一は、かねがね考えていたことを率直に述べた。

「国家の基礎は商工業にあり、政府の官吏は凡庸にても可なり。商人は賢才ならざる可《べか》らず。商人賢なれば、国家の繁栄保つべし。古来日本人は武士を尊び、政府の官吏となるを無上の光栄と心得、商人となるを恥辱と考《かんがえ》るは抑《そもそ》も本末を誤りたるものにして、我国今日の急務は一般人心をして力《つと》めて此の謬見《びゅうけん》を去り、商人の品位を高《たこ》ふし、人才を駆りて商業界に向はしめ、商業社会をして最も社会の上流に位《くらい》せしめ、商人は即ち徳義の標本、徳義の標本は即ち商人たるの域に達せしめざるべからず。予《わ》れ従来商業に於て経験に乏しと雖も、胸中一部の論語あるあり。論語を以て商業を経営し、両君の観に供せんとす」（『六十年史』第一巻）

栄一は初めて孔子の説いた『論語』の精神によって商業界へ進み、国家の繁栄に貢献する、との独得の人生観を披瀝してみせたのである。

これより前の明治五年、三井組の番頭三野村利左衛門が大蔵省に私立銀行を創立したいと請願していたことには第30話で触れた。同年十一月には国立銀行条例が発布され、三野村のいう私立銀行は国立銀行として創立されることになった。

となれば資本は三井組以外からも募らねばならぬ、と話はひろがり、資本金総額二五〇万円の株式会社を造ることになって、三井組と小野組がそれぞれ一〇〇万円を出資。一般人四、五〇人から五〇万円を募り、海賊橋（海運橋と改称）の河畔の兜町に三井組が所有していた土地と家屋が一二万八〇〇〇円で新会社に売られて社屋が用意されたのである。

開業の願書が大蔵省に出されたのは明治五年冬のことで、このときはまだ栄一は同省の大蔵大丞。その栄一が同省を辞職したのは明治六年五月十四日のことであったと前述したが、栄一は辞職とほぼ同時に三野村利左衛門から新会社へ来てくれるよう勧誘された、と回想している。

「辞職と同時に三野村から、『それぢやァ此処《ここ》に来てやつて下さらんか』と云ふ勧《すすめ》を受けた、『宜しい、私にやれと云ふならやつて見やう』と、井上さんに聴くと、『勿論其積《つも》りで君は辞職したんだから宜《よ》いぢやないか』と云ふ」（『世外侯事歴 維新財政談・附元勲談』）

こうして栄一の国立銀行入りに問題はなくなり、かれは三野村とともに大蔵省へ行って大隈にもきちんと挨拶した。大隈も国立銀行を創立するのに否やはなかったのでここに両者のわだかまりは消え、栄一は新会社のため働きはじめた。

この新会社の開業免状が与えられたのは、明治六年七月二十日のこと。第一国立銀行が開業したのは八月一日のことで、以後栄一は同行に大正五年（一九一六）まで四三年間勤続することになる。しかし、栄一が入行して気づいたのは、三井の出身者と小野組のそれの折り合いの悪さであった。

「創業の際には頭取も二人、支配人も二人、取締役も両方から二人ずつを出すという仕組にして一時を取り纏《まと》めたから実に不都合千万のものが出来た。両方互いに睨み合って居ると銀行事務は運ばぬということになるゆえに、外形は出来たけれども内容は一致せぬ。そうして両方ともに多少競争心もありまた猜疑《さいぎ》嫉妬もある。常にその中間に立って私が仲裁役となった。直ちに私を頭取にするということも出来ず、さりとて両方が睨み合ってはいかぬというので私は行司のような位地に居らなければならぬというので総監という名を以て事務を執行した」（渋沢栄一「維新以後における経済界の発達」〈以下「維新以後～」と略す〉。『雨夜譚』所収）

しかもまもなく、小野組に大問題が発生した。小野組は明治七年（一八七四）十一月に破産。第一国立銀行は、処置を誤ると解散せざるを得なくなる、という危機に直面したのだ。

当時、銀行から小野組へ一五〇万円の貸金があり、これが損失となれば銀行は破産するしかなかった。栄一の苦心や思うべしだが、かれはこの貸金は小野組出仕の一〇〇万円の株金《かぶきん》（額面株式の券面額）から差し引き、残りは米穀や鉱山などの抵当物で償却。わずか一万四、五〇〇〇円の損失だけで、この創業以来の危機を乗り越えることができた。

小野組の撤退によって同組出身者と三井組のそれとの対立は自然消滅したわけだが、これと並行して第一国立銀行にはもうひとつの大問題が起こりつつあった。

第33話　波に乗った銀行経営

大蔵卿大隈重信は第一国立銀行頭取としてやってきた渋沢栄一の切迫した思いをよく理解し、大蔵省紙幣頭《しへいのかみ》の地位にある得能良介《とくのうりようすけ》（通生）を紹介してくれた。ところがこの人物は、かつて栄一に対し、省内で暴力を加えようとした乱暴者であった。

明治四年（一八七二）冬、大蔵大輔井上馨はアメリカでの伊藤博文の調査をもとに、大蔵省での金銀の出納に際してはかならず伝票を書いて提出するシステムを導入していた。しかし、新制度というものは慣れるまではどうしてもミスを犯しやすい。当時、出納局長だった得能はミスが起こるのはこの新制度が悪いからだとみなし、旧薩摩藩士の気性の荒さを剝き出しにして大蔵大丞渋沢栄一を殴りつけようとした。

「ここは官衙《かんが》ですぞ、言論で是非はわかる」

と栄一にたしなめられた得能は、明治七年（一八七四）から紙幣頭になっており、その地位ゆえに栄一の相談相手に指名されたのである。

大隈さんは、困ったやつを紹介してくれたな。そう思ったかもしれない栄一にとって意外だったのは、得能が過去の因縁になどこだわらない性格の持ち主で、懸命に銀行救済策を考えてくれたことであった。

栄一の回想――。

「得能氏はかえって私を徳として銀行の困難なる境遇を鄭寧に聴いてくれて、兌換《だかん》制度は今日の有様では行われぬということについて詳細に理由を取調べて、大蔵省に進達してくれた。（略）その時の大蔵卿は大隈侯で次官は松方（正義）侯でありまして、明治九年にとうとう銀行紙幣は政府紙幣で兌換するということに条例が改正されたのでありま す。これは理論より評すると実に人を愚にする方法で、不換紙幣を以て紙幣を兌換するという馬鹿気た事はないはずだが、しかし金貨兌換が出来ないから余儀なく紙幣兌換にしたので事実上やむをえなかった次第であります」（渋沢栄一「維新以後～」）。

この紙幣兌換は紙幣が政府紙幣と銀行紙幣の二種類にわかれている、という不統一な事態があったからこそ可能になった離れ技でもあった。

ただし大蔵省としては、左前になりつつある第一国立銀行に明治六年下半期だけで五三七万三〇〇〇余円もの官金を預金しておくのは危険だ、と考えたようだ。明治八年（一八七五）十一月の時点で大蔵省に納金局を設けるとの布令があって栄一を驚かしたが、九年二月には同省に実金局が置かれて従来の銀行に任せていた官金の出納業務を担当することになった。

ということは、第一国立銀行としては官金の預金残高を大蔵省に完納せねばならない、ということであり、その分から期待された利子収入のうちの取り分が「とらぬ狸の皮算用」になってしまう、ということでもある。

そこで栄一は、九年三月五日に大隈・得能コンビに再度面会。左のような特典を取りつけた（『六十年史』）。

① 官金の完納は、本年六月まで延期する。

② 特典として金七五万円を優貸し、その返納期限を十月とするので、年に七朱の利子を添えて完納すること。

③ 従来の付托は官金の完納によっておわり、以後の第一国立銀行の公務は、大蔵省納金局・実金局に貨幣鑑定人を出すこと、及び大阪、横浜、神戸の各支店などで臨時為替金の引き受けをなすことのみとする。

明治九年（一八七六）七月十六日の株主総会でこれらの実況をあきらかにした栄一は、今後は銀行の本店、支店の役員を減らし、「民間一般の要望」に対して業務を拡大する、との大方針を提示して了承を得た。大蔵省が「特典として金七五万円を優貸」する事態などは、かつて大蔵省のために尽くした栄一のキャリアと「顔」なしには考えられない。それだけに株主たちは、栄一のことばを信じたのである。

それにしても国立銀行の特典は銀行紙幣の発行だから、事実上これが発行されないことになると各行の目算は狂う。そこで各行は政府に請願し、政府が各行の回収した銀行紙幣を抵当としてその半額の政府紙幣を貸し下げることにした。これによって各行は運用資金の欠乏を補うことができたわけだが、もはや国立銀行条例の定めた銀行紙幣と金貨との兌換制度などはどこかに吹き飛ばされていた。

そんな状況にもかかわらず、政府は秩禄処分《ちつろく》（華・士族の家禄廃止と見返りとしての公債交付）のため、明治十年（一八七七）、あらたに総額一億七〇〇〇万円もの金禄公債証書を発行することになっていた。しかし、兌換制度が崩壊同然である以上、この金禄公債証書の価格の下落も避けがたいであろう。

この価格の下落を防ぐ一方、兌換制度の危機を救うために、政府は左のような手段を講じた。

① 金禄公債証書を抵当として銀行紙幣を発行し、もって同証書の需要を増加せしめる。

② 銀行紙幣は政府の通貨と引き換えられるものとし、国立銀行の営業を成立せしめる。

これを前提として、太政官は明治九年九月一日に改正国立銀行条例を布告した。

① 旧条例の銀行紙幣と金貨との引き換えは、不換紙幣（政府紙幣）との引き換えとする。

② 資本の六割を納めて同額の金札引換公債証書を受け取るという旧条例の公債証書

は、四分以上の利子のつく公債証書であれば種類を問わないものとする。

③　また資本金の六割の銀行紙幣を発行するという旧条例は八割に拡張し、発行紙幣の三分の二以下にならぬようにとされていた準備金は、四分の一にならぬようにと改定する。

太政大臣三条実美の名で布告されたこの新条例の本文は、一目見てわかるように新銀行設立の条件を大きく緩和するものであり、後半部分は左のようになっていた。

「新《あらた》に国立銀行を創立せんとする者は勿論、従来旧条例を遵奉《じゅんぽう》して創立したる者と雖《いえど》も右改定条例に準拠し大蔵省へ出願の上其《その》免許を受け候様致すべく、此旨《このむね》布告候事」（『郵便報知新聞』同年八月二日付、原文は漢字片仮名混じりの和風漢文）

これを受けて華族たちが集まって東京に第十五国立銀行を創立すると、各藩の士族や金禄公債証書の所有者たちが、全国至るところに国立銀行を設立。明治十三年（一八八〇）までに、その数は何と五三行にも及んだ。

第一国立銀行もこの名称のまま営業をつづけることを許可され、明治九年十月一日、先に発行紙幣の抵当として政府に納めた金札引換公債証書九〇万円を政府紙幣をもって買い上げられたしと請願して許された。ほかに、以下のような公債証書を抵当として政府に納め、銀行紙幣一二〇万円の下付を受けた。八分の利付の秩禄公債（額面一〇〇円につき八四円）、四分の利付の新公債証書（額面一〇〇円につき五五円）を資本金の八割の一二〇万円。

同年九月の第一国立銀行紙幣の流通高が二万二九〇九円にまで落ちこんでいたことを思えば、夢のような復活劇である。

ところでこのような第一国立銀行の成長期にあって、次なる大きな危機となる可能性のあったのは明治十年二月から十月までつづいた西南戦争であった。

軍事費に充《あ》てるために紙幣の新規発行が必要となった政府は、同年十二月までに新紙幣を二七〇〇万円発行。第十五国立銀行から借り上げて軍事費として紙幣だけでも一五〇〇万円余に及んだ（渋沢栄一「維新以後～」）。西南戦争征討に用いられた軍事費総額は四一五六万七〇〇〇円だから、そのうちの半分以上は新規発行紙幣だったことになる（「明治前期財政表」、『日本史総覧』Ⅵ）。

このように極端に紙幣の流通額が増加すれば、物価が上昇して一見好景気になったかに見える。第一国立銀行も戦争の悪影響を受けなかったこと、栄一が主唱して七月から月に一回、国立銀行グループの集会「択善会《たくぜんかい》」をひらいて制度と実務の研究、新知識の導入、各行の発行紙幣の敗裂・汚染分の相互交換をおこなったことなどが幸いして、大変素晴らしい営業成績となった。

「同年末に於ては政府に対する勘定を除き、一般に対する各種預金残高百三十七万五千余円、各種貸出金残高二百六十五万八千円に上り、積立金は十一万五千円に達し、同年前後、両半季を通して三十一万三千余円の純益を収め、資本金百五十万円に対し年利一割四分の配当を為すに至れり」(『六十年史』)

波に乗った栄一は、業務を拡張して割引手形(期限到来に先立つある日から期日までの日数に日歩《ひぶ》〈一日の利息〉を割り引いた手形)を考案したかと思えば、荷為替《にかわせ》(隔地売買の売り主が荷為替手形を振り出し、銀行に取り立てや割引を依頼する手法)の普及を試み、宮城、岩手の両県には米穀荷為替取り扱いのための出張所をひらいたほど。第一国立銀行の本店と支店でやりとりする荷為替の物品を守るため、明治十二年(一八七九)八月には資本金六〇万円にて東京海上保険会社をも設立した。

これが、栄一が同時並行で複数の会社の経営にたずさわった初期の例である。

第34話　三年目の経営危機

今回は小野組の破産と並行して起こった第一国立銀行の「もうひとつの大問題」を語る前に、同行の運営法を頭に入れておこう。

国立銀行はアメリカのナショナル・バンクの和訳だから、日本はこれとおなじく金本位制を定め、第一国立銀行の発行する銀行紙幣は正金《しょうきん》（金貨）と交換できる兌換《だかん》紙幣でなければならなかった。

第一国立銀行は名称にこそ「国立」とあっても実質は三井組、小野組、その他の資本家の寄り合い所帯の私立銀行だから、右の銀行紙幣を発行するには政府の許可を得、銀行紙幣と政府発行の紙幣との折り合いをつけておく必要もあった。

この問題について、明治五年（一八七二）十一月十五日布告の国立銀行条例は左のように定めていた。

① 資本の六割を政府紙幣にて大蔵省へ納め、同額の金札引換公債証書を受け取る。

② さらにこの金札引換公債証書を大蔵省へ納め、同額の銀行紙幣を受け取ってこれ

を流通させる。

③　その引き換え（兌換）のために資本金の残り四割を金貨にて準備しておき、望みに応じて銀行紙幣とこれとを交換する。

たとえば資本金一〇〇万円の銀行を創立するには、次のような手順を踏むのだ。まず六〇万円の政府紙幣を大蔵省に納め、同額の金札引換公債証書を受け取る。その金札引換公債証書はふたたび大蔵省に納めて六〇万円の銀行紙幣を受け取り、これをその銀行の融資資本とする。残りの四〇万円は金貨の準備金として保有し、銀行紙幣を所持する人から正金との交換を望まれたときはこれをもって充《あ》てる。そのために準備金は、つねに発行紙幣の三分の二以下にならない額を保つようにしておく。

かくして請方に貸し付けた銀行紙幣六〇万円から年一割の利息が生ずれば六万円、金札引換公債証書から三万六〇〇〇円の利息が生ずれば合計九万六〇〇〇円になるので、一〇〇万円の資本金から年に九分六厘（九・六％）の利益が得られる。

第一国立銀行の場合、二五〇万円を予定した資本金は二四四万八〇〇〇円しか集まらなかった。しかし、その六割およそ一四六万五〇〇〇円からは一四万六〇〇〇円の利息収入が期待できたわけである。

さらに同行には、明治六年（一八七三）七月二十日の開業に先立ち大蔵省から「官金出納取扱」を命じられた。これまでは各省ごとに為替方が置かれて出納を取り扱ってきたが、第一国立銀行には一般銀行事務とはまた別に官金出納事務をゆだねたい、というのだ。

そこで渋沢栄一たちは東京本店と大阪、横浜、神戸にひらいた三支店のうち、大阪支店以外には「一般営業部」とは別に「官金部」を設置し、責任の人員を置いて特に租税その他の官金の収支を取り扱わせることにした。

その結果、開業第一回半季（六年七月二十日から同年年末まで）の収益その他は次のようになった（『六十年史』による）。

〈官金部〉
政府預金残高　　五三七万三〇〇〇余円
〈一般営業部〉
定期預金残高　　三七万四〇〇〇余円
当座預金残高　　五万四〇〇〇余円
一般貸出金残高　　三二五万余円

同期間の純益金は、一一万二〇〇〇余円に上っていた。そのため一万一〇〇〇余円を積立金とし、役員賞与金一万九〇〇〇余円を引いた資本金に対し年利五分の配当（五万四九〇〇余円）を出して、後半季に二万七〇〇〇余円を繰り越した。

木村屋のアンパンが一個五厘、日本酒一升が四銭、大工の手間賃が一日四〇銭、巡査の初任給が四円という時代にしては、大変大きな数字が並んでいることに驚かされる。

第一国立銀行の第二回半季（七年元旦より六月末まで）も営業努力によって純益金は一五万七〇〇〇余円、積立金一万五〇〇〇余円、配当年利は六分五厘に上げて、残季に三万三〇〇〇余円を繰り越すことができた。

前述のように、小野組の破産は七年十一月のこと。同行が政府から預かる金額を小野組に回せればよかったのだが、この金に手をつけることはできないので小野組は破産・閉店するしかなかったのである。渋沢栄一がこの危機を克服した手法については前話末尾で触れておいたが、明治八年（一八七五）一月十日にひらかれた株主総会においてどのような手法で問題を解決するかを決めたのも栄一であった。同年八月一日の株主総会で栄一が総監役から選挙によって取締役に推され、取締役の互選によって第一国立銀行頭取に就任したのは、だれもが栄一の経営手腕を高く評価していたためであった。

八年五月、第一国立銀行が長崎の立誠会社（のちの長崎第十八国立銀行）、甲府の興益社（のちの山梨第十国立銀行）と「コレスポンデンス契約（為替取引約定）」を結んだことも、営業上の進歩のひとつにかぞえられる。

ただし金融界全体を眺めると、第一国立銀行の創立後にオープンしたのは横浜第二国立銀行、新潟第四国立銀行、大阪第五国立銀行の三行のみ。第一国立銀行も八年一月、小野組の破産の結果として資本金を二五〇万円弱から一五〇万円に縮小せざるを得ず、これにともなって銀行紙幣の発行額を一五〇万円から九〇万円に下げなければならなくなった。明治七年五月には一二四万円の流通があったにもかかわらず、である。

しかも、このころから金の国際相場が騰貴して紙幣の価値が下落。第一国立銀行の兌換紙幣は発行すればたちどころに金貨への交換を迫られ、引換準備として用意していた金貨が不足する事態となってしまった。

栄一はいう。

「つまり銀行は金の出道を拵《こし》らえたようなものである。明治六年の創業から七年だけは良かったが、世界の金の高くなったに連れて八年の初めから（純粋の金貨への）引換が多くなった。（略）明治八年の春夏の交《ころ》に気が付いたから直《ただち》に銀行の紙幣を自分で（金貨に）引換えてしまった。はなはだしきは自分の発行紙幣に打歩《うちぶ》（手数料）を出して（金貨を）買った」（『維新以後〜』）

これでは一種の「取り付け騒ぎ」で、兌換紙幣を発行するどころではない。明治九年（一八七六）九月、その流通高は二万二九〇九円という少額にまで落ち込んだ（『六十年史』）。これこそが、国立銀行とその頭取渋沢栄一を巻きこんだ「もうひとつの大問題」

の実態である。

それにしても、なぜこの頃日本人は金貨の入手に狂奔したのか。その原因のひとつは、日本の金の保有量があまりに少なかったことであろう。太閤秀吉の時代にゴールド・ラッシュを謳歌した日本が幕末・維新期に金の保有量を激減させてしまった理由としては、次のような大状況と小状況を挙げることができよう。

まず大状況として挙げられるのは、安政六年（一八五九）六月に横浜で貿易が開始されたとき、幕府の運上所《うんじょうしょ》（税関）が外国人商人の用いるメキシコ銀貨一ドルを一分銀三枚とする交換率にしたことである（一分銀四枚＝小判一両）。日本の金銀比価は一対五なのに諸外国では一対一五だったから、外国人商人たちは色めき立った。

「何しろメキシコ銀百ドルを一分銀三百枚に換金してから小判に再換金すれば、七十五両。これを外国へ運んでふたたびメキシコ銀に換えると、金銀比価が一対五から一対十五に変わるため、元金の三倍の三百ドルに化けるのだ」（小著『幕末史かく流れゆく』）

外国人商人たちにとって「濡れ手に粟」だったこの事態は、万延元年（一八六〇）四月、幕府が小判その他の金貨を改鋳し、金銀比価を一対一五とするまで十ヵ月間つづいた。その間に海外へ流出した金額はなんとおよそ五〇万両に達したという。

小状況としては、明治政府の外国への支払いのため海外へ流出した金貨銀貨が「実に莫大」だったことが挙げられる（『改訂 本邦通貨の事歴』）。大口の支払いは、五項目指摘できる。

一、明治三年（一八七〇）、鉄道建設のためイギリスから借り入れた一〇〇万ポンドの支払い。

二、同六年、秩禄《ちつろく》処分（華・士族の家禄廃止にともなう公債交付）のため、おなじくイギリスから借り入れた二〇〇万ポンドの支払い。

三、下関償金（元治元年〈一八六四〉に長州藩が起こした馬関攘夷戦に対する英米仏蘭四ヵ国への賠償金）三〇〇万ドルの支払い（明治七年完済）。

四、外国から買い入れた船舶、機械類の代金の支払い。

五、「ザ・ヤトイ」といわれたお雇い外国人への俸給その他の支払い。

これらによる金貨の海外流出が政府の金の保有量不足につながり、せっかく順調な経営でスタートした第一国立銀行の屋台骨をガタガタにしてしまったのである。

これでは兌換紙幣制度は維持できないし、何のために国立銀行としたのかもわからなくなる。栄一は思い切って大隈重信を訪ね、窮状を愬《うった》えることにした。明治六年のうちに帰国した大久保利通は大蔵卿のポストから内務卿に移り、大隈は次の大蔵卿におさまっていた。

第35話　日本一の銀行家

さらに、渋沢栄一の銀行業がどのように発展していったかを眺める。

第一国立銀行がより飛躍したきっかけは、明治十一年（一八七八）三月、政府が農工業全般を発展させるため、国内運輸の便を開発すると決定したことにあった。これは鉄道の敷設、港湾や鉱山・炭鉱の開発・整備などを全国的におこない、新田や牧場もひらくことにより、農工業と流通ルートとを同時に発達させようという試みであった。

政府はこれを成功させるべく、額面一二五〇万円の起業公債証書の引受人を募集すると決定。この実施を大蔵省にゆだねた。これまで政府が発行した公債のうち大口なものは秩禄処分の見返りの秩禄公債であり、その額面は一六五六万円であった。しかし、一般市民を対象とする公債の募集は初めてなので大蔵卿大隈重信はいささかの不安を禁じ得なかったらしく、第一国立銀行と三井銀行（明治九年〈一八七六〉三井組を改組して設立）にその募集事務取り扱いを託した。

今日の国債に当たるこの公債の証書の額面は五〇円、一〇〇円、五〇〇円の三種にわかれており、価格は額面の八掛け、利子は年に六分という魅力あるものだった。栄一もフランスその他のヨーロッパ諸国で農工業の発達を知ったことを忘れてはいなかったから、政府のこの方針には大賛成。択善会の集まりにおいて在京各銀行の本店・支店に応募を勧めるや、五月十六日に東京を出発。東海道、東山道を巡回したあと京都、大阪に移り、六月十三日に帰京するまで市民たちに熱心に応募を勧誘して止まなかった。『六十年史』によると栄一の募集結果は大変なもので、応募総額は二四七七万五二五〇円と発行額面の約二倍に到達。第一国立銀行の本店・支店への申し込みは八〇七万八九五〇円の巨額となった。国立銀行条例改正後、国立銀行の乱立、銀行紙幣発行高の増加、物価騰貴などによって銀行の各種預金は減少傾向にあったものの、このような政策によって商業・金融界も活気づき、以来明治十五年（一八八二）までの第一国立銀行の貸出金残高は少なくとも三〇〇万は下らず、多い年は五〇〇万円に接近。純益は毎季一七、八万円から二三、四万円の間となった。

　ために明治十一年下半季以後は年利一割六分を配当、十四年下半季には一割八分を配当し、従来の大阪、神戸、京都、横浜の支店のほか盛岡、朝鮮国の釜山《プサン》浦、仙台、石巻、秋田にも支店を新設した。釜山浦支店は我国の銀行が海外にひらいた支店の第一号であり、のちに仁川《インチョン》、元山《ウォンサン》など朝鮮国の開港場に開設された支店は日韓通商の発展に寄与することになる。

　このような上り調子の時期を迎えても、栄一は軽率な貸し出しはおこなわず、自重をもっぱらとする経営方針を立てて銀行としての基礎固めに努めたため、明治十五年の積立金は五〇万円と資本金の三分の一に達した。

ただしこの頃から兌換紙幣を不換紙幣に切り換えた害毒があらわとなり、紙幣の価値は下がり物価は騰貴、貿易は輸出減、輸入増という由々しき事態を迎えた。いずれこのことあるを予期していた栄一は、いよいよ兌換紙幣制度を断行すべき秋《とき》がきたと見て、択善会改め東京銀行集会所にこれを諮《はか》った。

なお、東京銀行集会所は明治十一年三月に結成された東京商法会議所(のちの東京商工会議所、会頭渋沢栄一)とはまた別に、銀行三二行(本店一六、支店一六)が同盟して日本橋区阪本町に事務所を置いた組織で、その創立委員長も栄一である。この会議所は栄一の意見を不採用としてしまったが、政府は明治十五年のうちに金保有量の増加をにらみ合わせ、これまで発行していた不換紙幣の消却を決断。日本銀行を創立して兌換紙幣を発行させることにした。

となれば、各国立銀行の紙幣も整理されねばならない。すべての国立銀行は創立後満二〇年を限りとして国立銀行の資格で営業を継続することが許されなくなり、私立銀行に変身することを余儀なくされた。

大蔵卿松方正義から東京銀行集会所のメンバーたちとともにこの策の止むなしを説かれ、栄一は納得はしたものの善後策を講じるよう申し入れざるを得なかった。一気に銀行紙幣を消却されては、身動きが取れなくなって倒産する銀行もあり得る。そう考えて栄一は大蔵省と国立銀行各行との間に立ち、次のような穏やかな消却法を採るよう提案して認められたのである。

「各国立銀行の準備金を日本銀行に預托せしめ、日本銀行をして其準備金を以て公債証書を購求し、其利子を以て年々紙幣消却の元資に充てしめ、且つ各国立銀行をして利益金の内より紙幣発行高に対し、年二分五厘（半季一分二厘五毛＝原注）に当る金額を日本銀行に預入《あずけい》れ、是亦《これまた》公債証書と為して其利子を以て同じく紙幣消却の元資に供し、斯《かく》の如くして営業満期に至り消却し終らざる高は、右の積立金公債証書を売却して之を消尽せしむる」（『六十年史』）

いわゆる「国立銀行紙幣合同消却法」がこれであり、明治十六年（一八八三）五月五日に布告された結果、各国立銀行は運用できない準備金から発生する利息によって発行紙幣を徐々に消却することが可能となって大いに助かった。

栄一が終生信奉した儒学では、道徳や政治の基本として「仁」と呼ばれる思いやりの心をもっとも尊ぶ。すでに見たようにこの時期にあっても第一国立銀行の経営は安泰であったが、栄一は自分さえよければあとはどうなろうと、とは考えず、国家と各国立銀行のために仁の精神を発揮し、両者の共存共栄を思ってこの着想を得た。これこそまさしく、栄一の談話録の表題にも用いられた『論語と算盤』の精神の神髄であろう。

焦点を第一国立銀行にしぼると、日本銀行に預託した準備金は三〇万円。明治十六年上半期より毎半期、発行紙幣一二〇万円の一〇〇分の一分二厘五毛（一・二五％）すなわち一万五〇〇〇円を紙幣消却準備金として積み立て、これも日銀に預託した。

すでに若干触れたように明治十五年以降は紙幣価値の下落と物価騰貴の傾向にあり、不景気のピークは十九年にやってきて慎重に欠けた経営をしていた銀行には破綻した例もあった。そんな中にあって健全営業をつづけた第一国立銀行は、十六年から二十年にかけて福島、四日市、新潟、金沢、宇都宮に支店を開設。支店数は一四ヵ所に達した。

十五年末に一九九万八〇〇〇余円だった預金残高は二十年末には五一二万九〇〇〇余円。おなじく三五三万八〇〇〇余円だった貸付金は、七三四万余円に増加。毎半季の純益は二〇万円を超え、三二万九〇〇〇余円に達したこともある。ために配当は以前通り年利一割八分とし、二十年下半期の積立金は八〇万円に増加した。

こうして基礎固めができたため、栄一は二十年四月三日に臨時株主総会を招集。資本金一五〇万円（一万五〇〇〇株）に同額を加えて三〇〇万円（三万株）とした。新たな株は一株一〇〇円であったが、時価一八〇円をつけたというから同行に対する社会の信頼度が察せられる。

同行の営業満期、すなわち私立銀行へ転身すべき期日は日清戦争の勝利の翌年、二十九年の六月末日。このときの預金残高は一二三二万七〇〇〇余円。貸付金は一三七一万八〇〇〇余円。ともに二十年末の約二倍となり、積立金は一八〇万円に達していた。

栄一は同年五月十七日にひらかれた第一国立銀行の臨時株主総会において演説し、同行は営業満期後は私立銀行として営業することを決議。その名称は「株式会社第一銀行」。資本金は四五〇万円（九万株）とされ、頭取には取締役五人、監査役二人の互選によって栄一が選ばれた。

また同年九月になってから、第一銀行は前身となった第一国立銀行が無事に営業満期を迎えた「慰労金」として、栄一に一万八四〇〇円を贈った。この年における東京帝国大学理科大学長（理学部長）山川健次郎の年俸が二〇〇〇円、翌年の銀座の一等地の売買価格が一坪三〇〇円であることなどを勘案すると、第一銀行取締役たちが、いかに栄一の経営能力を高く評価していたかがおのずと知れる。

これ以上、第一銀行の発展に筆を及ぼしているとキリがなくなるので、この銀行の輪郭と歴史については『日本史広辞典』同行の解説に代弁してもらおう。

「（前略）一九〇五年には韓国の銀行券独占発行の特権をえて事実上の中央銀行となる（〇九年に特権を韓国銀行に譲渡）。第一次大戦までは預金量国内一を保ち、その後も三井・三菱・住友の財閥系銀行に伍して五大銀行の一つとして金融界をリードしたが、戦時経済下の軍需ブームのなかで地位を後退させた。四三年（昭和十八）金融統制強化のなかで三井銀行と合併し帝国銀行を設立したが、第二次大戦後の四八年に再分離。六四年朝日銀行を合併、七一年には日本勧業銀行と合併して第一勧業銀行を設立し、国内最大、世界でも最大級の金融機関となり、その後の銀行合併の先駆となった」

このような大銀行を育て、大正五年（一九一六）まで頭取を務めた渋沢栄一が、日本一の銀行家であることはいうまでもない。

令和六年（二〇二四）からその肖像が一万円札に使われている。しかしほとんど知られていないのは、栄一の肖像はかつてすでに銀行券に使われたことがある、という事実だ。

右に引用した第一銀行の解説文に同行が「韓国の銀行券」を「独占発行」した旨の記述があるが、栄一の四男・渋沢秀雄の書いた『父 渋沢栄一』の巻頭グラビアには、栄一の肖像入り、額面五円の株式会社第一銀行券の写真が掲載されている。その意味で令和六年における一万円札への登場は、栄一にとっては国と時代を異にしてはいても〈二度目のおつとめ〉なのである。

ほかに栄一が官命設立委員や株主となった諸銀行を書き出しておく。

日本銀行、日本勧業銀行、台湾銀行（以上、評議員ないし官命設立委員にして株主）、東京貯蓄銀行（取締役会長）、横浜正金銀行、第二銀行、第二十銀行、熊谷銀行、深谷銀行、第七十七銀行、成田銀行、秋田銀行、高崎銀行（以上、株主）。

明治から大正にかけて、栄一はもっとも肩書の多い日本人だったのではあるまいか。

第36話　王子製紙と大阪紡績

まだ経済界で使用する用語が一定しなかった頃、渋沢栄一が「合本組織」と呼んだのは、資本を持ち寄って造った組織、すなわち株式会社のことであった。第一国立銀行、のちの第一銀行も株式会社だが、栄一がまだ大蔵省の役人だった明治五年（一八七二）から創立に関与した企業としては王子製紙株式会社を挙げることができる。

同社が初めは「抄紙《しょうし》会社」と称したのは、当時まだ「製紙」という熟語は生まれておらず、「紙を抄《す》く」という意味で「抄紙」ということばが用いられていたためである。この時期の日本は公債証書、紙幣、諸印紙、各省の公文書などに使用する紙をすべて輸入に頼っていた。そこで大蔵省紙幣寮から栄一を経て三井組、小野組、島田組という伝統的金融業者に依頼して興させたのが抄紙会社。三井次郎右衛門《じろうえもん》、小野善右衛門、島田八郎ほかの発起人が資本金一五万円を出し合い、明治六年二月に紙幣寮から設立の認可を得た（王子製紙と改称するのは明治二十六年）。

明治六年五月に大蔵省を辞し、同年八月、第一国立銀行総監となった栄一が、同社の「事務担任」を委託されたのは翌年七月のこと。その後株主総代となった栄一は、明治二十六年から取締役会長に任じられた。

横浜の亜米一《あめいち》商会経由でイギリスから製紙機械を購入した同社は、イギリス人機械技師フラン・チースメンとアメリカ人抄紙技師トーマス・ポットムリーを雇用。府下、北豊島郡王子村（現・東京都北区王子一丁目〜六丁目）の飛鳥山下の稲田と荒地を整備して同社工場を建設した。追って印刷局抄紙部、硫酸製造所、東京製絨会社、日本メリヤス会社ほかも相ついで興ったため、王子は府下屈指の工場地帯へ育っていった。

ただし抄紙会社は、順調に育って王子製紙となったわけではない。初期の洋紙の原料は木綿の襤褸《ぼろ》であり、しかもこの原料が機械に詰まってしまって製品が出口から漉《す》き出されてこない。栄一がポットムリーを叱咤するうち荷物を包む渋紙のような紙が作れるようになったが、明治十二年（一八七九）、技術部長の大川平三郎（栄一の妻・千代の姉の子）をアメリカへ出張させたところ、最近の紙は藁《わら》を漉いて作られる、ということが知れた。この製造法を完全にマスターできたのは十五年頃のことだという栄一の回想が『六十年史』にあるから、藁半紙《わらばんし》という日本語はこれ以降に生まれたに違いない。

ついで十七年頃、ヨーロッパでは木材の繊維（パルプ）から紙を製造しはじめているとわかり、十八年、前述の大川がこの製造法をマスターして帰国した頃から抄紙会社は上昇気流に乗ったのである。

明治八年の抄紙会社の販売高は、二万一七八・二五ポンド。同三十年の王子製紙のそれは、一二三九万四三九四・七五ポンド。洋紙の需要が明治初期から急激かつ尻上がりに増加した要因としては、日清戦争以降の新聞、雑誌類の長足の発達が挙げられる。王子製紙が二十九年二月に資本金を一一〇万円、三十年四月に一六五万円とし、樅《もみ》や栂《つが》材の豊富な信州下伊那郡和田村ほか四ヵ村の共有材を買収、静岡県磐田郡佐久間村の天竜川河畔に工場を建設するまでになったのは、一面において明治日本の文化的充実を物語る。

一八八九年（明治二十二）五月から十月にかけて二二年ぶりにパリで万国博覧会がおこなわれたとき、同社は自社製の紙を出品して金牌に輝いた。その第一報に接した際の栄一の喜びについて、『雨夜譚』や『六十年史』が触れていないのは残念である。

栄一は明治二十年（一八八七）設立の四日市製紙会社（資本金七五万円）、二十九年設立の東京印刷会社（同一五万円）の株主となり、後者においては相談役も務めた。

だが、その後まもない三十一年五月、栄一は王子製紙の取締役会長を去った。大株主の三井が同社の乗っ取りを企んだため、功労者大川平三郎も辞表を提出、これに憤慨した職工たちがストライキを起こし、栄一の調停に耳を貸さなかったことが原因である。

栄一は明治十一年春、王子の桜の名所飛鳥山の隣の西ヶ原に九〇〇〇坪近い土地を購入。自然の湧水が崖から滝となって落ちる庭園付きの別荘を建て、「曖依村荘《あいいそん》」と名付けていた。これは陶淵明《とうえんめい》の詩「田園ノ居ニ帰ル」の一節「曖曖《あいあい》タリ（ぼんやりと霞んでいる）遠人ノ村、依依《いい》タリ（はるかに煙る）墟里ノ烟《けむり》」から取った名称で、栄一は明治三十四年からこちらに住んだ。

このとき十歳だった栄一の四男・秀雄は、のちにこう書いている。

「王子駅を中心として発展しだした工場地帯は、村荘からの眺めを煙突の林と化していった。依依たり墟里の烟どころか、濛々たる煙突の煙となって、庭の松や梅を枯らし、足袋の裏を一日で真っ黒にした。家の者がそんな不平をこぼすと、栄一はよくこういって笑った。

『どうもワシが骨折って建てた会社ばかりだから、いくら烟を出されても文句はいえんね』」（『父 渋沢栄一』）

このことばから察せられるのは、栄一が三井財閥に王子製紙を乗っ取られた後も、大株主が経営権を握ろうとすればこういうこともあると考え、同社のその後の成長を喜んでいた、という事実だ。事実、栄一はこのとき三井財閥が同社へ専務として送りこんだ藤山雷太《らいた》（愛一郎の父、藤山コンツェルン創立者）を、後年には自分が設立委員となった日本製糖会社へ推挙したりもした。

「恨みに報ゆるに徳を以てす」（『老子』）

とは、ひどい目に遭わされた相手を恨まないで、道義的な行為で返すことをいう。

関与した企業のうちに「渋沢派」が生まれることを好まず、子分を持たなかった栄一は、時に「生き馬の目を抜く」という表現に近い行為もおこなわれる実業界にあって、まさに「大人《たいじん》」と呼ばれるにふさわしい風格を身につけていたのである。大人とは有徳の人という意味だが、栄一の調和型の性格がよくあらわれたケースとして語られることの多いのは、三菱財閥の創立者岩崎弥太郎《いわさきやたろう》との海運業における張り合いであろう。

その話に移る前に明治元年から十三年の綿類諸品の年平均の輸入高を見ておくと、一〇一一万七四〇〇円余と輸入品総額の六五％を占め、その綿類諸品のうち綿糸が四六％を占めていた。そこで当然、生糸を富岡製糸場で改良発達させて輸出品としたように綿糸の国産化が図られ、栄一は明治十四年（一八八一）十月、蒸気力による紡績工場を大阪三軒家に選定した大阪紡績会社の創立に関与した（相談役）。

三井物産を経由して注文したイギリス製の紡績・織布器械は精巧な綿糸と綿布を生産しつづけて大評判となったため、十七年には資本金二八万円を五六万円に倍増させたばかりか、これまで一万五〇〇〇錘《すい》の生産能力だった工場のほかに二万八二〇錘の新工場を増設。合計の錘数は三万一三二〇錘となり、この新工場が十九年一月から稼働したため大阪紡績は日本一の紡績会社となった。ちなみに「錘」とは、糸に懸けて垂らす重り（紡錘）のことで、紡績器械の生産能力を量る目安とされている。

こうして大阪紡績の社運は隆々たるものとなったが、その業績が倍々ゲームで急成長するにつれて、栄一に指導を乞う同業者もあらわれた。そのひとり三重県の伊藤伝七に対して栄一は工場を四日市に定めさせ、十九年七月をもって三重紡績会社（資本金二二万円）を創設して相談役に就任。大阪造幣局の役人だった斎藤恒三を技師長として招き、同社を明治三十年（一八九七）には資本金一五〇万円規模へと発展させた。

しかし、当初大阪紡績の有力株主には栄一が同業他社、しかも大阪から遠からぬ地に工場を持つ会社を指導することを非難する者がいた。対して栄一は答えた。

「日本紡績業を発達せしめんには豈《あに》一二の会社を以て満足すべき道理があろうや、更に多数の会社を起す必要さへある、其様《そん》な卑小な考は益無きことである」

このエピソードを『渋沢栄一伝』に紹介した幸田露伴は、寸評を付している。

「これは流石《さすが》に栄一で、公益を念として、私利を専《もつぱら》にせんとせず、心は大処高処に著《つ》けてゐる平生が思はれて面白い」

ほかに栄一が関与した紡績会社としては、以下のような企業が挙げられる。鐘淵《かねがふち》紡績会社（株主）、上海紡績会社（同）、東華紡績会社（発起人のひとり）、福島県の郡山絹糸紡績株式会社（顧問）、東京モスリン紡織株式会社（株主）。

話を元にもどすと、我国の紡績業が盛んになるにつれて大きな問題が起こった。これまで綿糸の原料の棉花は国内産が使われてきたが、需要の急激な増加から次第に買い付け価格が急騰。ときには供給が欠乏することもあるようになった。

そこで栄一は、明治二十年（一八八七）から翌年にかけて、社員を海外の棉産地へ派遣した。清国の江蘇省、浙江省、安南（ベトナム）のサイゴン、シャム（タイ）、インド等へ。その結果、清国棉花、安南棉花、インド棉花、ボンベイ（ムンバイ）糸などが輸入できるようになり、原料の欠乏問題はみごとに解決することができた。

明治十五年、農商務省の発議によって大日本綿糸紡績連合会が発足。紡績各社はみなこれに参加していたが、インド棉花が有望と知れた時点で政府は栄一の希望を入れ、外務省書記官佐野常樹をボンベイに派遣。この出張には大阪紡績、三重紡績の社員も同行し、ボンベイのタータ商会との契約が成立してインド棉花を輸入できるようになったことは、紡績業界にとってはまことに画期的な出来事であった。

しかし、ここでまた新たな問題が起こった。当時の日本—インド航路は外国汽船会社の占有するところとなっており、もっとも有力なのはイギリスのピーオー会社。航路をほぼ独占していた同社の高い運賃設定に、日本人は苦しめられていた。

ところが明治二十五年（一八九二）、タータ商会のアル・デー・タータが日本に来遊。二十六年には同商会のゼー・エヌ・タータも来日したので、栄一は両者に運賃低下の必要を力説。後者とは互いに協力し合い、新航路をひらくことで合意した。

当時、日本最大の海運会社は、明治十八年九月に誕生した日本郵船会社である。栄一たちは日本郵船をピーオー会社に挑戦させ、インド航路の独占体制を打破しようと考えたのだ。

第37話　岩崎弥太郎の独裁思想との戦い

イギリスのピーオー会社vs日本郵船。この戦いには何としても勝たねば、という思いから、渋沢栄一は日本郵船社長森岡昌純、鐘淵紡績の重役朝吹英二、ゼー・エヌ・ターターたちと協議。紡績五大会社（大阪紡績、三重紡績、鐘淵紡績、大阪内外綿会社、日本棉花会社）を糾合し、大日本綿糸紡績同業連合会の名において各綿糸業者の同意を得た上で日本郵船と契約を交わした。

それは明治二十五年（一八九二）十一月をもって日本郵船二、ターター商会所有船二によって神戸―ボンベイ間の定期航海を開始する、という内容で、上記の五大会社は五万俵の積荷を確定約束、二万五〇〇〇俵の自由積荷も積むことを連合会の名で誓い、ターター商会も積荷の供給手配に相当の保証をおこなうことになったのである。

この両者の争いについては幸田露伴の『渋沢栄一伝』がみごとに要約しているのでその文章を読んでみよう。

「海上王であつたピーオー会社に対して戦は開かれた。我が陣容は堂々としてゐた、籌《ちゆう》画《かく》（計画）は周到であつた。然《しか》しピーオー会社も英国気質《かたぎ》の大会社で、流石に後へは退《ひ》かなかつた。猶《なお》幼稚であつた郵船会社に対して、威圧的及び巧謀的《こうぼう》に激闘を試みた。従来一梱《ひとこり》（一梱包）につき十七ルーピーであつた運賃を八ルーピーに引下げて、積荷奪取の競争を敢てした。戦愈々《いよいよ》烈しきに及んでは、驚くべし一ルーピー半まで引下げた。栄一は連合会に説いて其誘惑に陥るべからざるを強調し、断然一切の積荷を（ピーオー会社に）託せざる態度を維持せしめた。我が商業者も信義的に能く自《よ》ら守つた。郵船会社も実に善く戦つた。ピーオー会社は遂に屈せざるを得なくなつて、競争は終熄《しゅうそく》し、我が外国航路の拡張の第一歩はこれを機縁として踏出《ふみだ》さるゝに至つたのであつた。栄一の善謀と徳望とは勝利を得せしめたのである」

日本郵船は資本金一一〇〇万円という巨大な規模の海運業者で、明治十八年（一八八五）九月に創立されて以降、左のような航路に定期便を出していた。

〈国際航路〉
横浜―神戸―下関―長崎―上海（毎週一便）
神戸―下関―長崎―釜山―元山―ウラジオストック（毎月一便）
神戸―下関―長崎―釜山―仁川―芝罘《チーフー》―天津（毎月一便）
神戸―下関―長崎―対馬―釜山―仁川―芝罘―天津―牛荘《ニューチャン》（毎月一便）
〈国内航路〉

横浜―神戸（毎月一〇便）
横浜―神戸―荻ノ浜（石巻）―函館（毎週二便）
横浜―四日市（毎月一便）
青森―函館―室蘭（毎日一便）
小樽―増毛《ましけ》―礼文《れぶん》―利尻《りしり》―宗谷（季節により便数変化）
国後《くなしり》諸島―択捉《えとろふ》―北見（毎月四便、五月と九月は一便が得撫《うるつぷ》島へ航海）

ほかに日本海側の各港を巡るルートもあったから、日本郵船は今日の航空会社でいえば全日空と日本航空が合併したような独占的な海運業者であった。しかも同社は農商務省の支援を受ける国策会社でもあったから、堂々とピーオー会社とわたりあい、勝ちを制することができたのである。

それにしても、なぜ渋沢栄一は同社に深く関与することになったのか。この問題を理解するために、明治初年における海運業の曙の時代を振り返っておこう。

明治初年の納税とはまだ年貢米を納めることだったから、その年貢米を全国から東京へ集めるには運送業を興すことが不可欠であった。そこで大蔵省は、まだ渋沢栄一が辞職する前、既存の廻漕会社と廃藩の際に諸藩から上納させた汽船を合わせ、郵便蒸気船会社を設立し、前島密《ひそか》をもって主任官とした。その設立は明治五年（一八七二）八月のことで、同社は大蔵省所管の一六隻を二五万円永年賦《えいねんぷ》（一五年の長期返済期間を設定）で払い下げられた上、汽船修理代六〇万円を下付された。

一方、近代日本の海運業を語る場合に外せないのは、のちの三菱財閥の土台を築いた土佐人岩崎弥太郎である。幕末に土佐藩参政（家老）後藤象二郎の下で富国強兵のための機関開成館に採用され、国産品を輸出する貨殖局を担当した弥太郎は、慶応二年（一八六六）、土佐藩前藩主山内容堂の許しを得て三〇〇〇両を持って長崎へ出張。汽船五隻、帆船三艘を買い入れたことから海運業に親しんだ。

弥太郎は、土佐藩権少参事《ごんのしょうさんじ》となって土佐商会の実権を掌握。同会は九十九《つくも》商会、三《み》川《かわ》商会と名称を変え、明治六年に三菱商会となった（社章のスリーダイヤは三川商会時代から使用）。この三菱商会が郵便蒸気船会社のライバルとなるのは、明治七年（一八七四）二月、政府が台湾出兵を決定してからのこと。これは台湾で琉球島民が殺されたことから、その罪を問おうという問罪出兵であった。

これに先んじて台湾蕃地事務局長官となっていた大隈重信は、前島密とともに岩崎弥太郎を郵便蒸気船会社の社長に据えることにより、同社と三菱商会の統一を図った。しかし弥太郎がこれを断り、郵便蒸気船会社の営業成績ははかばかしくなかったため、台湾出兵のために買い入れる船舶一三隻はすべて三菱商会に委託することになった。

台湾出兵は同年十二月にはおわり、日本はこの明治時代初めての海外派兵により、台湾を領有する清国から賠償金五〇万両《テール》を受領することができた。また三菱商会はその間に三菱蒸気船株式会社、ついで郵便汽船三菱会社と社名を改めていたが、明治八年（一八七五）九月には政府から台湾出兵に用いた汽船一三隻を無料で下げわたされたほか、その運航費助成金として年に二五万円を支給されることになった。

こうして三菱会社が急成長し、政府から厚遇されて国策会社となったのは、同年六月中に前島密が負債ばかりの郵便蒸気船会社の解散を決定したこと、同時に政府が欧米への定期航路を独占している外国系海運業者に対し、三菱会社にその独占体制を打破させよう、と考えたことなどが背景にある。

当時「欧米への定期航海を独占」していたのはアメリカの太平洋郵船とイギリスのP&O汽船（幸田露伴のいう「ピーオー会社」）などであり、その航路と貨物については次のように書いた研究がある。

「P&Oが上海・長崎間に定期航路を開設したのは、一八六四年であった。続いてフランス郵船が翌六五年に上海・横浜間に定期航路を開設、米太平洋郵船が六七年一月にサンフランシスコ・横浜・香港線を開設した。同年六月には横浜・上海線、（略）七一年に横浜・函館線を開設。日本は、こうして、欧米の世界交通網に組み込まれていった。横浜からの生糸・蚕種《さんしゅ》輸出が中心であった。一八六九年スエズ運河開通で、帆船から大型汽船へ船種交代が実現する。紅茶製造のための中国茶の取扱いもアメリカを、イギリスが断然抜くことになる」（小林正彬『岩崎彌太郎』）

では、三菱はこれらの外国海運業者とどのように戦ったのか。政府は明治八年四月から五月にかけて、これまで認められていなかった上海航路と国内開港場間での郵便物輸送を許可し、ついで海運業育成のため民営会社の保護を唱えて三菱に八〇万円の貸し下げを決定。これを受けて三菱は、十月中に七八万ドルで太平洋郵船から上海航路を買収し、横浜―上海間の郵便輸送も同社から受けついだ。横浜―函館線その他の沿岸航路も三菱が掌握したため、この戦いは同社の勝利におわったのであった。

わかりやすくいえば、三菱が太平洋郵船との運賃値下げ競争に勝ったのだ。三菱はつづいて上海―横浜航路に参入したP&Oにも勝ち、清国招商局をも撤退させて日本沿岸から外国船を駆逐するという大手柄を立てた。

それが明治十一年（一八七八）後半以降のことだが、その頃から三菱と岩崎弥太郎の強引きわまる態度が目に付くようになってきた。この点も幸田露伴が簡潔にまとめているので、その文章を紹介しておこう。

「三菱会社の当時政府より受けた保護金は、船舶元価（原価）・修繕費・航海助成金・貸与金等を合して九百二十五万円の巨額に上り、且其富力によつて、鉱山を購《あがな》ひ、銀行を起し、海上保険を営み、倉庫業を開き、一旦荷為替を取組みたる者は、其貨物は必ず三菱船舶に附託せざる可《べ》からずとし、又三菱船舶に附託せる貨物は必ず三菱海上保険を付せざるべからずとし、荷為替料・運賃・保険料・倉庫料、尽《ことごと》く其手中に収めた。又当時紙幣と銀貨の価値の差の甚だしかつたに際し、乗船賃は銀に限りて紙幣を拒み、正金銀輸送は保険料を併せて外国船にては一万円に対して一円の運賃であるのを常としてゐたのに、其二十五倍を徴収した。然《しか》し海上に於ては殆ど三菱の船舶のみが信頼すべきものであつたから、おのづから其の専横に任せざるを得なかつた。それで世論も囂々《ごうごう》として、（弥太郎を）海坊主と罵《ののし》り、識者は其驕暴《きょうぼう》を正さんとするに至つた」（『渋沢栄一伝』）

天保五年（一八三四）生まれと渋沢栄一より六歳年上の岩崎弥太郎は、若き日に「将来、何になるつもりか」と聞かれたとき、「治世の能吏、乱世の姦雄」と答えた一癖も二癖もある人物。濃い眉に迫った二重まぶたに黒目がちの両眼、顎の張った角張った顔立ちに太いナマズ髭《ひげ》をたくわえた隈取りの濃い風貌は、よくその性格をあらわしていた。

たとえば三菱は、西南戦争後も開拓使から物品の輸送を依頼されたり、函館―青森航路をひらくなどして景気がよかった。しかし、三菱は会社としての会計収支を公開しなかったことから世の批判を浴びるに至った。

すると弥太郎は、明治十二年（一八七九）七月十日、答弁書を発表した。その内容は、三菱は他力合本を要せず私ひとりの資力で創設・運営してきたのだから、三菱は私の体格にして私は即ち三菱会社の精神である、と（『岩崎彌太郎』）。これは一種の独裁の肯定であり、三菱に就職した者たちは「社員」ではなく「使用人」と規定されていたほど。

「他力合本を要せず」とは渋沢栄一の合本主義とは相反する考え方だから、栄一と弥太郎の関係は水と油であった。それは、次のようなエピソードがよく物語っている。

十一年八月、栄一が息抜きに新橋で芸者遊びをしていると弥太郎が使いをよこし、向島の料亭の柏屋《かしわや》で会って舟遊びをしよう、といってきた。栄一は気乗りしなかったが、礼を失するのもよくないと思ったのか、渋々とながらこれに応じることにした。

そしてこの会見が、ふたりの関係を決定的に悪化させることになる。

第38話　むさぼらない男の知的な逆襲

隅田川での芸者衆との舟遊びがおわって料亭柏屋にもどると、すでに海運業の先駆者として巨万の富を築いていた岩崎弥太郎は、渋沢栄一にさりげなくたずねた。

「これからの実業はどうして経営してゆくのがよいだろう」

それからはじまったやりとりについては栄一の四男・秀雄の書いた『父　渋沢栄一』がもっとも詳しいので、問題の部分を読んでみよう。

「むろん栄一は持論の『合本法』を持ちだした。（略）すると岩崎はこの四角四面な理屈に反対した。合本法などは、いわゆる船頭多くして舟山へ登るの類だ。事業は才腕ある人物が専制的に経営しない限り、うまくゆくものではない、というのである。そこで栄一は、才腕ある人物に経営を委託するのは当然だが、その経営者がいつまでも事業や利益を独占するのは間違っていると反対した。しかし岩崎はそれを理想論に過ぎないといって、飽くまでも専制主義的な独占論を主張したあげく、栄一にこう呼びかけてきた。

『キミとボクが堅く手を握り合って仕事をすれば、日本の実業界は二人の思う通りになる。そこを見こんで今日はキミに来てもらったのだ。堅苦しい理屈は抜きにして、これから何事も二人協力してやろうじゃないか』

栄一は岩崎の真意が自分の所信と対蹠《たいせき》的なのを知って、一層激しく反対した。（略）とうとう二人は猛烈な論争を始めたので、一座もシラケわたった。と、栄一は突然席を立って、そこに居合せた馴染《なじみ》の芸者に目くばせすると、そのまいっしょに柏屋を出てしまった。（略）これがもとで岩崎と栄一の間には長い反目がつづいた」

栄一のいう合本共力主義は、社会をうまく運営して資本の提供者たちに利益をもたらし、その企業が究極的には国家の発展に役立つことを目標とする。栄一と「他力合本を要せず」とする岩崎弥太郎は、いずれ対立する運命にあったのだ。

弥太郎の傲慢さは、たとえば新参の海運業者がある航路に船出して人と物資の運送をはじめると、三菱汽船もその船に附船《つけぶね》をまとわりつかせ、より安い運送費を提示して新参者をつぶす手口によくあらわれていた。

時間は前後するが、明治十六年（一八八三）に各国立銀行が銀行紙幣の発行を日銀にゆずって私立銀行に変身せざるを得なくなったとき、栄一は自分の第一国立銀行のことだけではなくほかの国立銀行のことも考えて、大蔵省と善後策を懸命に協議したものであった（第35話）。弥太郎には、このように同業者との共存共栄を図る心が決定的に欠けていた。

栄一がその弥太郎に挑戦するかのように三井物産初代総轄（社長）の益田孝らと相談

し、一般運輸を目的として東京風帆船《ふうはんせん》会社（資本金三〇万円）を設立したのは明治十三年のうちのこと。旧薩摩藩出身の休職海軍大佐遠武《とおたけ》秀行がその社長に迎えられたのは、この時代には「薩の海軍」という表現があり、海軍に旧薩摩藩士が多かったので遠武は海軍に顔が利いて調法な存在だったためであろう。

当然、岩崎弥太郎とその庇護者である大隈重信は十四年から営業を開始した同社を敵視し、ある新聞には、

「第一国立銀行破産に瀕し、渋沢自殺を企てたり」

などというデマまで掲載されたほど。弥太郎は華族たちの組合が第一国立銀行に預金していると知るや、その華族たちに預金を引き出させる、という手まで使って栄一叩きに走った。

しかし、このような厭がらせのパンチも東京風帆船会社をノックアウトすることはできなかった。逆に栄一は益田孝、渋沢喜作、小室《こむろ》信夫、堀基《もとい》らを発起人とし、同社を発展的に解散してより強力な海運会社を起こすことにした。

渋沢成一郎改め喜作は渋沢商店を起こし、横浜では生糸売り込み問屋、東京深川では廻米問屋を営んで各種の投機にも成功していた。小室信夫は第八十九・第百三十国立銀行その他の設立に関わった実業家、堀基は北海道初めての商社大有社を興した人物である。

明治十六年（一八八三）四月、栄一とこれらの同志は東京風帆船会社、北海道運輸会社、越中風帆船会社を合併して共同運輸会社を設立。資本金を六〇〇万円としたが、そのうち二六〇万円分の株は政府持ち株とし、年に二％を上限とする配当を出すことになった。社長は海軍少将伊藤雋吉《としよし》、副社長は遠武秀行。

共同運輸が初めから国策会社としての優遇を受けてスタートすることができたのは、農商務大輔となっていた長州出身の品川弥二郎が、三菱汽船の海運業独占を嫌ってこの業界に競争原理を導入しようと考えたためである。岩崎弥太郎のバックにいる大隈重信は、明治十四年（一八八一）に国会の即時開催を主張して参議を辞職。十五年四月には立憲改進党を結成して総理となっていたが、品川弥二郎は政党が大嫌いで大隈と岩崎弥太郎の結びつきをも胡散臭く思うようになっていた。

それが、戦時には海軍の使用できる大汽船二隻を製造すること、という条件つきではあったものの、政府の資本金一部負担やこれまで北海道運輸に政府から「拝借船」として貸し出されていた船舶がそのまま共同運輸に使用を認められる、という厚遇につながったのである。

こうして政府の三菱汽船離れは決定的になったが、かといって共同運輸が有卦《うけ》に入《い》ったわけではない。栄一自身は銀行業務がメインだから表には出なかったが、両者の争いは熾烈をきわめた。これについても幸田露伴がうまく書いているので、その文章を引いておこう。なお文中に「運輸会社」とあるのは、共同運輸を指している。
「明治十六年十月以後は運輸会社の新造船が続々欧洲より廻航するに及び、各船は三菱会社の航路に割込んだ。戦闘は激しくなつた。船は船と戦つた。廻船宿は廻船宿と戦つた。（略）改進党は運輸会社に箭《や》を飛ばした。渋沢は岩崎（弥太郎）と戦つた。合本主義は個人主義と戦つた。政府は政党と戦つた。品川は大隈と戦つた。運賃は運賃と戦つた。神戸横浜間三等船賃五円五十銭であつたものが、次第に減じて一円以下にまでなつた。技術は技術と戦つた。速力は速力と戦つた。無理な速力戦になつては、乗客は危険に晒さるゝまでになつた。敵も味方も損失は非常な巨額になつた。双方共にくたびれ武者になつた」（『渋沢栄一伝』）

この戦いが明治十八年までつづいたため、政府内からも品川弥二郎の共同運輸への梃《てこ》入れを非難する声が上がりはじめた。同社の株価は額面の三分の二まで下がり、政府持ち株二六〇万円分も一七二、三万円にしかならなくなってしまったからだ。

共同運輸は苦しい立場となったわけだが、まもなく三菱汽船にも凶事が起こった。ワンマンを絵に描いたようであった岩崎弥太郎が、同年二月七日、胃癌のため死亡したのである。享年五十。

この頃から世論は、共同運輸と三菱汽船をともに批判するようになっていた。両社が共倒れになったりしては、日本の海運業は開国当時同様、ふたたび欧米資本に荒らされることになりかねないからである。

政府、特に農商務卿西郷従道《じゆうどう》としては、この事態は痛し痒《かゆ》しであった。支援した時期こそ違え、三菱汽船も共同運輸も政府が保護を加えて成立発達させたものなのだから、「何《いず》れが倒れるも政府保護の趣旨目的に違《たが》う」ことになる（『六十年史』）。

そこで十八年七月、政府は両者を合併して新たに一大海運会社を興すよう訓示。三菱を継いだ弥太郎の弟・岩崎弥之助にも共同運輸にも、これが文字通りの「助け舟」と受け止められたため、ここに両者協力の上で九月に日本郵船会社が誕生する運びとなった。

両社の海陸資産の総額は、次のごとし。

三菱汽船　五五四万三四一八円
共同運輸　六五二万六三四〇円

このうち三菱は五〇〇万円を株金とし（一株五〇円）、共同運輸は六〇〇万円を株金とするが（株価は同額）、そのうち五万二〇〇〇株は官有、六万八〇〇〇株を民有とするよう定められた。こうして資本金一一〇〇万円の日本郵船が生まれていたからこそ、日本は前話で触れた二十五年以降のイギリスのピーオー会社（P＆O汽船）との競争にも勝つことができたのだ。

官有の五万二〇〇〇株二六〇万円を除外して考えると、三菱側の株の持ち分は一〇万株五〇〇〇万円、共同運輸側は六万八〇〇〇株三四〇万円となるので、一見するとこの合併は渋沢栄一がバックにいた共同運輸に不利だったようにも感じられる。その点に注目してか、

「実は戦は栄一が負《まけ》であつたが、岩崎も合本共力主義の内に溶解したのだから、主義に於ては岩崎が負であつた」（『渋沢栄一伝』）

といった者があったことを幸田露伴が紹介して「面白い評言である」としているのは、かれ自身もこの大合併を合本共力主義の勝利とみなしていたためであろう。

なお、共同運輸と日本郵船の株主でありつづけた栄一が明治二十六年（一八九三）に後者の取締役となったのは、翌年日清戦争の勃発することを予期した政府が、同社重役に有力者を網羅しておく必要を感じたことによる。日本郵船がボンベイ航路のほかオーストラリア、ヨーロッパ、アメリカへの航路を開通させるのはそれ以降のことだから、これについても若き日に西洋文明に触れた栄一の進取の精神が反映されたと見てよいようである。

第39話　士魂商才から生まれた事業

　渋沢栄一と海運業の関係について付言しておくと、かれは日本郵船の誕生から二年、明治二十年（一八八七）にのちの浅野財閥の祖浅野総一郎が創出した浅野回漕部（資本金二八万円）という貨物の運輸廻漕会社にも出資し、経営の相談にも乗ってやった。

　これ以降に浅野総一郎は、栄一が事務担任を委託されていた抄紙会社（のちの王子製紙）の出入り業者となって石炭を納入していた。栄一はみずからが顔も衣服も真黒になって働く総一郎に感心して支援をおこない、結果としてかれは浅野セメントを興すことから「コンクリート王」、東京—横浜間の港湾設備を改良して一大工業地帯を誕生させることから「京浜工業地帯を作った男」などと呼ばれることになる。

　ただし浅野回漕部は持ち船が五艘しかない小規模な会社だったので、栄一は総一郎ら三〇余名と相談。明治二十九年（一八九六）四月に同部を解散させ、七月をもって東洋汽船株式会社（資本金五〇〇万円）を創立することにした。その創立委員長を務めた者こそ渋沢栄一であったが、同年三月から日本郵船はヨーロッパへの定期航路をひらいており、政府も同月のうちに航海奨励法と造船奨励法を制定するなど、海洋国家としての一大飛躍を期すようになっていた。

そこで浅野総一郎を社長、栄一を監査役とした東洋汽船は、排水量六〇〇〇トンの大型汽船一八艘をヨーロッパ航路とアメリカ航路に就航させようとしている日本郵船に対し、資本金を七五〇万円に増加して大東汽船会社を合併。イギリスに排水量六〇〇〇トン、鋼鉄製の汽船三艘を発注する一方、サンフランシスコで太平洋航路を掌握しているアメリカの大企業太平洋郵船会社と営業上の協力関係を結び、明治三十二年度からサンフランシスコ定期航路をひらくことにした。

政府はこれを喜び、一ヵ年につき特別助成金を一〇一万三八八〇円を上限として東洋汽船に与えることにした。日清戦争に勝利した四年前の明治二十八年（一八九五）十一月、日本はドイツ、ロシア、フランスの三ヵ国からいわゆる「三国干渉」を受けた結果、清国から割譲された遼東半島を還付しなければならなくなった。すると三十一年三月、ロシアは清国からその遼東半島の旅順と大連を租借して軍事基地を建設しはじめていた。そんな国際情勢の変化もあったから、政府は対露開戦となれば民間の汽船を借用できるようにと考えて、大手海運業者を国策会社化することに努めたのであろう。

ところが、一般大衆から見れば、栄一が日本郵船の取締役でありながら東洋汽船の監査役でもあるのは奇怪なことに思えた。その結果、栄一を非難する声も挙がったのは、両社に出仕している栄一を無定見とみなす者がいたわけである。

人からそうと伝えられたとき、栄一は答えた。

「余の事業の為《た》めに奔走するは、一念国家の利益を計るにあり。故《ゆえ》に成立の見込《みこみ》ある事業なれば幾箇にても成立せしむることに尽力し、国家経済の発達を助けんとす。（略）但《ただし》成立の見込なくして徒《いたずら》に競争のみを事とするものに至《いたり》ては、余の取らざる所なり。若《も》し余が業務の多岐に渉《わた》るを非なりとせば、初《はじめ》より余の如きものを重役に選挙せざるにしかず。余に於て株主の依頼ありたればこそ奮《ふるい》て重役を引受《ひきうけ》こそすれ、毫《ごう》も余より願《ねがい》て求めたるにはあらざるなりと」（『六十年史』）

つづけて『六十年史』の編纂者は、ある有力者の渋沢栄一評を紹介している。

「渋沢君は当世の財産家なり。併《しか》し乍《なが》ら同君が若《も》し利殖の目的を以て初より一二の業にのみ専《もっぱ》ら従事経営せられたるならば、同君の富は今日に幾層倍せしならん。同君は事業の成立発達のみを楽《たの》しみとし為《た》めに費《ついや》せし所の私財幾何《いくばく》なるを知らず」

この評は、正しいだろう。栄一が利殖を目的として一、二の企業の経営に専念するのではなく、あらゆる事業の成立と発達を楽しみとして商業界全般の成熟を願いはじめたのは、大蔵省に奉職していた時代のことであった。栄一が同省を辞するにあたって友人の玉乃世履ほかに告げた物の見方考え方は第32話に紹介したが、そのことばの一部をここに再録しておこう。

「古来日本人は武士を尊び、（略）商人となるを恥辱と考《かんがえ》るは抑《そもそ》も本末を誤りたるものにして、我国今日の急務は（略）商人の品位を高《たこ》ふし、人材を駆りて商業界に向はしめ、商業社会をして最も社会の上流に位《くらい》せしめ、商人は即ち徳義の標本、徳義の標本は即ち商人たるの域に達せしめざるべからず」

栄一は商業界を成長発展させることこそ国家を富ませる基本と考えるあまり、自分が経営に深く関わっている企業のライバル会社にも助言や援助をためらわない、という鷹揚な態度をとるのをつねとした。

栄一は身長五尺（一・五二メートル）の小柄な人物であり、いつの頃からか十年一日のごとく帽子は黒い山高帽、衣装の上はドレスシャツのダブルカラー（衿羽根が二枚になった形）に黒い蝶ネクタイ、それに黒いフロックコートを羽織って下は地味な縞のズボン、冬は外套としてインバネス（二重まわし）を着用するという姿であった。この栄一の姿にある風格を感じる人々が次第に多くなっていったのは、栄一の上記のコメントから知れるように、かれが商業界に生きる者たちに品位と徳義を求めつづけたことと無縁ではあるまい。

栄一の回想的著述の一作が『論語と算盤』とされているのは、かれが孔子の説いた君子の品格を忘れることなく商業に励み、結果として近代日本の成長に貢献する人生をめざしたためにほかならない。

江戸時代以前の日本人は、大和心と漢籍から得た知識とを併せ持つ「和魂漢才」の理念を身につけることを理想とした。これは明治維新の前後からは「和魂洋才」という対句に置き換えられ、人々は日本人独自の精神と洋学の教養を身につけることに憧れはじめた。

対して栄一は、士道に裏打ちされた〈むさぼらない精神〉によって商業界が品位ある発展を遂げるよう求めて止まなかった。筆者が栄一のことを「士魂商才の人」と形容するゆえんもここにあるが、和魂洋才という流行の考え方を追うことなく士魂商才に徹したところにこの人物の独自性が感じ取れる。

さて、栄一の残した足跡はまことに多岐にわたっており、『六十年史』全二巻は栄一が大蔵省を辞職してから関与した第一国立銀行のことからはじめて、全六〇章中の四二章分、ページにして二二〇二ページ中の一〇四〇ページ分、四〇〇字詰め原稿用紙にして一六四〇枚ほどを育成した各種企業の紹介に充てている。

しかし、本稿でそのすべてを紹介することは不可能なので、以下しばらく栄一の個性が反映されたと感じられる企業を中心に概観してみよう。

第25話で触れたように、栄一の師であり義兄でもある尾高新五郎改め惇忠が明治四年（一八七一）に富岡製糸場の初代工場長となったことは、栄一がフランス滞在中、ルーアンの木綿織物製造所で蒸気機関による機械織りを見学したことと水面下でつながっている。明治十四年（一八八一）、栄一が蒸気力による紡績工場を有する大阪紡績の創立に相談役として関与したことも、フランス滞在経験を考慮しなければ説明がつきにくい。

　同様に栄一のヨーロッパ体験が起業するのに影響を与えた企業体としては、ガス業と電気業が挙げられる。

　日本のガス業は明治四年（一八七一）、時の東京府知事由利公正が新吉原町にガス灯を設置すべくイギリスからガス製造機を購入し、東京会議所（のちの東京商工会議所）に交付したことによってはじまった。この頃のガスの使用目的は、ガス灯によって街路を明るくすることである。六年六月、東京会議所は歓楽地の新吉原町ではなく府下各所にガス灯を建てる方針に改め、ガス掛《がかり》を置きフランス人ペレゲレンを招いて経営にあたらせた。

　ガス製造工場は、芝区芝浜崎町に建設。七年十二月にはその工場と京橋以南に八五基のガス灯が街灯として建てられた。さらに八年三月には京橋以北、万世橋、浅草橋のうちに一六二基、五月には幸橋、山下橋、数寄屋橋、呉服橋通りに三〇基、六月には浅草橋と雷門の間に六〇基と建てられてゆき、夕闇が迫ると夕景色がガス灯に浮かび上がるという明治の情緒はこの頃生まれたのである。

　この時代には官営として出発した事業が軌道に乗ると知れると民間に払い下げられ、それによって資本主義社会の成長を促す、という国策がよく採られた。九年五月、東京瓦斯《ガス》局が置かれて渋沢栄一は事務長を依託されたが、十五年六月には同局が二四万円で民間に払い下げられることになった。

そこで栄一は、十八年八月、大倉財閥の創始者大倉喜八郎らとこれを購入。二十一年五月には、初めガスの製造量は一日に二万五〇〇〇立方フィートだったのに対し、ガス容積一〇万立方フィートの貯蓄器を備える一方、初め一〇〇〇立方フィートにつき三円七五銭だったガス代金を二円に下げた。

同局が東京瓦斯株式会社と称されるのは二十六年のことだから、日清戦争のはじまる一年前である。その翌年、栄一が取締役会長に選ばれたのは監査役浅野総一郎らに推挙されたためだが、このとき栄一は感に堪えなかったのではあるまいか。

というのも栄一は、慶応三年(一八六七)一月九日、フランスへの航海の途中で立ち寄った上海で初めてガス灯、電柱、電線を見、前者に「地中に石炭を焚き。樋《とい》を掛《かけ》。其火光を。所々へ取るもの」、電線には「鉄線を張り施し越列機篤児《エレキテル》の気力を以て遠方に音信を伝ふるものをいふなり」と『航西日記』に注をつけていた(第13話)。

また栄一は、パリ滞在中には名所旧跡のみならず市内の地下に張り巡らされた上水道、下水道、ガス道をも詳しく視察し、地上とはマンホールの蓋でつながっていることまで熱心に書き止めた(第16話)。そのとき栄一は、自分が二七年後にガス会社を経営することになるとは夢にも思わなかったことであろう。

なお東京瓦斯の当初の需要の中心はガス灯であったが、大正年間に電灯が普及すると同時に時代遅れとなったため、以後、同社は都市での熱源としてのガス利用を推進。一五のガス会社との合併、天然ガスへの転換努力などにより、今日の東京ガスが世界最大にして日本最大手のガス会社に成長していることはよく知られていよう。

ガス灯のまたたく東京の夕景色、熱源としてのガスの普及によって一気に文化的になった日本人の家庭環境。それらのことを思うと、栄一の残した足跡の大きさが改めて知れるのである。

第40話　設立に関与した企業は五〇〇社

渋沢栄一が上海でガス灯と電信・電線に関心を寄せたことは前述の通りだが、栄一はガス灯がいずれ電灯にとって替わられることも予期していたようで、明治二十年（一八八七）に東京電灯会社が創立された際には創立委員をつとめた。

栄一はそんな関係から水力発電の将来性にも期待したのであろう、二十八年には大倉喜八郎、浅野総一郎らとともに広島水力電気株式会社（資本金二五万円）の設立発起人となり、三十年に設立免許を受けると取締役会長に就任した。これは広島市と呉《くれ》軍港およびその周辺に電力を供給することを目的とし、発電所は黒瀬川の流れる広島県賀茂郡広村に建設された。日清戦争の際、連合艦隊は佐世保《させぼ》軍港から出動したが、呉も横須賀とともに軍港に指定されていた。軍港や軍艦は大いに電力を使用するから、栄一たちはその消費量に期待したのだろう。

つづいて三十年創立、栄一がやはり設立発起人のひとりとなった東京水力電気株式会社（資本金三〇〇万円）は、東京・横浜の電力需要に応じることを目的とした。明りといえば蠟燭《ろうそく》か灯火、動力といえば牛馬か水車しかなかった江戸時代に生まれた栄一たちの世代が、ガスや電力という新エネルギーに出会い、その商品化を図って奮闘した、というのも明治の一面なのである。

もちろん新エネルギーといえば、ヨーロッパ諸国に産業革命を実現させた石炭を忘れる訳にはゆかない。江戸時代の日本では石炭は硯《すずり》か薪《まき》や炭の代用程度にしか用いられず、欧米の蒸気機関も初めは薪によって蒸気を発生させていた。しかし、日本の開国に並行して石炭で蒸気機関を動かすことが一般化したため、三井・三菱・住友・古河の各財閥はこぞって炭鉱業に乗り出し、栄一もそれにならった。

栄一の関与した炭鉱会社の社名、役職名を眺めると、左のようになる。

〈田川採炭会社〉相談役。明治二十二年（一八八九）豊前《ぶぜん》国田川郡で採掘開始（資本金六〇万円）。二十六年、豊州鉄道会社に合併され解散。

〈磐城炭礦会社〉取締役会長。明治十七年二月、有志が磐城国《いわきのくに》磐前郡《いわさきぐん》上湯《かみゆ》長谷《ながや》村（現・福島県いわき市）の炭山の炭量、炭質を調査すべく工部省から審査官ほかを招いたところ、包蔵する炭量は一七四万八二〇〇トンに達する大規模炭田であることが判明。同年中に資本金四万円の磐城炭礦会社が設立され（のち四〇万円に増資）、炭鉱から小名浜港（いわき市）まで搬出用の鉄道を敷いて十一月から採炭を開始した。初めの一年は六四一万九八〇〇斤（一斤＝六〇〇グラム）余の採掘だけで、八二一円余の損失。しかし、三十年には下半期だけの純益金が三万三九九八円に達した。

ちなみに磐城炭礦会社は明治二十六年(一八九三)に磐城炭礦株式会社と改称し、栄一の死後十三年目、昭和十九年(一九四四)に入山採炭株式会社と合併し、常磐炭礦株式会社となり、同二十六年の時点でも年に一万トン以上採掘できる炭鉱は六二を数えた。しかし昭和三十年代から、エネルギーの主役は石油へと変わっていったのであった。

思わず石油エネルギーの話になってしまったが、話題をガスにもどすと、栄一は東京瓦斯《ガス》を母体として東京瓦斯鉄道会社を作ろうとしたこともあった。

とりあえず東京の都電の前史を振り返ると、その起源となったのは明治十三年(一八八〇)から新橋—上野—浅草間で順次開業した東京馬車鉄道会社である。しかし、同社の株主だった栄一はそれを眺めながら考えた。

馬が糞尿をまき散らしながら走るのは、不潔で周辺住民の衛生によくない。欧米の主要都市に普及しつつあるという電気鉄道も、電気を受ける架線の支柱を市内に立ててゆかねばならないから交通を妨げる。

そう思って栄一は東京瓦斯鉄道を構想し、欧米では車輛の一部にガス機関をつけた市電をも走らせているそうだから、日本でも試験をして結果がよかったら東京全市にこれを発達させよう、と夢見たのである。

しかし、どうやらこれは計画倒れにおわったようだ。『六十年史』もこの計画がどうなったかという点には言及していないし、東京馬車鉄道会社のその後の歴史を見ても、ガス化の話はまったく出てこない。三十六年（一九〇三）に電化されて東京電車鉄道と改称。新規参入した東京市街鉄道、東京電気鉄道と合併し、のち東京市に買収されて東京市電（さらにのち都電）となった、というのがその歩みである。

東京がダメなら地方で、というわけではあるまいが、ガスによる市電の実現を断念した栄一は、東京電灯会社と広島水力電気会社の創立に成功した明治二十八年（一八九五）には宮城県の塩釜と山形の最上川東岸を結ぶ陸羽電気鉄道会社創立の発起人となり、両地域の運輸交通の便を図ろうとした。さらに群馬県の高崎市と伊香保温泉とを結ぶ群馬電気鉄道会社の発起人にもなり、この地方における旅客と貨物の輸送と電力の供給に尽力しようとした。

陸羽電気鉄道は実現に至ることなくおわったが、資本金六〇万円で設立された群馬電気鉄道は、渋川線、前橋線、伊香保線の合計六一キロのローカル地方鉄道として今なお健在である。

さらに栄一と鉄道の関係といえば、李氏朝鮮の国内に敷かれた京仁《けいじん》鉄道と京釜《けいふ》鉄道にも触れなければならない。

栄一が朝鮮に関りを持ったのは、頭取であった第一国立銀行が明治十一年（一八七八）以降、朝鮮の釜山浦、仁川、京城《ソウル》、元山に支店をひらき、十六年以降は同国政府税関の出納やその他一般の銀行業務も扱うなど、同国の中央銀行の業務を代行するようになったことによる。

二十九年（一八九六）、第一銀行と改称したことはすでに見たが、同三十五年から同行は第一銀行券を発行、同国政府はこれを公認紙幣とした。なおこの紙幣に印刷された肖像は、渋沢栄一自身である。この紙幣は四十二年（一九〇九）十一月、第一銀行が同国の中央銀行の業務を株式会社韓国銀行（のちの朝鮮銀行）へ譲渡するまで発行されつづけた。令和六年（二〇二四）から栄一は日本銀行券の一万円札の肖像として使用されているが、これはかれにとって〈二度目のおつとめ〉なのである。

さて、栄一は明治二十七年に誕生した日韓通商協会の評議員として両国の貿易を盛んならしめることに努め、その一環として朝鮮国内の人物と物資の移動を円滑化するために鉄道敷設を思い立ったのであった。ところがその動きを見越してか、二十九年三月のうちに横浜在住のアメリカ人貿易商ジェームズ・R・モールスという者が、朝鮮政府から京仁鉄道（京城―仁川）の鉄道敷設と営業の特権を獲得していたから話はややこしくなった。

そこで栄一は、国内資本によってモールスからその権利を買い取るべく交渉を開始。「京仁鉄道引受組合」と称した組織には、栄一とモールスのほか次の者たちが参加した。

岩崎久弥（三菱財閥三代目）、今村清之助（両毛鉄道その他を作った鉄道王）、原六郎（横

浜正金銀行頭取）、原善三郎（原財閥）、大倉喜八郎（大倉財閥）、大谷嘉兵衛（横浜商業会議所会頭）、中上川《なかかみがわ》彦次郎（三井財閥中興の祖）、瓜生震《うりゅうしん》（三菱財閥）、安田善次郎（安田財閥）、松本重太郎（南海鉄道、山陽鉄道ほかを所有）、前島密（関西鉄道、北越鉄道社長）、益田孝（三井財閥創設メンバー）、三井高保（三井財閥）、荘田平五郎（三菱財閥の番頭格）。

渋沢栄一を渋沢財閥の創始者とみなしてもよいのであれば、この組合は日本の財界人たちのオールスター・キャストに近い。かれらが大同団結して事に当る気になった背景には、栄一が京仁鉄道だけでなく京釜鉄道敷設の構想をも持っており、仁川―京城―釜山を結ぶ日本における東海道本線のような朝鮮縦断鉄道を敷いて日韓併合前夜の朝鮮の文明開化に協力しようとしていたためであった。

その結果、モールスは米ドル（金貨）一〇〇万ドルで権利を引受組合に売り、同組織はとりあえずひとり二〇〇万円を限度に負担してその原資とすることにした。

栄一は同組合の委員長に推されてあれこれ腐心したが、結局のところ内閣から一八〇万円の貸付金を引き出し、明治三十二年（一八九九）五月、京仁鉄道合資会社（資本金七二万五〇〇〇円）を設立してその社長に就任。翌年七月に同鉄道を開業させ、明治三十八年（一九〇五）一月、すなわち日露戦争のさなかには京釜鉄道も全線開通した（京釜鉄道の資本金は不明）。

以降は京仁線と京釜線を併せて京釜鉄道と呼び、陸軍が兵員輸送のため京城―平壌《ピョンヤン》―

新義州を結んだ京義線も開通したが、これらは三十九年三月に鉄道国有法と京釜鉄道買収法が公布されたことにより、栄一の手を離れた。朝鮮は明治三十年（一八九七）十月に国号を大韓と改めていたが、四十三年（一九一〇）八月に日本は韓国を併合し、国号をふたたび朝鮮として朝鮮総督府に支配させることにした。その後、上記の鉄道は「朝鮮総督府鉄道」略して鮮鉄といわれ、日露戦争後にロシアから日本へ譲渡された「南満州鉄道」略して満鉄に経営を委託された。

このように朝鮮は栄一が経営陣から去ると軍事色に染められてゆくのだが、栄一時代、京仁・京釜鉄道は旅客の八割以上が韓国人であり、京釜鉄道敷設の際には工事担当の労働者の九割以上を韓国人とすること、という規定すらあった。このことや鉄道のゲージ（レールの幅）を日本国内のそれのように狭軌《きょうき》とするのではなく広軌と定めたことなどには、栄一たち経営陣のセンスのよさが感じられる。

ほかに栄一が会長を務めた企業の代表格としては、東京石川島造船所（のち石川島播磨重工業。現・ＩＨＩ）が挙げられよう。しかし、栄一が設立に関与した企業は一口に五〇〇社といわれていて、枚挙に暇がないとはこのことである。

そこで最後に、栄一とホテル業との関わりを見ておこう。

ヨーロッパから帰国した栄一には、明治二十年以前の東京には一般欧米人のための宿泊先としては築地精養軒ホテル、東京ホテルぐらいしかないことが物足りなく感じられたに違いない。そこで同年、栄一は外務大臣になっていた井上馨の勧誘により、大倉喜八郎、益田孝らとともに発起人になって「一大完全なる『ホテル』」（『六十年史』）の建設を計画。政府と宮内省の賛助を得て麴町区内山下町（現・千代田区内幸町）に土地を求め、二六万五〇〇〇円をもって東洋一のホテルの建設に着手した。三年後の二十三年十一月に落成して開業したのが帝国ホテル。建坪は一三〇〇坪、木造レンガ造りの三階建てで、部屋数は六〇室。栄一は初め理事長、のちには取締役会長に就任した。

しかし、栄一の経営はうまくゆかなかった。四十年（一九〇七）、ホテル・メトロポールを買収して傘下に入れたところ、両ホテルとも客が減少して経営不振となってしまい、栄一は二年後に取締役会長の職を辞任せざるを得なくなったのだ。

とはいえ帝国ホテルは今日もホテルオークラ、ホテルニューオータニとともに「ホテル御三家」といわれており、大阪その他に系列ホテルを所有している。

栄一はフランスでホテルを知ったためであろう、日本におけるホテル業の発展を願い、京都ホテルや日光ホテルが創設される際にも協力したといわれている。栄一が「日本資本主義の父」と形容されるのも、あながち過褒とはいえない。

第41話　大蔵大臣就任を辞退

渋沢栄一が併合直前の朝鮮で果たした役割の次は、アメリカとの関わりからたどりはじめよう。

そもそもの発端は、明治十二年（一八七九）の夏、アメリカの前大統領ユリシーズ・S・グラントが欧州とアジア歴訪の旅のあと日本に立ち寄ることになったことにはじまる。グラントは南北戦争中に北軍の総司令官を務めた英雄であり、かつて日本が迎えたどの外国人よりも高名な人物。当時の日本政府は幕府が欧米列強と結んだ不平等条約の改正を悲願としていたため、グラントに日本の文明開化をアピールして条約改正に結びつけようと勇み立った。

しかし、欧米では国賓を迎える際には王室、政府要人たちのほか市民主催の歓迎会がおこなわれる。さて、これをどうするか、と考えたのは、大蔵卿大隈重信と十一年五月に大久保利通の死を受けて内務卿の職を継いでいた伊藤博文。ふたりは旧知の渋沢栄一が東京商法会議所（のちの東京商工会議所）を組織してその会頭に収まっているのに目をつけ、「東京接待委員」の総代になってもらうことにした。

栄一は一八六七年（慶応三）四月にフランスのマルセイユ港に着いたとき、市長や鎮台司令たちが大歓迎してくれたのをおぼえていたから否やはなかった。大倉喜八郎、安田善次郎、三野村利助（利左衛門の養子、三井銀行の実質的経営者）らも接待委員に加え、グラント歓迎の民間の部を盛り上げることにした。

グラントとその家族がアメリカ軍艦で横浜に着いたのは、十二年七月三日午前中のこと。礼砲が撃たれ、花火一七〇発が打ち上げられて右大臣岩倉具視、外務大輔森有礼《ありのり》らに出迎えられた一行は、特別列車で午後二時に新橋駅に到着すると、東京府知事楠本《くすもと》正隆、栄一ら接待委員に迎えられ、八日夜は虎ノ門内にあった工部大学校講堂において東京府民と新聞記者、各国領事館の人々ら計一五〇〇人と府民主催の夜会を楽しんだ。

新富座を借り切っての観劇会、日本初の提灯行列、明治天皇出座のもとにおこなわれた上野公園での一大ペイジェントと催しはつづき、グラントはある人にこうコメントした。

「日本は皇族と官員ばかり世界文明の事情に通じ勢力ありと聞き及びしが、今一般人民が皇族官員と共に相懇親交際するの状を見るに毫《ごう》も欧米と異なる所なし。他日恐るべきの国民なりと」（『六十年史』。句読点と傍点筆者）

民間人の代表としてこれらの催しをプロデュースしていた栄一が、このコメントを知ったならさぞ喜んだことであろう。傍点部から察するに、グラントはいずれ日本がアメリカのライバルになることを予感したのかもしれない。

栄一はグラントを飛鳥山の隣の西ヶ原に建てた別荘にも招待したほどだが、やはりこれだけの催しをおこなうには金がかかる。予算は三万円——昭和四十五年（一九七〇）当時の三億円に上ったそうで、栄一がある会合で岩崎弥太郎の弟・弥之助に、

「自分は五千円作るつもりだが、きみのところは西南戦争でもうけたのだから、兄貴に話して一万円出したまえ」

と迫ると、兄は別として自分は三〇〇〇円出す、と弥之助は答えたという（渋沢雅英『太平洋にかける橋』）。

工部大学校での夜会については婦人同伴も可とされ、太政大臣三条実美夫人、益田孝夫人、大倉喜八郎夫人、栄一の千代夫人と長女で十七歳になっていた歌子らが出席した。千代は紹の重ねの紋付姿、歌子は越後屋で石持ちの裾模様を新調したそうだが、歌子は食事会のおわり近くに出されたアイスクリームを初めて見、次のように思い出を書き残している。

「皿の上に黄色なかたまり、これは何であろう。バターにしては分量が多すぎると思い、スプーンもとらずに見ているうちに、その玉子色のかたまりがだんだんとけて来る。奇妙な食物と思うばかりなのでした……」（同）

鹿鳴館が欧化政策のシンボルとしてオープンするのはこの四年後のことだから、まだ

日本人には洋風のコース料理など知らない人がほとんどだったのだ。

それでも栄一の民間外交は大成功だったわけで、その後の栄一は次のようなイベントも主催した。


〈憲法発布祝いの夜会〉明治二十二年（一八八九）三月十一日、鹿鳴館において。

〈日清平和還幸凱旋門〉二十八年四月に日清講和条約が調印されるや、ドイツ、ロシア、フランスの三国が新たに日本領とされた遼東半島を清国へ返還せよと主張し（三国干渉）、日本はこれに従わざるを得なかった。当時京都へ行幸啓していた明治天皇と皇后とが五月三十一日に東京へ還幸すると、栄一は意気沮喪した国民を元気づけるため両陛下に凱旋の祝意を表明すべく商業家一一四九人および一二五団体から四六〇〇余円の資金を集め、花火六八〇発を打ち上げたほか、麴町区内幸町に建坪四二〇坪の凱旋門を建築。門の左右に花で作った「東京市商人有志奉迎会」の文字を掲げてみせた。

〈第四回内閣勧業博覧会〉栄一は評議員として開設地を東京と決定。二十八年開催。

〈平安遷都紀念祭〉同年は桓武《かんむ》天皇が平安京に遷都してから一一〇〇年目に当たっていたため、栄一は協賛会を設立して幹事となり、十余万人から四〇万円を集めて紀念の神宮を設立した。これが平安神宮である。

〈奠都《てんと》三〇年祝賀会〉東京が日本の首都と定められたのは明治二年（一八六九）のこと。

明治三十一年にはこの奠都から丸三十年たった祝賀会を挙行することになり、会長には東京府知事岡部長職《ながもと》、副会長には栄一が推された。祝賀会は四月十日、皇居の二重橋外の会場でひらかれ、天皇皇后も馬車に乗ってあらわれた。栄一は東京商業会議所会頭として頌徳表《しょうとくひょう》を捧げ、天皇は市民のため五〇〇〇円を下賜した。

〈美術品出品協会〉明治三十三年（一九〇〇）にパリで五回目の万国博覧会がおこなわれると決まったのは、三十年のこと。栄一は日本から美術品を出品することを奨励するため、この協会を組織した。その成果であろう、パリ万博では日本画家大橋翠石の描いた「猛虎図」が優勝金牌を受賞するという栄誉に浴した。

このように眺めると、栄一はグラントが来日した明治十二年から三十三年にかけての二二年間のうちに、民間にあってもっとも成功した日本人になりおおせていたことが知れる。

栄一は大蔵省を辞するに際し、商人の品位を高めて商業会社を社会の上流に位《くらい》せしめたい、と抱負を語ったものであった。栄一は戊辰戦争が終結してから三十余年の歳月が流れる間にその抱負をみごとに実現し、東京でもっとも有名であり、かつ府庁や政府からも頼りにされる民間人となっていたのである。

しかし、人は常に幸運であるとは限らない。栄一はグラントを迎えてから三年後の明治十五年（一八八二）七月、妻の千代と死別する運命にあった。十三日にコレラを発病した千代は、十四日には早くも身まかったのである。市太郎（早逝）、歌子、琴子、絲《いと》子《こ》（早逝）、篤二《とくじ》の母であった千代は、享年四十二。

その三月前、歌子は穂積陳重《のぶしげ》（東京大学教授兼法学部長）に嫁いでいたが、十六年に栄一が旧水戸藩御用達商人の娘・伊藤兼子《かねこ》と再婚したのは、手元で育てている三人の子供たちには母親が必要だと考えたからかもしれない。兼子は敬三郎（早逝）、武之助、正雄、愛子、秀雄、忠雄（早逝）を産み、栄一を子福者にした。

さて、ここで明治三十三年のパリ万博の後の話をすると、同年十月十九日に発足した第四次伊藤博文内閣が三十四年五月二日に財政方針をめぐる閣内不統一により総辞職。同月十六日、天皇から井上馨に組閣の大命が下った。井上は栄一とともに大蔵省を辞職したあと参議兼工部卿・外務卿となり、十八年に内閣制度が発足してからは、外務・農商務・内務・大蔵大臣などを歴任。伊藤博文が政党「立憲政友会」を創立したときも、これに協力していた。

その井上はしばしの猶予を請うて天皇の面前から退出すると、臨時首相に指名されていた元老西園寺公望に思いを伝えた。

「予は内閣を組織するに成算のないことは無いから、意中の閣僚を得ることが出来たならば、首相の印綬を帯びても差支《さしつかえ》ない」（『世外井上公伝』第四巻）

あけて十七日、井上は桂太郎に陸軍大臣、渋沢栄一に大蔵大臣としての入閣の交渉をおこなったものの、桂はその時期に非ずとしてこれを辞退。主義として入閣を好まなかった栄一は、井上とは長年のつき合いがあるためこう答えた。

「情誼から言へばお受けしなければならぬかも知れぬが、私の信念からはお断りしなければならない。然《しか》し折角の御示しで御座いますから、銀行の人々に相談をして見ませう。其《それ》で皆が同意でありますればお受け致しませう」(同)

しかし、第一銀行の重役たちは、異口同音に答えた。

「今銀行を離れられては困る」(同)

このやりとりを伝えられて井上は組閣を断念するのだが、これには後日談がある。井上に替わって桂太郎が首相に就任した頃のことであろうか、井上は栄一に告げた。

「若《も》し失敗して退くやうだと末路に名を傷《きず》ける。君が引受けて呉《く》れなかつたのが幸で、私も内閣を引受けなくてよかつた」(同)

これが本音であったことは、井上が栄一に「組閣を中止した御祝をしよう」と持ちかけたことから察しがつく。後日、栄一は、こんな御祝は類のないことであった、と述懐したという。

こうして在野精神を貫いた栄一が、前話で見たように朝鮮国内での第一銀行券発行に踏み切ったのは、その一年後のことであった。

第42話　日米民間外交に刻んだ足跡

明治三十五年（一九〇二）といえば、朝鮮で第一銀行券が紙幣として流通しはじめた年であり、一月に日英同盟が結ばれた年でもある。同年五月十五日、渋沢栄一は約五ヵ月の予定で欧米漫遊の旅に出た。驚くべき発展を遂げつつあるというアメリカを視察し、ついでにヨーロッパを三十七年ぶりに再訪しようというのだ。

外務大臣小村寿太郎《こむらじゅたろう》、英米両国の駐日大使、財界人ら一五〇〇人以上に見送られて東洋汽船の「アメリカ丸」に乗り、兼子夫人ともどもハワイをめざした栄一は、二十三日にホノルル着。ハワイは一八九八年（明治三十一）にアメリカに併合されていたが、最後の女王リリウオカラニの兄で国王だったカラカウアと栄一は交流があった。グラント来日から二年後の明治十四年（一八八一）、カラカウア国王は世界漫遊の途中、国賓として来日。栄一の屋敷に招かれるなどして親日家となり、以後は積極的に日本移民を受け入れていた。

一九〇〇年の調査によるとハワイの全人口は約一五万人。日本移民はその四割を占めるまでになっており、銀行や商社も進出していたため栄一夫妻は大歓迎を受けた。そして三十日、サンフランシスコに到着すると、地元紙「サンフランシスコ・クロニクル」は、栄一をアメリカ五大財閥のひとつモルガン財閥の創始者ジョン・ピアポント・モルガンになぞらえる報道をおこなった。

「(同紙は)栄一の到着を『極東のピアポント・モルガンの訪米』と紹介、日本で栄一が関係している銀行、会社数十社の名をあげ、それらの資本金を合計すると二億円にのぼるから、栄一は『日本最大の富豪』であると報じた」(渋沢雅英『太平洋にかける橋』)

六月二日、栄一はユニオン・ワークス造船所を見学。排水量一万二〇〇〇トン以上の巡洋艦四隻をふくむ軍艦一一隻が艤《ぎ》装《そう》されつつあるのを見た。一八九八年以降、アメリカは落日のスペインからプエルトリコ、グアム、フィリピンなどを奪取し、帝国主義的・膨張主義的な欲望をあらわにしつつある。それだけに栄一はこの造船所についでシカゴで一時間以内に牛二五〇頭、豚七五〇頭を処理するスウィフト食品会社やピッツバーグのUSスティールの鉄工場などを見学し、圧倒される思いだったという(同)。

その後ワシントン入りした栄一は、セオドア・ルーズベルト大統領と会見し、かれが日本軍を高く評価していることを知った。『太平洋にかける橋』に紹介された大統領のコメントは次の如し。

「義和団の変(一九〇〇年発生の北清事変)で北京に進駐していたわが軍の将校の話によると、お国の軍隊の武勇なことはロシア、フランス、ドイツ、イギリスなどが口をそろえて称賛しています」

この年、日英同盟が締結されたのも、北京駐在のイギリス公使マクドナルドが、北京籠城によって義和団と戦う連合軍を指揮した柴五郎陸軍中佐のリーダーシップを高く評価したことに由来する。だから大統領のコメントは、ただの社交辞令などではまったくなかった。しかし、栄一はこう答えた。

「私は実業に従事する者です。わが国の商工業が美術や軍隊に比べて遅れていることを前から残念に思っております。（略）この次お目にかかったときには、商工業についても同様おほめにあずかるようにしたいものと存じます」

この答え方がきっかけとなって、大統領はニューヨーク商工会議所会頭モリス・K・ジェサップに栄一の紹介状を書いてくれた。そのおかげもあって、栄一がニューヨークに移ってから会見した相手はまことに多士済々となった。

コンソリーデイテッド・ガス会社社長アンソニー・ブラッディ、ナショナルシティ銀行頭取スティルマン、アメリカたばこ会社のフィルティ、コンソリーデイテッドたばこ会社のデューク、シカゴガス会社のナップなど。六月二十三日夜、ブラッディが主催した栄一の歓迎会にあらわれたかれらは、いずれも五〇〇〇万ドル以上の財産家ばかりとの触れこみであった。この時点での第一銀行の資本金はようやく一〇〇〇万円になったところだったから、栄一は彼我の実業家の財力の差を思い知らされたに違いない。

その他、栄一にとって印象深かったのは、フィラデルフィア市のジラード・カレッジとブリンモール女学院であった。ジラードとはフランスからの移民でスティーブン・ジラード銀行を創った人物のこと。妻メリーとの間に子供のいなかったかれは、一八三一年に死亡する際、遺言によって七五〇万ドルもの遺産の全額を市に寄贈し、慈善事業に充てるよう使途を細かく指定した。こうして誕生したのがジラード・カレッジで、両親のない孤児の教育を専門にしていた。

「孤児のための施設などというイメージとはかけはなれていて、四十エーカーの広い敷き地に教室、実験室、工作場、寄宿舎、食堂など美しい建物が立ち並び、生徒千六百名、職員四百名計二千名が独立した一つの社会を作ってここに生活していた」（『太平洋にかける橋』）

ひるがえって栄一は、明治五年（一八七二）に設立された東京市養育院という名の窮民保護施設の院長を七年から委嘱され、以後一貫して同院の運営に関与してきた（第44話にて後述）。だから栄一は、ジラード・カレッジの規模と運営法を視察せずにはいられなかったのだ。

また、ブリンモール女学院では石油王ジョン・D・ロックフェラーが最近二五万ドルを出して新築し、寄付した校舎を見学した、として『太平洋にかける橋』はこう書いている。

「『アメリカには仁を心とする実業家が多い』と栄一はよくいったが、こうした仁の心を持った人たちと常に交わりを保っていくことが日米関係を健全に育てていく道であると栄一は考えた。それは、その後の栄一の国民外交の縦糸となる考え方であった」（同）

同書の著者・渋沢雅英は栄一の孫・敬三（日銀総裁、大蔵大臣）の長男だが、栄一の旅日記を参照しつつ書かれただけに信頼できる記述にあふれている。儒学の教えと商人としての生き方の合一を長く願っていた栄一は、皮肉にもアメリカの成功者たちから仁の精神を実践する方法を教えられたのであった。

その後のヨーロッパ旅行は特筆すべきものではないので省略し、次に明治三十八年（一九〇五）六月、日露戦争終結前後の日米関係を見ておく。このときにアメリカのセオドア・ルーズベルト大統領が日露両国に講和を勧告。両国がこれを受け入れたことから八月以降ポーツマス講和会議がひらかれるのだが、ロシアは南樺太《からふと》（サハリン島南部）を日本に割譲すること及び満州と朝鮮から撤兵することなどには同意したものの、賠償金の支払いに応じなかったことは周知の通り。

この結果を知った日本人に怒る者が多かったのは、戦費捻出のための増税に堪えてきたのに何の見返りもない、と気づいたためであった。すると「坊主憎けりゃ袈裟《けさ》まで憎い」のたとえ通り日本政府とアメリカに対する憎悪が爆発。九月五日に日比谷公園に集結した数万人が暴動を起こしてアメリカ公使館も襲撃され、戒厳令が出される騒ぎとなった（日比谷焼打ち事件）。

この年の七月に来日したアメリカの陸軍長官ウィリアム・タフト（のち大統領）を大歓迎した栄一にまで売国奴呼ばわりをする脅迫状が届いたほどで、三十九年（一九〇六）一月、第一次桂太郎内閣は総辞職を余儀なくされた。

こうなれば、アメリカ側にも反日感情が高まるのは止むを得ない。同年三月七日、カリフォルニア州議会が日本移民の制限を決定すると、サンフランシスコ市も日本人学童を白人学童から隔離するという人種差別に向かって動きはじめた（十月十一日決定、一九〇七年三月十三日取り消し）。

ところが一九〇六年四月十八日早朝、そのサンフランシスコにマグニチュード七・八の大地震が発生。死者は三〇〇〇人、家を失った者は二二万五〇〇〇人に達し、被害総額は四億ドル（現代の一〇〇億ドル）に及んだ。

これを知った日本では、赤十字社が中心となって義捐金《ぎえんきん》募集を開始。栄一もあちこちを回って寄付を頼み、事業と関係のないことに金は出せないといった相手にはこう反論した。

「国の運命に関するこうした公共的な事柄に、事業家がじゅうぶん金を出すのは当然ではないか」

その結果、皇室・日銀・三井・三菱・日本郵船・第一銀行その他からの寄付金は二五万ドル以上と、諸外国からの義捐金総額を上回るまでとなった。学童に対する人種差別が取り消されたのも、栄一たちが奮闘したおかげだったのである。

ついで明治四十一年（一九〇八）には、駐米大使高平小五郎《たかひらこごろう》とアメリカ国務長官エリヒュー・ルートとの間で「高平・ルート協定」が結ばれた。その名目は太平洋方面における現状維持、清国の領土保全、商業上の機会均等の確認にあるとされたが、実態は日本がアメリカのフィリピン領有を容認し、アメリカは日本の満州における影響力を認める、というもの。これら一連の流れから日米民間外交の重要性を再認識した栄一は、小村前外相や三十八年春に栄一から商業会議所会頭の職を引き継いだ中野武営《なかのたけなか》の強い勧めにより、主な都市の商業会議所が連合し、アメリカ西海岸各都市の会議所の代表者を日本に招待することにした。

これに応じて来日した代表団五十余名は、四十一年十月十二日から十一月四日まで滞在。栄一が自前で王子の飛鳥山に近い自邸に財界人をふくむ一〇〇名以上を招き、秋景色の庭の散歩、芸者衆の手踊りなど心尽くしの接待をおこなったことに感激したドールマンという名の団長は、栄一の歓迎スピーチの原稿を所望したほどであった。

渋沢雅英は書いている。

「栄一の人生を支えてきた教養や価値の体系がアメリカ人にはなじみの薄い儒教的東洋的なものであったにもせよ、そうした、大地に根をはやしたような堂々たる人生は彼らに理解できるものであり、また本来アメリカ人好みのものでもあった。こののち栄一は、数多くのアメリカ人の間で、地位や身分や、いわゆるプロトコールに関係のない特別の人物とみなされ、ほかに類のない敬愛を受けるようになった」（『太平洋にかける橋』）

やや先の話ながら、フィラデルフィアのワナメーカー百貨店の店主ワナメーカーが栄一を「世界をよりよくするために努力している人」と見こみ、金側懐中時計を贈ったことはこの敬愛の情のあらわれにほかならない。

第43話　引退生活とアメリカ大旅行

前話では、二十世紀初頭における渋沢栄一流の民間外交のあらましに触れた。これについてひとつ付記しておきたいのは、栄一が明治三十五年（一九〇二）にアメリカを初訪問した際ニューヨークに立ち寄ると、グラント大統領の墓に参拝したことである。グラントの来日は明治十二年（一八七九）のことだから、もう二三年前の出来事。グラントが回想録を脱稿してから六三年の生涯を閉じたのは一八八五年のことで、その時点から数えてもすでに一七年の歳月が流れていた。

栄一の義理堅い性格をよくあらわした逸話だと思うが、本書の冒頭で触れたように渋沢家は、一時は十余戸にわかれて繁栄した一族。栄一は一族の結束をも重んじる気性であり、東京商業会議所会頭に就任した明治二十四年（一八九一）には、女婿穂積陳重の意見を入れて渋沢同族会社を組織した。この会社については、栄一の四男・秀雄の書いた『父 渋沢栄一』に解説がある。

「この会社は大正四年に株式会社となった。明治初年以来、父は各方面に事業をおこしたり、数多い会社の株を引受けたりした関係上、所有株式はふえる一方。それを整理保管して利殖を図るのが同族会社の事務である。そして同族会社自体は何一つ事業を営まなかった。主たる財源は所有株の配当である。しかし父のやり方は、この仕事が儲かるからこの株を沢山持とうという式ではなく、これは社会的に有益な事業だから、しかじかの関係上この程度の株は引受けなければ、といった調子だった。その反面、所有株の中に事業不振の会社でもあると、それをいち早く察知して、株を適当に処分させるのも父だった」

渋沢同族会社の所有する株が生む純益金は、栄一をあるじとする宗家へ一一分の五、六家の支家へは一一分の一ずつ、計一一分の六が均等に配分された。この均等な配分は、同族に貧富の差を生じさせまいという栄一の親心のあらわれだそうだが、六家の支家とは左の通り。

穂積陳重家（長女歌子の嫁ぎ先）
阪谷芳郎家（次女琴子の嫁ぎ先）
渋沢武之助家（兼子との間の子）
渋沢正雄家（同）
明石照男家（兼子との間に生まれた愛子の嫁ぎ先）
渋沢秀雄家（兼子との間の子）

こうして同族たちの暮らしの安定も図れたためであろうか、七十歳になった明治四十二年（一九〇九）六月を期して栄一は、五九社と一三団体の役職から退くことにした。その五九社の社名は省略して役職名だけを見ると、取締役会長だったのが一〇社、取締役だったのが六社、監査役だったのが五社、相談役だったのが二九社、顧問をしていたのが三社、その他が六社。

しかし、どうしても辞任できなかった企業や団体もあった。実業関係では、第一銀行、東京貯蓄銀行、帝国劇場、東京銀行集会所、銀行倶楽部など七つ。公共関係では東京市養育院、東京慈恵会、東京高等商業学校（現・一橋大学）、女子教育奨励会、日本女子大学、早稲田大学、孔子祭典会など一七団体。

東京高等商業学校の母体となったのは、森有礼が明治八年（一八七五）に設立した私塾商法講習所である。のちに東京高等商業学校と改称された同校が大学に昇格するに当たっては、栄一の尽力が大きかった。栄一は実業界に人徳ある優秀な人材を集めたいとのかねてからの念願により、ついに一橋大学の「育ての親」となったのだ。

女子教育奨励会についても、少し解説しておこう。同会は明治以降次第に男子の教育が充実する傾向にあったのに対し、女子のそれが旧態依然としたままであることを憂え、「日本婦人をして欧米の婦人の享有する所と同等の教育及び家庭の訓練を受けしむるを以て目的」としたものであった（『六十年史』）。

明治十九年（一八八六）晩夏、前年末から日本初の内閣総理大臣に就任していた伊藤博文が考え、渋沢栄一に会の創設を依頼したもので、栄一はみずから三〇〇〇円を提供。皇族・華族・資産家・上級公務員たち一七八名から六万九三七五円を集め、東京女学館を開校することによって伊藤の期待に応えた。

栄一自身が大正十三年（一九二四）からは第五代館長、昭和五年（一九三〇）からは財団法人東京女学館の理事長を務めたことなどを見ると、女子教育の充実は栄一晩年の悲願でもあったようだ。

これまでの栄一の歩みを振り返っただけでは、なぜかれが女子教育の充実を必要とみなしたのかは説明しにくい。しかし、故千代夫人の兄尾高新五郎改め惇忠という存在を視野に入れれば、見えてくることがある。

明治五年（一八七二）に竣工した富岡製糸場の初代工場長に就任した尾高惇忠は、フランス女性四人の指導によって機械製糸を開始するや、親族の女性三〇名、旧長州藩士族の女性二〇〇名を女工に採用することにより、製糸場の運営を軌道に乗せたのであった。栄一はこれらのことを知るや、日本の近代化には女性の力が必要だと考えたのではあるまいか。

さらに栄一は、以下の教育機構に寄付金を提供した。同志社大学、慶応義塾大学、埼玉県大里郡の八基村小学校、埼玉学友会など。これらの中には、栄一がアメリカでジラード・カレッジやブリンモール女学院を視察した余慶によって寄付を受けたところもあるだろう。

七〇歳にして活動範囲の縮小に努めた栄一は、晩年の仕事として恩人徳川慶喜の伝記の編纂事業に取りかかっていた。だが、右に見たような次第で、なかなか仕事をひとつに絞るわけにもゆかなかった。

その原因のひとつとして、明治四十年に来日したアメリカ西海岸主要都市の各商業会議所が、返礼として日本の財界人三〇名を招いて両国の友好の増進に寄与したい、と申し入れてきた事実がある。栄一の巧みな接待が忘れられなかった先方は、栄一にも来てほしい、と電信で申し入れてくる始末。やむなく栄一は兼子夫人や新聞記者を含む五三名の「渡米実業団」の団長となり、明治四十二年（一九〇九）八月十九日、横浜から「ミネソタ号」に乗ってアメリカ再訪の旅に出た。

「一行は九月一日にシヤトル着、そして同月五日から汽車に乗ってアメリカ国内巡遊の途にのぼった。旅程は満三カ月。その間一行全員に汽車の寝台つきコンパートメントが宿舎として割当てられたのである。いわば輪上のホテルが五十三人の実業団一行を、アメリカ五十余の都市へ運んでくれるのだった」（渋沢秀雄『父 渋沢栄一』）

九月十七日、一行はミネアポリス市で第二七代大統領ウィリアム・ハワード・タフトから接見《レセプション》と午餐会に招かれたので、代表して栄一はスピーチの最後をこう結んだ。

「……今回の実業団は民間人ばかりの平和使節とも言うべき一団で、何等官職を帯びてはおりませんが、日本の天皇陛下はそれを特に重要視されて、異例な壮行の宴まで催けられたほどであります」

対してタフト大統領は、歓迎の辞の中で、これでカリフォルニアの移民問題も過去の事実となるであろうと挨拶。日本式にバンザイを三唱したほどで、栄一の日米民間外交は三たび成功したといってよい。

そして栄一は、ボストン市からスプリングフィールド市に向かう途中、ウースター駅で伊藤博文がハルビン駅頭で暗殺された、との凶報に接した。地元記者たちにコメントを求められた栄一は伊藤の功績をぽつりぽつりと語りはじめるうちに涙を流し、ついには声をあげて泣いたという。伊藤とは明治二年（一八六九）十二月に民部省兼大蔵省に出仕して以来の長いつき合いで、近くは女子教育奨励会設立に協力した仲でもあっただけに、栄一には万感胸に迫るものがあったのである。

のちに栄一は、初代韓国統監の職を辞したばかりだった伊藤博文の死を悼み、次の七言絶句を賦した（『太平洋にかける橋』より、読み下し筆者）。

異域先ず驚く凶報の伝わるを
霊壇今日涙潸然《さんぜん》
温容目に在り恍《こう》として夢の如し

栄一たち一行のために仕立てられた特別列車は、超豪華だったためか「ミリオンダラー・トレイン」と呼ばれた。駅に着くと自動車四、五〇台が迎えにきて、市役所での歓迎会には約一〇〇人ないし三〇〇人、カントリークラブでの昼食会にはそれ以上が集ってくるため、栄一は次第にアメリカでよく顔の知られた日本人になっていった。

一行が帰国したのは、十二月十七日のこと。明治四十年（一九〇七）ごろ馬車を止め、イギリス製のハンバーという自動車に乗っていた栄一は、今度はチャルマーというアメリカ車を買ってきた。『父 渋沢栄一』によると、ハンバーの日本での車両番号は23、チャルマーは77だったというから、栄一は来るべきモータリゼーションの波をずいぶんと先取りしていたわけである。

四ヵ月に及んだこの大旅行を成功裡におえたことにより、栄一は自分の体力に自信を抱いたようである。

「老いてはますます壮《さかん》なるべし」（『後漢書』）

といえば、年老いても衰えることなく、意気は若者をしのぐほど盛んでなければならない、ということ。栄一はこの成句のいうように精神もまだしっかりしており、大正三年（一九一四）五月には約一ヵ月間の中国大陸の旅を楽しんだ。栄一は前年に来日した孫文《そんぶん》の依頼で中国興業株式会社を組織したところだったため、旅の目的は利権の獲得か、と『ロンドン・タイムズ』その他が騒いだが、栄一の願いは洞庭湖、西湖、赤壁など詩文によって知っていた名所旧跡を訪ね、山東省の曲阜《きょくふ》にある孔子廟《びょう》に参拝することであった。『論語』の教えを心の支えとして七十五歳まで生きてきた栄一にとって、いわばこの旅は人生の修学旅行だったのである。

しかし栄一は、もう二回訪米の旅に出る運命にあった。

大正四年（一九一五）十月十三日から翌年一月四日にかけての三回目の訪米は、パナマ運河開通と太平洋発見四〇〇周年を記念してひらかれるサンフランシスコ万博に出席し、あわせてカリフォルニア州の日系移民の差別待遇を何とかしたいという目的があった。サンフランシスコ商業会議所との第一回会合において、栄一は日系移民について率直に注文をつけた。

「すでに入国して当地で立派に生計を営んでいる者については帰化権を与えるなり、かりに帰化権は与えられないとしてもヨーロッパ移民と同様の待遇を与えてもらうことを日本国民の共通の願いとして希望する」（『太平洋にかける橋』）

当時は第一次世界大戦がはじまって二年目に当たっていたため、栄一は再会したセオドア・ルーズベルト前大統領、初会見したウッドロー・ウィルソン大統領とも世界の動向や今後の文明のあり方について意見を交換することができた。『父 渋沢栄一』によると、ウィルソンが日米親善のために三度も訪米した栄一に感謝し、「旅人の足跡は国境を踏みならす」ということわざを引くと、栄一はこう応じたという。

「自分の足跡で国境を踏み消したく思います」

この答えは、カリフォルニア州が日系移民の土地所有の条件を厳しくしたことを大統領に直接抗議しようとしたところに意味がある。いつか栄一はふたたび高まりつつあるアメリカ西海岸を中心とした排日運動について、日本を代表して物申すことのできる貴重な存在と化していた。

次男の渋沢武之助、三女愛子の夫・明石照男も参加したこの旅から一行が帰国したのは、大正五年（一九一六）一月四日のこと。この年で七十七歳となっていた栄一は、まもなくまだ関与していた実業関係六社と公共関係一七団体のうち一六団体までの職を辞し、引退生活に入ることにした。

第44話　グランド・オールドマン

渋沢栄一が最期まで役職から身を引かなかった一七団体中の一団体とは、東京市養育院のことである。この院については、東京都刊『東京百年史』第三巻に解説がある。

「当時は（略）、本郷区旧加賀藩邸内に一収容所を設立して市内を徘徊する浮浪乞食などを収容していた。その経費《（ママ）》には老中松平定信が寛政年間江戸町法の改正によって得た町会所の七分金（積立金のこと＝筆者注。維新後町会所の後身営繕会議所に所属＝原注）より支出し、府の管理下に営繕会議所がこれを管理した」

　その所在地は上野護国院（六年二月）、神田和泉橋の藤堂邸（十二年十月）、本所長岡町（十八年十二月）、大塚仲町（二十九年三月）、板橋（関東大震災後）と移ったが、渋沢栄一は明治七年（一八七四）院長の職を委嘱され、事業の拡張と収容対象の拡大に努めた。初めは「浮浪乞食など」だった対象者に府下の行路病者（行倒れ）、棄児、遺児、迷児等もふくまれるようになったのである。

　しかも、栄一の東京市養育院への打ちこみ方は並々ならぬものがあり、十五年、府議会が地方税からの出費を惜しんで収容者の出院と院の閉鎖を打ち出し、残留者が一五〇人のみとなっていた十八年二月には、府知事芳川顕正《よしかわあきまさ》にこう直訴した。

――本院収容の窮民一五〇人を養う費用は、年に四五〇〇円に満たない。また本院現在の地（本所長岡町）の地所（二九〇〇余坪）と家屋を売却してその代金を原資に加えれば、その利子によって地方税に頼らず経営できるので、本院を永く府下に存続させたい。

この直訴が通って、東京市養育院はさらに存続することに決定。慈善家よりの寄付によって二十七年には基金が一三万四九四九円余、それにつく年利は七五六八円余となった。この年利があれば収容者二二五人を養える計算だから、院は閉院するどころか規模を拡大することが可能になったのだ。

明治六年から二十七年までの二二年間に、同院に収容された人数は四六三五人。費用累計は一六万五〇〇〇余円。栄一は養育院慈善会を組織して兼子夫人を副会長とし、二十年から二十七年までの八年間に物品陳列発売会を七回ひらいて二万八九七一円余の寄付金を集めることにも成功した。

こうして栄一は死ぬまで院長職を辞することなく、月に一度お菓子を抱えて収容されている孤児たちを訪ねるのを楽しみとした。それにしても何が栄一をここまで慈善事業に向かわせたのか。

思うに栄一は、パリ滞在中に「ノブレス・オブリージュ」という表現を知ったはずである。これは「高貴な身分の者には徳義的な義務が伴う」という意味であり、栄一がパリで目撃してこの表現を実感したであろう光景としては、ロシア皇帝アレクサンドル二世とフランス皇帝ナポレオン三世が競馬のあるレースに一〇万フランずつ賭けた直後の行動が思い出される。賭けはロシア皇帝の勝ちとなったが、同皇帝はこれによって得た一〇万フランをただちに貧民院に寄付したのであった（第16話）。

パリ滞在中の栄一は、戦争で傷ついた兵を収容する廃兵院があることにも強い関心を示した。貧民院や廃兵院が存在するのもヨーロッパの貴族たちにノブレス・オブリージュの精神あればこそであり、これらのことに感ずることのあった栄一は、自分なりにノブレス・オブリージュの精神を表現すべく東京市養育院の経営に打ちこんだのではなかったか。

先ほど同院の基金が二十七年に約一三万五〇〇〇円に達したこと、八年間の寄付金は二万九〇〇〇円近くに達した点に触れたが、これらの額面の幾分かは渋沢栄一・兼子夫妻の支出したところと見てよいだろう。渋沢同族会社の面々が栄一にならって寄付に応じていたことも大いに考えられる。

さかのぼれば明治五年（一八七二）四月三日（旧暦二月二十六日）に和田倉門内の兵部省から出火し、銀座・京橋・築地の三四ヵ町が焼失、全焼二九〇〇戸、被災者五万人以上の大災害となったとき、まだ大蔵省に在職中だった栄一は井上馨と相談して省中から寄付金を募り、東京府へ贈ったものであった。栄一個人はこれとは別に一〇〇円の救援費を寄付したそうだから（『父　渋沢栄一』）、社会事業を重視する感覚は功成り名を遂げる以前から栄一の心にはぐくまれていたようだ。

そろそろ稿を閉じるべきときが近づいたので、ここで栄一の健康問題を見ておこう。

栄一は身長五尺（一・五二メートル）と小柄ながら上体の筋骨がよく発達し、至って健全な肉体に恵まれていたし、運も強かった。もっとも危険な目に遭ったのは、明治二十五年（一八九二）十二月二十四日、日本橋に建ててあった洋風の邸宅から二頭立ての馬車で外出、兜橋をわたりきったとき、饅頭笠《まんじゆうがさ》に面体を隠した人力俥夫風のふたりに左右から襲われたことであった。ともに日本刀を抜刀して迫ったひとりは馬の脚に斬りつけ、もうひとりはその刀を馬車の中へ突き入れた。ために窓ガラスが割れて、破片のひとつが栄一の手の指を傷つけた。

しかし、栄一は明治十一年（一八七八）五月十四日、麴町（現・千代田区）紀尾井町の清水谷をやはり馬車で通行中、石川県と島根県の士族六名に日本刀で襲われ、惨殺された大久保利通のようにはならずに済んだ。御者が鞭を振るって暴漢に対抗、馬を走らせたため栄一は懇意の越後屋呉服店に立ち寄り、傷の手当をしてもらうことができたのである。

この頃東京市には水道敷設計画があり、その鉄製水道管を国産品にするか舶来品にするかという議論が起こっていた。栄一は東京市参事会員（議決権の一部を委任された立場）であったためこの議論に巻きこまれたのだが、栄一は東京瓦斯会社の創立委員でもあったから国産の鉄管の質の悪さを知っており、舶来品を推薦。すでに地中に埋めこまれていた国産品も、舶来品に切り換えられた。これによって栄一を恨んだ国産派が、壮士を雇ってかれを襲わせた、というのがこの事件の背景であった。

　渋沢秀雄は、この件に関して次のような回想を残している。

「警察から釈放されたその男は、一度父に面会して謝罪の言葉を述べたそうだが、その際『実はあのとき私に頼んだ人は何某で……』と言いかけたのを、父が『今さらそんな名前を聞く必要はない』とさえぎって、彼の窮状を聞いた上で何がしかの更生資金を与えたため、彼はひたすら恐縮したということだった」（『父　渋沢栄一』）

　栄一と金で動くこの壮士では、人間の格が違い過ぎたようだ。

　事件から二年を経た明治二十七年（一八九四）八月に日清戦争がはじまってまもなく、栄一は発熱に悩まされ、主治医の高木《たかぎ》兼寛《かねひろ》（海軍軍医総監、慈恵医科大学の前身・成医会講習所の創設者）に診てもらうと右の頬に癌《がん》ができていた。それを手術で取ってもらったため、以後の栄一の写真を見ると右頬の一部がへこんでいるのがわかる。

　三十三年五月、男爵を受爵した栄一は、日露戦争がはじまっていた三十七年（一九〇四）四月には、六十五歳にして肺炎を病み、中耳炎を併発。治癒するのに半年かかってしまった。

だれしも六十半ばを過ぎると体のいずれかに不調が兆すものだが、栄一の場合はふたたび往年の元気さを取りもどしたかに見えた。大正四年（一九一五）十月からの三度目の訪米につづき、同九年、男爵から子爵に昇ると同十年十月十三日、栄一は八十二歳にして四度目の渡米の旅に上ったからである。

この年の冬には、アメリカ大統領ウォーレン・ハーディングの提唱によりアメリカ、イギリス、フランス、イタリア、ベルギー、ポルトガル、中国が参加してワシントン会議がひらかれることになって、日本にも参加が要請されていた。

日本が渋々とではあるがこれに参加することにしたのは、日本軍の侵略主義的な行動が中国の山東省、ロシアのシベリア方面でめだちはじめたことが欧米で厳しく批判されていたため、国際会議に参加しておかないとさらに孤立を深めてしまいかねないからであった。

山東省における、いわゆる「山東問題」とは鉄道や鉱山に関する権益の問題。対して寺内正毅《まさたけ》内閣が大正七年（一九一八）八月に宣言したシベリア出兵は、その前年に起こったロシア革命の結果成立したソビエト政権の圧殺を目的とした英米仏日四ヵ国の共同出兵である。

しかし、日本は、割り当て兵力一万二〇〇〇人をはるかにオーバーした七万三〇〇〇人を派兵したばかりか、英米仏三ヵ国が大正九年（一九二〇）一月までに撤兵を決定したにもかかわらず駐留をつづけさせたため、国際世論の非難を浴びる状況に置かれていた。

失政によって総辞職した寺内内閣に替わった原敬《はらたかし》内閣が、ワシントン会議全権に指名したのは加藤友三郎《ともさぶろう》海軍大臣（首席全権）、徳川家達《いえさと》貴族院議長、幣原喜重郎《しではらきじゅうろう》駐米大使の三人である。

「そういう困難な中で新しい世界の動きに乗り遅れず、集団安全保障方式には参加しながらしかも国の体面をも維持し、国防の必要も満たさなければならない。全権団に負わされた任務はきわめて重大であった」（『太平洋にかける橋』）

このようなりゆきを深く案じた栄一は、これまで日米民間外交に尽力してきた経緯もあり、会議の様子を確かめるため老軀《ろうく》を引っ下げて四度目の渡米に踏み切ったのだ。

十月十三日の朝八時半過ぎ、同行の秘書、通訳、医師らとともに栄一がいつものフロックコート姿で東京駅にあらわれると、駅頭には原首相とほとんどの閣僚、財界の主要メンバー、大隈重信と早稲田大学生ほか数百の市民が八十二歳の栄一を見送った。大隈は健康を害して早稲田の家に引きこもっていたが、十月になってから栄一が見舞にゆき渡米すると伝えると、アメリカと絶対戦争することにはならぬようにしてほしい、と頼みこんだ。

八十歳を過ぎてなお政財界から期待される民間使節・渋沢栄一。これまでの三回の訪米から栄一がアメリカ人に与えた印象については、渋沢雅英の次の一文が的を射ている。「アメリカにおける栄一のプレステージ（信望＝筆者注）は年とともに非常に高くなっていた。広く知られてもいたし、また多くの有力者の間に非常な尊敬と信用を博していた。日本の『グランド・オールド・マン』という形容が、いつのまにかぴったりくるようになっていた」（『太平洋にかける橋』）

グランド・オールドマンという表現は、ある分野で長く活動し、高く尊敬されている人物を指し、偉人、長老、大御所などと訳される。イギリスでは十九世紀の名首相グラッドストーンや、第二次大戦の危機を乗り越えた首相チャーチルがこう形容される。晩年のアインシュタインやシュバイツァー博士もその例であろうが、このような評価を受ける人物に共通するのは我執を捨てて公のために働きつづけた点にある。

八十二歳にしてアメリカへ向かった渋沢栄一は、たしかに日本を代表するグランド・オールドマンと呼ばれるのにふさわしい人物であった。

最終話　無情の風は吹くとも

大正十年（一九二一）十一月七日、ニューヨークからワシントン入りした渋沢栄一は、翌日には加藤友三郎全権と会談。つづいてハーディング大統領にも会見した。栄一が現職のアメリカ大統領に会うのは、ルーズベルト、タフト、ウィルソンにつづいて四回目である。

『太平洋にかける橋』によると、ハーディングは栄一に椅子を勧めもしなかった由。それは十一月十二日にワシントン会議がスタートしたら、ヒューズ国務長官から日本に厳しい提案をおこなわせる計画だったためであろう。

その提案とは、この会議中に米・英・日・仏・伊の五ヵ国で締結するワシントン海軍軍縮条約では、主力艦（戦艦）の現有勢力比率を米・英五に対し、日三、仏・伊は一・六七とする、というものであった。

これは加藤寛治《ひろはる》海軍首席随員（中将）が対米比率七割を主張して反対したが、加藤友三郎全権は太平洋諸島の軍事施設などの現状維持を条件に対米六割を受諾するに至る。

その過程において栄一は、イギリスがアメリカ案にすでに同意しているようだから、いたずらに反対してみずからを苦境に追いこむのではなく、初めから対米六割を受け入れて日米親善の実をあげるべきだ、と加藤全権に意見を伝えていた。いつか栄一は、日本全権にもありていに物申すことができる見識と風格を身につけていたのである。

会議の合間に栄一はニューヨークへ往復することを繰り返し、旧知の財界人たちの歓迎会に招待されたり、二年前に亡くなったルーズベルト大統領の墓参をしたりした。八十三歳のジョン・ワナメーカーが、ウォルサム社特製の金側懐中時計を贈ったのもこの時のこと。本来、ウィルソン前大統領に贈る予定だったこの時計をワナメーカーが栄一にプレゼントした理由を、筆者は次のように理解している。

大正八年（一九一九）一月から六月にかけて第一次大戦の戦後処理のためパリ講和会議がひらかれたとき、日本全権の西園寺公望・牧野《まきの》伸顕《のぶあき》（大久保利通の次男）は人種差別待遇撤廃を提案して多数の賛同を得た。対してウィルソンは、

「このような重要問題は、全会一致でなければ承認しがたい」

と主張して、この提案を廃棄に追いこんだ。ワナメーカーは栄一がアメリカ西海岸での日系移民差別問題を気にしていることを知っていたため、ウィルソンの言動に不満を覚えて懐中時計の進呈先をかれから栄一に切り換えたのであろう。これはワナメーカーが、栄一を日本のグランド・オールドマンとして高く評価していたことのあらわれでもある。

ワシントン会議では海軍軍縮に関する五ヵ国条約のほか、太平洋の島々に対する権利の現状維持を英・日・米・仏が互いに認め合う四ヵ国条約その他が締結され、その結果、日英同盟は破棄されるに至った。

十二月十一日に全権団と別れた栄一は、西海岸へ移動。行く先々で商業会議所関係者たちに歓迎を受けてから、明けて大正十一年（一九二二）一月十日に「ベンチュラス号」に乗船して三十日に横浜へと帰ってきた。

今回の旅のアメリカ本土滞在は、七四日間。その間に栄一は九一回の宴会や会合に出席し、演説やスピーチは八一回に及んだ。ニューヨーク商業会議所の定例晩餐会に主賓として招かれた際、栄一は日本経済がいかにアメリカに依存しているかを率直に述べた。

「大正九年、米国の対日輸出は三億七千万ドル。それはアメリカの総輸出高の四・五％にすぎないが、日本の対米輸出額四億一千万ドルは日本の総輸出高の四二％を占めている。換言すればアメリカの対日利害は四・五％にすぎないのに対して、日本の対米利害はその十倍に達しているわけである。これだけをみても、アメリカとの友好関係が日本国民にとっていかに重要であるかは申し上げるまでもない」（『太平洋にかける橋』）

栄一の思いをアメリカの友人たちがしっかりと受け止めてくれていたことは、大正十二年（一九二三）九月一日午前十一時五十八分、マグニチュード七・九の関東大震災が関東南部を襲った直後にあきらかになった。

この地震の死者は九万九三三一人、行方不明者四万三四七六人、全被災者は約三四〇万人。東京、横浜では火災も発生し、大きな被害を出した。栄一も兜町の建坪四〇〇坪の事務所と第一銀行とを焼失してしまったが、悲嘆に暮れている暇はなかった。

九月二日に山本権兵衛《やまもとごんべえ》内閣が発足するや、内務大臣後藤新平の依頼を受けて、商業会議所は国会と共同で「大震災善後会」を組織。救済寄付金の募集や救護活動に当たることとなり、徳川家達が会長、栄一が副会長に就任して超多忙な日々を送ることになったからである。

アメリカの友人たちは、グランド・オールドマン渋沢栄一の安否を気遣い、大使館、通信社、商社などを介して一斉に問い合わせを開始。九月十三日、栄一はこれに応じて二〇人の友人に電報を打ち、

「なにぶんにも未曾有《みぞう》の災害で、今後貴国有志各位の同情と後援にまつことが多いと思われる、よろしく頼む」

と申し送った。その結果は、次のような寄付金や救援物資として栄一ないし大震災善後会へ送られてきた。

ワナメーカーの息子ロドマンから二万五〇〇〇ドル、ピッツバーグのハインツの息子ハワードからは三万五〇〇〇個の野菜の缶詰、米国財界からは八万ドル、ニューヨーク絹織物業界から四〇万ドル、ポートランド市から二〇万ドル、同市の製材組合から一〇

万ドル（うち五万ドル分は復興用材木）、コダック写真会社のイーストマンから二万五〇〇〇ドル、特に栄一と親しいヴァンダリップから五〇〇〇ドル、サンフランシスコ市民から六〇万ドル。

「アメリカから寄せられた義捐金《ぎえんきん》、救済物資の総額は三千万円を越え、いざという時にたよりがいのある友邦として日本人一般の対米感情は大いに好転した」（同）

しかし、日本人の抱いたアメリカへの好印象が失望と怒りに変わるのにさほどの時間はかからなかった。大正十三年（一九二四）七月に施行された「アメリカ合衆国一九二四年移民法」が、二年前の最高裁判決によって帰化権を拒否された日本人の入国を禁じたからである。いわゆる「排日移民法」。これによって、日米関係の悪化は決定的となった。

この年の一月から首相に就任していた清浦奎吾《きようらけいご》は、月の改まらないうちに栄一、親米派の政治家金子堅太郎《かねこけんたろう》らの有力者を招いて意見を求めた。栄一は、厳しい口調で日本外交の稚拙さを批判した。

「歴代の内閣が対米外交について何ら一貫した政策をもたず、場当たり的な仕事ばかりしてきた結果こういう事態を招いた。移民問題についても政府は国務省との官僚的な交渉にたよるばかりで、その重要性と危険性を一度として本当には理解せず、米国の対日感情を一変するような抜本的政策を打ち出そうとしなかった。（略）このようなやり方で日米外交のような国の運命を左右する重大問題を正しく処理できるわけがない……」
（同）

この意見はまことにもっともだが、栄一はやりきれなさを感じると殻にこもって押し黙ってしまうタイプではなかった。たとえば両国のギクシャクした関係に心を痛めたアメリカ人宣教師シドニー・ギューリックと栄一の関係は、そのことを象徴的に示している。

明治二十一年（一八八八）に来日、キリスト教の布教に当たったギューリックは、日本には女の子のために雛祭という習慣があることを知っていた。関東大震災の発生によって雛人形を失ってしまった女の子がたくさんいるということも。そこでギューリックは、世界児童親善会を組織。アメリカの子供たちに呼びかけ、昭和二年（一九二七）、日本の小学校や幼稚園に一万三〇〇〇体近くの人形をプレゼントすることにした。

これらを日本へ運んだ海運業社には、渋沢栄一が取締役に名を連ねる日本郵船もふくまれていた。これは栄一がギューリックに賛同し、人形の受け入れと配布に協力していたことを物語る。

なお、ギューリックたちは、これらの人形を「フレンドシップ・ドール（友情人形）」あるいは「アンバサダー・ドール（人形使節）」と名づけていた。ところがこれらは、日本では「青い目の人形」と呼ばれることがいつの間にか決まってしまった。

なぜこういうことになったのか。それを考えるには、関東大震災の発生より早い大正十年十二月、キンノツノ社の発行する雑誌「金の船」に「青い眼の人形」と題する童謡が掲載されたことを視野に収めておかねばならない。
野口雨情作詞、本居長世《もとおりながよ》作曲のこの童謡は、アメリカから日本に輸入されたセルロイド人形の気持になってこう書かれていた。

青い眼をしたお人形は
アメリカ生まれのセルロイド
日本の港へついたとき
一杯涙をうかべてた
「わたしは言葉がわからない
迷ひ子になつたらなんとせう」
やさしい日本の嬢ちやんよ
仲よく遊んでやつとくれ

これは昭和二十四年（一九四九）生まれの著者の幼少時代にも歌われていたから、発表と同時に評判になって長く歌われたのだろう。

当然、関東大震災で雛人形を焼失してしまった女の子たちにも「青い眼の人形」という表現は強く印象に残った。そのためギューリックから友情人形ないし人形使節をプレゼントされた先では、例外なくこれらを「青い目の人形」と呼ぶようになった、と考えられる。

しかも、プレゼントを受けたならばお礼をしなければならない。外務省から「ジャパニーズ・フレンドシップ・ドール（返礼人形）」の作製を依頼されたのは、渋沢栄一。かれは高価な市松人形五八体を選び、日本国際児童親善会を介してアメリカへ送り出した。シドニー・ギューリックと渋沢栄一。いずれ日米開戦に至る暗い時代にあっても、このように友好のための民間外交を進めた人たちがいたのであった。

また、おなじ昭和二年十月に南京《なんきん》国民政府を組織している蔣介石《しょうかいせき》が来日し、飛鳥山の栄一の本邸を訪ねてきたときのこと。八十七歳の栄一が四十歳の蔣介石に孔子のいう「恕《じょ》」の精神を説いた、というエピソードからも、かれの悠揚として迫らぬ心が察せられよう。恕とは他者を思いやる心であり、

「己《おのれ》の欲せざる所を人に施すことなかれ」（『論語』）

という表現にその意味合いが結晶している。

蔣介石は中国の武力統一をめざしており、いずれは満蒙の権益に執着する日本軍と衝突する危険がある。そのこととアメリカが成立させた「排日移民法」のことなども思い

合わせ、栄一は万感の思いをこめて「恕」の精神を口にしたのであったろう。あえてこのことばの真の意味を蔣介石という中国の荒武者に示したところに、孔子を敬愛して八十七歳まで生きてきたグランド・オールドマンの風格がある。

そして昭和三年（一九二八）十月一日には、栄一の満八十八歳（米寿）の祝賀会が全国実業家一同の主催という形で帝国劇場を借り切っておこなわれた。田中義一《ぎいち》首相と閣僚たち、諸外国の外交官も集まったこの会は「民」の代表たちが主催して「官」の代表たちもやってきたという点で、栄一がかねて憎んでいた官尊民卑の悪習がすでに克服されたことをも意味していた。

それから三年、昭和六年（一九三一）夏に中国全土は大水害に襲われたため、東京商工会議所が中心になって「中華民国水災同情会」を設立、赤十字社も加わり募金活動をはじめた。栄一が会長に推されたのは、「恕」の精神の体現者であることがあまねく知られていたためであろう。

九十一歳に達した栄一は喘息の発作に悩まされるようになっていたが。九月六日にはＪＯＡＫ（現・ＮＨＫ）のラジオ放送設備を自邸に運ばせ、放送を通じて募金を全国に呼びかけた。老いと喘息のため気管からヒューヒューと音が洩れるのをこらえながらの呼びかけは、静養生活に入っていた栄一にとって最後のノブレス・オブリージュの表現となった。

しかし、栄一たちはこうして集まった募金で買い入れた救援物資を大陸へ送り届けることができなくなった。同月十八日、中華民国の奉天《ほうてん》(現・瀋陽《しんよう》)郊外の柳条湖《りゅうじょうこ》で中国東北部駐在の日本陸軍の一部「関東軍」が暴走し、南満州鉄道のレールを爆破。これを中国側のしわざだとして、開戦に踏み切ったからである(満州事変)。

こうして日本は亡国の戦となる日中戦争への道に迷いこみ、怒った中国民衆は「抗日救国運動」に走って、救援物資の受け取りを拒否したのである。

そんな中で栄一は十月に腸閉塞を起こし、十四日に手術。その後、衰弱して十一月には高熱がつづき、気管支炎を併発。十一月八日、見舞客多数が詰めかけていると知ると、挨拶の言葉を贈った。

「長いあいだお世話になりました。私は百歳までも生きて働きたいと思っておりましたが、こんどというこんどは、もう起ち上がれそうもありません。これは病気が悪いので、私が悪いのではありません。死んだあとも私は皆さまのご事業やご健康をお守りするつもりでおりますので、どうか今後とも他人行儀にはしてくださらないようにお願い申します」

その三日後の十一日午前一時五十分、永眠。享年は前述のように満九十一であった。

日本近代史上の巨人の足跡を追っていて感服したのは、この渋沢栄一という人が何事にも用意周到だったことである。たとえば栄一は、明治二十四年（一八九一）には「家法」を作り、渋沢同族の「家政」はこの「家法」によるべきこととした。その「第三則子弟教育の方法」の第八項は次の如し。

「凡そ子弟には卑猥なる文書を読ましめ、卑猥なる事物に接せしむべからず。又、藝妓藝人の類に近接せしむべからず」

栄一の次男・篤二は、この項に反するおこないがあったためか「廃嫡」にされた。妻を追い出して新橋の芸妓Tを家に入れる、と主張したことが栄一の逆鱗に触れたのだ（渋沢秀雄『父 渋沢栄一』）。

しかし、同書によると栄一の日記に「一友人」を訪ねた、とあるのは「二号さん」のところへ寄ったという意味だそうで、この「一友人」には「家に使っている女中」もふくまれていたという。「英雄色を好む」の格言は栄一にも当てはまったようだが、栄一は妾腹の子供たち数人の結婚についても援助を惜しまなかったため、面倒なことは一切起らなかった。

それはともかく、栄一は早く死んだ最初の妻・千代の一周忌にはその伝記『宝光院殿』を編纂し、長女の穂積歌子には回想録『はゝその落葉』を執筆させた。またフランスへ旅立つとき養子にした尾高勝五郎の五男・平九郎は戊辰戦争の際に戦死したため、『渋沢平九郎伝』を編んでその霊を慰めた（いずれも『六十年史』所収）。

自分をフランスへ行かせてくれた最後の将軍徳川慶喜についての感謝の思いもきわめて深く、それが『徳川慶喜公伝』全四巻（平凡社東洋文庫）と『昔夢会筆記 徳川慶喜公回想録』（同）の刊行につながった。これら二種の出版物がいずれも「渋沢栄一編」となっているのは、栄一が初め兜町の事務所、関東大震災以後は王子の自邸に伝記編纂所を置いてプロデューサーの役割を果たしたことによる。この過程で集積された史料は『徳川慶喜公伝 資料篇』（続日本史籍協会叢書、東京大学出版会）として別途出版された。これらは慶喜という複雑な人物を研究する際の第一級史料である。

あるいは栄一は、約五〇〇に及んだ企業を丹念に育成したのとおなじように、自分の人生に関わってくれた人たちに報恩の思いを伝えたかったのかもしれない。

最後に見ておきたいのは、渋沢同族会社のその後である。この持ち株会社の社長は、次男篤二の長男敬三が中学校時代から務めていた。

明治二十九年（一八九六）生まれの敬三は、東京帝大経済学部を卒業後、横浜正金銀行、第一銀行取締役、おなじく副頭取などを経て、昭和十七年（一九四二）日銀副総裁、同十九年おなじく総裁に就任。昭和二十年夏の敗戦からまもない十月に発足した幣原喜重郎内閣では大蔵大臣に任じられた。

すると日本占領政策を指導するＧＨＱ（連合国最高司令官総司令部）は、財閥解体を実施すべく、三つの柱を打ち出した。持ち株会社の解体、財閥家族の企業支配力の排除、株式所有の分散化である。昭和二十一年（一九四六）を迎えると、このうちの持ち株会社の解体の項に触れたのであろう、渋沢同族会社も解体の対象とされ、敬三は公職追放の指定を受けた。

渋沢秀雄『父　渋沢栄一』には、このとき持株会社の整理委員会の作った資料によって興味深い数字が挙げられているので、そのくだりを紹介しよう。

「まず三井十一家の共有株式は、三井本社、三井物産、三井鉱業、三井鉱山、帝国銀行、三井信託、三井生命、三井化学、三井精機、三井造船、三井不動産、三井農林、東京芝浦電気、化研生薬など十六社の株で、払込額合計は三億六千二百八十万円余。全事業の資本力は三十億円余だった。

次に岩崎家の事業はいずれも三菱という名を冠した本社、重工業、倉庫、商事、鉱業、銀行、電機、信託、石油、地所、化成工業、製鋼などで三十三億円からの資本力だ。そして岩崎五家が二百二十八万株（総株数の四割六分弱＝原注）を持っていた三菱本社の資本金だけでも二億四千万円余だった」

対して渋沢同族会社は、資本金一〇〇〇万円。そのうち払込金は六二五万円で、何の事業もしていなかった。つまり、とても財閥といえるような存在ではなかった。GHQもそれに気づき、同社を財閥解体の対象から外そうとした。

しかしその許可を与えるのは大蔵大臣渋沢敬三の職務であり、敬三としては自分の属する渋沢一族をみずからの手で解体対象から省くことはできなかった。敬三にそう考えさせたのは、父・渋沢栄一から受け継いだ廉潔心だったに違いない。栄一の作った「家訓三則」のうちの第一則にいう。

「富貴に驕《おご》るべからず。貧賤を患ふべからず。唯〻智識を磨き徳行を修めて真誠の幸福を期すべし」

こうして財閥とはいえないのに財閥として渋沢同族会社が解体され、その整理が完全におわったのは、昭和二十七年（一九五二）のこと。同族たちはそれぞれが若干の返金を受け取ったが、秀雄の取り分は二一万円ほどで、これは当時、闇で高値で売られていた電話器一台の値段に等しかった。そこで秀雄たちは、

「財閥鳴動して電話一本」

というジョークを口にした由。むろんこれは「泰山鳴動して鼠一匹」に掛けたシャレであるが、深刻になってもよいところを明るく受け止めるのも渋沢家の人々の特徴なのだろう。

令和六年（二〇二四）は、「士魂商才の人」渋沢栄一が武州の一角に生まれてから百八十四年目、没してからは九十三年目に当たる。

あとがき

新選組最後の隊長相馬主計《かずえ》（新島へ終身流罪とされ、赦免後切腹）、会津藩家老佐川官兵衛（大警部として西南の役に出動、阿蘇で戦死）、唯一の脱藩大名林忠崇《ただたか》（戊辰戦争の東軍として戦い、のち様々な職を転々）、戦国武将宇喜多秀家の正室豪姫（洗礼名をマリアといったが、のちに仏教に改宗）、武田松姫（信玄の末娘として生まれ、武田家滅亡後、髪を下ろして信松院となる）。

これらの人々には、かつて主人公になってもらった人物だという共通点があります。カッコ内にそれぞれの人生の特徴を要約しておいたのでお察し頂けると思いますが、この人たちは途中まで順風満帆の人生であったのに、途中で何らかの動乱に遭い、それゆえにまったく色合いの異なる後半生に歩み入らざるを得なかったのでした。

私がなぜこのような人々の人生航路に関心を寄せるのか、という点を説明しはじめると長くなるので今は省きますが、本書の主人公渋沢栄一が、若き日には幕末の攘夷熱に染まって横浜打ち入りなどを計画したにもかかわらず、フランス行きの機会に恵まれて西洋文明と資本主義の効能を悟ることなどに私は興味を覚え、この一冊を書く気になったのでした。

なお『むさぼらなかった男　渋沢栄一「士魂商才」の人生秘録』と題して令和三年（二〇二一）一月に文藝春秋から出版した本は、計三十五話から構成されていました。対してこの文庫版では新稿として第20話、第27話、第28話、第34話、第40話から最終話までの計十話、四百字詰め原稿用紙にして百枚以上を追加しました。

そのため、役人時代の渋沢栄一と大久保利通、西郷隆盛との関係、日米民間外交に刻んだ足跡、晩年の姿などにも言及することができましたが、原本とは異なる題名としたのもそれゆえであることをお断りしておきましょう。

最後になりましたが、本作の校閲担当者は仕事の丁寧な方で、私が別記の参考文献によって記述した出来事の内容、年月日その他を左の史料でチェックして下さいました。

『渋沢栄一伝記資料集成』本巻五十八巻（渋沢栄一伝記資料刊行会、一九五五〜六五）、別巻十巻（龍門社、一九七一完結）

「公益財団法人　渋沢栄一記念財団」ウェブサイト

単行本と文庫本作りを担当してくださった山田憲和氏とこの校閲者に謝意を捧げ、刊行の辞とします。

令和六年（二〇二四）晩秋

中村　彰彦

【参考文献】

幸田露伴『渋沢栄一伝』（岩波書店、一九三九）
渋沢栄一述・長幸男校注『雨夜譚』（岩波文庫、一九八四）
渋沢栄一『論語と算盤』（角川ソフィア文庫、二〇〇八）
藤田東湖「弘道館記述義」（日本思想体系『水戸学』所収、岩波書店、一九七三）
渋沢栄一『渋沢百訓』（原題『青淵百話』、角川ソフィア文庫、二〇一〇）
斎藤月岑著・金子光晴校訂『増訂 武江年表』1（平凡社東洋文庫、一九六八）
オールコック著・山口光朔訳『大君の都』全三冊（岩波文庫、一九六二）
穂積歌子『は、その落葉』（非売品、一九三〇）
『水戸藩死事録・義烈伝纂稿』（同朋舎出版、一九八三）
『男爵山川先生遺稿』（故山川男爵記念会、一九三七）
『渋沢栄一滞仏日記』（「航西日記」「巴里御在館日記」「御巡国日録」収録、日本史籍協会、一九二八）
イザベラ・バード著・高梨健吉訳『日本奥地紀行』（平凡社東洋文庫、一九七三）
維新史料編纂会編修『維新史』第五巻（吉川弘文館復刻、一九八三）
塚本豊次郎『改訂 本邦通貨の事歴』（有明書房復刻、一九八三）
由利正通編『子爵由利公正伝』（マツノ書店復刻、二〇一六）
中村彰彦『保科正之』（中公新書、一九九五）
『日本国語大辞典』第一版第二巻（小学館、一九七三）
井上馨侯伝記編纂会編『世外井上公伝』第一・四巻（マツノ書店復刻、二〇一三）
澤田章編『世外侯事歴 維新財政談 附・元勲談』（マツノ書店復刻、二〇一五）
橋本博編著『改訂 維新日誌』第三・四巻（名著刊行会、一九六六）
潁原退蔵著・尾形仂編『江戸時代語辞典』（角川学芸出版、二〇〇八）

篠原宏『海軍創設史』（リブロポート、一九八六）
阪谷芳郎編『青淵先生六十年史　一名近世実業発達史』第一・二巻（龍門社、一九〇〇）
山崎有信『大鳥圭介伝』（マツノ書店復刻、二〇一〇）
日本歴史学会編『明治維新人名辞典』（吉川弘文館、一九八一）
的野半助『江藤南白』下巻（マツノ書店復刻、二〇〇六）
中山泰昌編著『新聞集成 明治編年史』第二巻（本邦書籍、一九八二）
J・R・ブラック著・ねず・まさし・小池晴子訳『ヤング・ジャパン』1～3（平凡社東洋文庫、一九七〇）
中村彰彦『幕末史かく流れゆく』（中央公論新社、二〇一八）
『日本史総覧』Ⅵ（新人物往来社、一九八四）
渋沢秀雄『父 渋沢栄一』新版（実業之日本社、二〇一九）
小林正彬『岩崎彌太郎』（吉川弘文館、二〇一一）
渋沢雅英『太平洋にかける橋 渋沢栄一の生涯』（読売新聞社、一九七〇）
東京都『東京百年史』第三巻（ぎょうせい、一九七九）

【初出】
『渋沢栄一の「士魂商才」――ビジネスリーダーなら知っておきたい「日本資本主義の父」の肖像』
経営・ビジネスの課題解決メディア「経営プロ」（ProFuture 株式会社）にて連載。
２０２０年5月27日～12月24日
「経営プロ」：https://keiei.proweb.jp/
ProFuture 株式会社：https://profuture.co.jp/

文春文庫

幸《こう》運《うん》な男《おとこ》
渋沢栄一人生録《しぶさわえいいちじんせいろく》

定価はカバーに表示してあります

2024年12月10日　第1刷

著　者　中《なか》村《むら》彰《あき》彦《ひこ》
発行者　大沼貴之
発行所　株式会社 文藝春秋

東京都千代田区紀尾井町 3-23　〒102-8008
TEL 03・3265・1211㈹
文藝春秋ホームページ　https://www.bunshun.co.jp

落丁、乱丁本は、お手数ですが小社製作部宛お送り下さい。送料小社負担でお取替致します。

印刷・萩原印刷　製本・加藤製本　Printed in Japan
ISBN978-4-16-792315-0